공병호의

고전강독 4

아리스토텔레스에게

희망의 정치를 묻다

공병호의 **고전 강독**

4

아리스토텔레스에게

희망의 정치를 묻다

해냄

훌륭한 정치가 행복한 시민을 낳는다

1969년 7월의 어느 날, 흰 고무신을 신은 눈망울이 똘망똘망한 아이가 시내의 전파사 앞에 쪼그리고 앉아 있었다. 바로 그날은 아폴로 11호의 선장, 닐 암스트롱이 달에 첫발을 내디디는 역사적 순간이었다. 당시만 하더라도 부잣집이 아니고는 텔레비전을 갖기가 힘들었다. 금성사(LG 전자의 전신)가 국산 텔레비전을 처음으로 생산하기 시작한 것이 1966년의 일이니까 말이다.

수십 년의 세월이 흐른 지금도 부모님의 얼굴과 함께 남도 한 소도시의 광경이 마치 흑백필름처럼 내 기억 속으로 흐른다. 아직도 닐 암스트롱 선장의 조심스런 발걸음이 기억 깊숙이 남아 있다.

우리는 가난했다. 나이 든 분들을 제외하면 '물건의 품귀'라는 것을 체험하지 못한 세대도 많지만 나는 지금도 어린 시절, 안개처럼 주변을 감싸고 있던 가난한 풍경을 떠올리곤 한다. 참기름, 밀가루, 당면, 설탕, 옷 등 어느 것 하나 넉넉하지 않았고, 전기는 자주 끊기곤 했다. 그런 시절로부터 시작해서 나라와 개인의 살림살이가 점점 윤택해지는 것을 체험했다.

얼마 전에 치러진 런던올림픽에서 밝고 당당한 젊은이들의 승전보를 접하며 우리는 정말 많은 것을 성취했다는 생각을 했다. 사람마다 생각이 다를 수 있지만 평균적으로 한국과 한국인의 삶은 몰라보게 좋아졌고 다른 나라들이 걸어온 길과 비교하면 한국인들은 이제까지의 성취에 자부심을 느낄 만하고 그럴 자격이 있다.

"우리가 이만한 나라를 만들어낼 수 있었던 요인은 무엇일까? 앞으로 더 나은 나라를 만들기 위해 중요한 것은 무엇일까?" 어느 모임에서 내가 참석한 분들에게 던진 질문이다.

모임에 참석한 분들은 '근면', '교육', '활력' 등 다양한 답을 내놓았지만 '정체(정치체제)'라는 단어와 '정책'이라는 단어는 쉽게 등장하지 않았다.

나는 한국인들의 오늘은 '정체'와 '정책'이라는 단어를 빼놓고는 이야기할 수 없다고 생각한다. 마찬가지로 '정체'와 '정책'이 아니고는 한국인의 앞날을 생각할 수 없다. 물과 공기가 없으면 살 수 없듯이 훌륭한 정체와 정책이 없다면 국가의 번영도 불가능하고 개인도 진정한 행복을 얻을 수 없기 때문이다.

역사 속의 부국과 빈국을 연구한 대런 애쓰모글루와 제임스 로빈슨은 『국가는 왜 실패하는가』에서 "한 나라의 빈부를 결정하는 데 경제제도가 핵심적인 역할을 하지만 그 나라가 어떤 경제제도를 갖게 되는지를 결정하는 것은 정치와 정치제도다'라고 말한다.

정책의 결과물이 제도이며, 정체는 정책을 낳는 최고 권력 구조를 말한다. 일부 지배계층만을 위한 정치체제는 쇠퇴와 빈곤을 낳고, 누구나 재능을 발휘할 수 있는 동기를 부여하고 유인을 제공하는 정치체제는 성장과 번영을 낳는다.

20세기 대한민국의 역사는 숨 가쁜 격동의 역사였다. 일제 군국주의 지배, 대한민국 정부 수립, 6·25전쟁, 4·19혁명, 5·16군사 쿠데타, 군부 독재, 민주화 시위, 완전한 자유민주주의의 실현으로 이어졌다. 소수를 위한 정치체제는 점점 다수를 위한 정치체제로 변모해 왔다.

우리는 산업화와 민주화를 거쳐 정치적으로 자유민주주의 체제를, 경제적으로는 자유시장경제 체제를 갖추게 되었다. 이는 지금을 기준으로 보면 당연한 일처럼 보이지만 크고 작은 시련과 고비 끝에 일구어낸 한국인의 자랑스러운 성취이다.

한국인을 비롯해 현대인들은 세련되고 지적이고 활동적이다. 그리고 발전된 기술과 도구를 이용해 대단한 생산성을 이뤄내는 데 성공했다. 하지만 정치적인 면에서 고대인과 현대인이 크게 달라졌는가 하는 질문에 대해서는 "그렇다"라는 답을 선뜻 내놓기 힘들다.

특히 개인이 아니라 '국민'이라는 집단이 내리는 의사 결정의 특성이나, 정치를 두고 벌어지는 갈등과 분쟁을 보면 2,500년 전의 고대 그리스인들과 오늘의 현대인들이 과연 무엇이 다른가 하는 생각이 든다.

고대 아테네에서도 민중(자유민)들은 국가의 진로를 두고 끊임없이 다투었으며, 이성적으로 생각하는 집단보다 감성적으로 생각하는 집단들이 자주 승리를 거두었다. 정치가들 중에는 국가의 먼 장래를 생각하기보다는 정권욕에 눈이 멀어서 민중을 엉뚱한 방향으로 선동하는 사람들도 많았다.

특히 오늘날 한국인과 한국 사회에서 일어나는 갈등과 분쟁의 많은 부분들 역시 특별한 것이 아니라 고대 그리스 시대와 다를 바 없는 인간 사회에서 흔하게 일어나고 일어날 수밖에 없는 일임을 확인하게 된다.

내가 아리스토텔레스의 『정치학』을 강독한 것은 대한민국이 더 훌륭한 나라가 되고 행복한 시민들로 가득 차기를 소망하기 때문이다. 세월이 갈수록 정치만큼 중요한 것이 있을까 하는 생각을 자주한다. 아무리 뛰어난 개인이라도 '정치체제'라는 제약 조건을 벗어나서 살 수 없기 때문이다.

대런 애쓰모글루와 제임스 로빈슨은 "가난한 사회가 부유해지려면 근본적인 정치적 환골탈태가 필요하다"라고 했다. 정치와 정치체제는 한 사람을 최상의 상태로 이끌 수도 있지만, 최악의 벼랑 끝으로 밀어버릴 수도 있다. 포용적 정치체제를 갖춘 나라와 착취적 정치체제를 갖춘 나라의 대표 사례로 휴전선을 맞대고 있는 남북한만 한 사례가 어디 있겠는가? 근래에 우리 사회는 이런 문제에 대한 고민이 흐릿해지고 있는 것 같아 걱정스럽다.

이 책을 통해서 우리는 국가를 번영시키고 개인을 행복하게 하는 방법, 훌륭한 정치를 구현하고 훌륭한 정치가를 선택하는 근본적인 해법을 얻을 수 있을 것이다.

아리스토텔레스의 『정치학』은 인간들이 만든 국가 공동체에서 어떤 갈등이 일어날 수 있는가를 생생하게 보여줄 뿐 아니라 어떤 점들에 주의해야 하는지, 어떻게 갈등을 풀고 해결해 나가야 하는지를 낱낱이 가르쳐준다는 점에서 더없이 훌륭한 대작이다.

이 책은 훌륭한 정체와 최선의 정체란 어떤 것이며 시민과 정치가는 그것을 이루기 위해 무엇을 해야 하는지를 분명히 제시해 준다. 아리스토텔레스는 훌륭한 국가는 훌륭한 시민으로부터 나오며, 훌륭한 시민 역시 훌륭한 정체로부터 나온다는 믿음 위에 주장을 펼친다.

오늘날 우리 한국인들이 이뤄낸 성과는 근면함과 똑똑함, 그리고 어느 정도는 행운이 따라주기도 했지만, 더 근본적인 요인은 우리가 올바른 '정체'를 선택하는 데 성공했기 때문이다.

그러면 앞으로는 어떻게 해나가야 할까? 우리가 앞으로 성취해 내야 할 번영은 우리의 정체를 더 나은 방향으로 고치고 발전시켜 나갈 수 있느냐의 여부에 달려 있다. 이런 문제를 고민하는 분들에게 이 책은 큰 교훈을 줄 것이다.

이 책의 또다른 매력은 개인에게 주는 메시지가 풍성하다는 점이다. 만약 정치가를 꿈꾸거나 선출직 공직자로 살아가고 싶다면, 이 책에서 해답을 얻을 수 있을 것이다. 뿐만 아니라 탁월한 시민, 탁월한 가장, 탁월한 사장이 해야 할 일과 하지 말아야 할 일, 그리고 주의해야 할 일들에 대한 귀중한 조언을 얻을 수 있다.

어려운 원저를 마치 해부하듯이 분해하여 핵심 메시지를 뽑아내고 이에 현대적인 의미를 더한 이 책이 여러분에게 도움이 되리라 믿는다.

집필을 위해 사용된 아리스토텔레스의 『정치학』 판본은 여러 권이다. 어니스트 바커(Ernest Barker)의 『Politics』(Oxford World's Classics, 1995)를 기본으로 하고, 카네스 로드(Carnes Lord)의 『Politics』(The University Chicago Press, 1984)와 조너선 반스(Jonathan Barnes)의 『The Complete Works of Aristotle II』(Princeton University Press, 1984)를 보조 도서로 활용했다.

번역본은 천병희 교수가 번역한 『정치학』을, 그리고 유원기 교수가 지은 『아리스토텔레스의 정치학, 행복의 조건을 묻다』를 참조했다. 무엇보다 깔끔한 번역으로 독자들에게 늘 잔잔한 기쁨을 주는 천병희 교수의 노고에 깊은 감사를 표한다.

또한 예리한 독자로서, 그리고 열정적인 편집자로서 책의 완성도를 높여주는 이혜진 편집장에게도 고마운 마음을 전한다.

'정치의 세계에 관한 한 어쩌면 사람들은 이토록 변한 것이 없을까!'

『정치학』을 읽고 이 책을 쓰는 동안 이런 감탄과 아쉬움이 교차했다. 이런 느낌 때문에 앞으로도 더욱더 고전의 지혜를 깊이 파고들어야겠다는 결심을 굳히게 되었다.

행복한 시민, 훌륭한 국가, 그리고 훌륭한 정치를 소망하는 이 땅의 모든 분들과 함께 아리스토텔레스의 지혜를 나누고 싶다. 우리 세대만 생각할 것이 아니라 후손들에게 더 나은 세상을 물려주어야 하지 않겠는가! 그 답이 여기에 들어 있다.

2012년 11월

공병호

차례

1장 국가란 무엇인가

2장 이상 국가의 조건은 무엇인가

3장 행복과 번영을 낳는 정체는 무엇인가

6장 올바른 시민 교육에 국가의 내일이 있다

** 일러두기

1. 이 책에 수록된 원전 인용 부분은 『정치학』의 영어 텍스트인 어니스트 바커(Ernest Barker)의
   『*Politics*』(Oxford World's Classics, 1995)를 참고하였습니다. 인용시 상기 도서에 표기된
   원전 출처 부분을 표기했습니다.
2. 원전에서 주요하게 소개하는 개념어에는 이해를 돕기 위해 필요에 따라 그리스어 · 영어 · 한자
   어 등을 병기하였습니다.

아리스토텔레스의
『정치학』을 말하다

 아리스토텔레스의 '행복 삼부작'

"인간은 무엇을 위해 사는가?"

아리스토텔레스는 '행복 탐구자'로 널리 알려져 있다. 그는 『정치학』과
『니코마코스 윤리학』, 그리고 『에우데모스 윤리학』이라는 세 권의 저서를
통해 행복을 바라는 사람들에게 공동체 차원에서, 그리고 개인 차원에서
무엇을 해야 하는지를 가르쳐준다.

"인간은 고립되어 살아가기를 소망하는가, 아니면 다른 사람들과 더
불어 살아가기를 소망하는가?"

아리스토텔레스는 "인간은 다른 사람들과 더불어 살아가는 정치적(사회적) 동물"일 뿐만 아니라 "본성적으로 국가 공동체를 구성하는 동물"이라고 했다. 따라서 인간의 행복은 국가라는 공동체 안에서 성취될 수 있고, 잘못된 정치로 인해서 국가가 잘못되면 시민들도 더 이상 행복할 수 없다는 점을 깊이 인식하고 있었다.

『니코마코스 윤리학』에서 시작된 행복에 관한 아리스토텔레스의 논의는 국가를 구성하는 모든 시민들을 행복하게 만들 수 있는 국가의 체제와 조건, 방법을 다룬 『정치학』에서 한층 더 완성된 모습을 보인다. 『니코마코스 윤리학』이 '미시(micro) 행복학'이라면, 『정치학』은 '거시(macro) 행복학'이다.

『정치학』 집필에 영향을 미친 요인들

아리스토텔레스가 정치학에 관심을 갖게 된 것은 한 시민으로서의 바람이나 학자로서의 학문적 호기심이 어느 정도 작용했을 것이다. 그런데 이 못지않게 영향을 끼친 것은 그가 살았던 시대 상황이다.

아리스토텔레스(기원전 384~322)가 살았던 시대는 도시국가(폴리스)들 사이에 패권을 둘러싸고 끊임없는 전쟁이 벌어져 국력을 소진하던 시대였다. 폴리스 내부는 빈부 격차가 확대되어 빈민들이 양산되었고, 그들 가운데 일부는 호구지책으로 다른 도시국가나 페르시아 혹은 이집트의 용병을 지원하는 시대이기도 했다.

기원전 354년, 아테네의 정치가인 데모스테네스가 쓴 한 연설문에는 많은 그리스인들이 가난 때문에 페르시아 왕 밑에서 용병 생활을 했으

아리스토텔레스 라파엘로의 〈아테네 학당〉 부분도. 프레스코화, 로마, 바티칸.

며, 그 생활을 그만두면 먹고살 일이 막막해서 프리기아인 밑에서 노예 생활이라도 해야 한다는 내용이 나온다.

도시국가들 사이의 분열과 갈등은 페르시아의 개입에 의해 더욱 복잡한 양상을 띠기 시작했으며 기원전 4세기 중반을 넘어서게 되면 마케도니아 왕국이 그리스의 주요 국가들인 아테네, 스파르타, 코린토스, 테베를 누르고 패권을 쥐기 시작한다.

특히 아리스토텔레스가 살았던 아테네는 점점 강력해지는 마케도니아에 맞서서 자유를 유지하기 위해 무엇을 어떻게 해야 하는가를 두고 격렬한 내부 논쟁이 일었다. 또한 계속되는 전쟁에 드는 비용 때문에 재산을 빼앗긴 부자들의 원성이 자자하기도 했다.

아리스토텔레스는 평생 동안 굵직굵직한 정치적 격변기만 최소한 네 번 이상을 직접 경험하며 그러한 정치 상황 속에서 권력을 향한 인간의 집요함과 권력의 냉혹함, 그리고 좋은 정치와 나쁜 정치가 개인과 사회 전체에 어떤 영향을 미치는지를 온몸으로 느꼈다.

그는 한 번도 현실 정치에 뛰어든 적은 없지만 당대의 석학으로서 마냥 손을 놓고 있을 수는 없었을 것이다.

첫 번째 경험 : 마케도니아 왕의 암살과 아테네 유학

아리스토텔레스의 아버지는 마케도니아 왕국의 아민타스 3세(재위 기원전 393?~기원전 370/369)의 주치의였다. 아민타스 3세 사후에 장남인 알렉산드로스 2세가 왕위에 오르지만 2년도 되지 않아서 아민타스 3세의 미망인인 에우리디케가 신하였던 알로로스의 프톨레마이오스와 작당하여 왕을 암살하고 만다.

이렇게 프톨레마이오스가 4년간 섭정자로 권력을 장악하게 됨으로써 아민타스 3세의 측근들은 어려운 상황에 처한다.

암살 사건이 발생했을 때 17세쯤 되었던 아리스토텔레스는 마케도니아 왕국의 권력층에서 벌어지는 상황을 파악할 수 있었을 뿐만 아니라 권력의 교체가 자신과 집안에 미친 영향을 직접 느꼈을 것이다. 그 이듬해에 그는 아테네로 유학을 떠난다. 그로 하여금 안정적인 의사의 길로 들어설 수 없게 만든 데는 이 암살 사건도 어느 정도 영향을 주었다.

두 번째 경험 : 아테네 체류 기간 동안의 경험과 연구

아리스토텔레스는 두 시기에 걸쳐 총 34년간 아테네에 머물렀다. 학문의 제1시기(기원전 368?~기원전 347)는 17세 무렵부터 21년간으로, 플라톤이 세운 아카데미아에서 학생이자 교수로서 머물렀다.

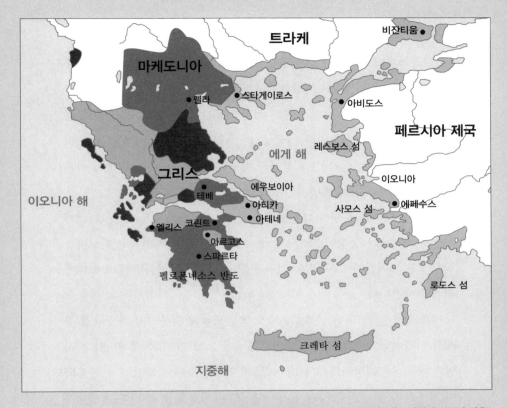

고대 그리스와 주변국(펠로폰네소스 전쟁이 끝나는 기원전 404년 전후)

☐ 아테네와 델로스 동맹국

■ 아테네와 그 동맹국

▨ 스파르타와 그 동맹국

▨ 중립국

학문의 제2시기(기원전 335~기원전 322)는 50세 무렵부터 13년간으로, 교육기관인 리케이온을 설립해 활동했다. 이 기간 동안 아테네와 주변 국가들의 정치 상황이 어떠했는지 살펴보자.

펠로폰네소스 전쟁(기원전 431~기원전 404)이 스파르타의 승리로 끝난 이후 스파르타는 오만한 제국주의 정책을 펼쳤다. 동맹국들에 무리한 요구를 했으며, 심지어 그 전쟁을 지원해 준 페르시아의 총독이 파견되어 있던 소아시아를 침범하기도 했다.

스파르타의 제국주의에 대항하여 코린토스, 아테네, 아르고스, 테베에 의한 반스파르타 동맹이 맺어지는데, 이런 과정을 거치면서 스파르타는 점점 힘을 잃어간다. 그 정점이 기원전 371년에 레욱트라 전투에서 테베에 패배한 사건이다.

이에 힘을 얻은 테베는 펠로폰네소스 반도를 침범하여 스파르타의 경제적 기반이었던 헤일로타이(스파르타 국유 노예)의 조국 메세니아를 기원전 369년에 해방시키게 된다. 이로써 7세기 초에 스파르타에 정복되어 가혹한 노예 생활을 하던 메세니아인들은 자유를 얻게 된다.

그리스 도시국가들이 서로 격렬하게 싸우는 동안 세력을 강화한 마케도니아의 필리포스 2세(재위 기원전 359~기원전 336)는 기원전 338년 카이로니아 전투에서 그리스 연합군을 패퇴시킴으로써 그리스를 수중에 넣게 된다.

펠로폰네소스 전쟁이 끝난 이후에 거의 1세기 동안 그리스의 도시국가들은 자국의 이익을 위해 격렬하게 싸웠는데, 이 싸움의 결과는 폴리스의 쇠락이었다. 아리스토텔레스는 그리스 도시국가들이 단결하지 못하고 계속해서 싸우는 데 대해 깊이 고민했을 것이다.

같은 기간 동안 폴리스들의 국내 문제로 눈길을 돌리면 공통점을 찾을

레욱트라 전투(기원전 370년) 테베의 장군 에파미논다스가 스파르타에 의해 위기에 처한 동료 장군인 펠로피다스를 구하고 있다. 〈펠로피다스를 구해주고 있는 에파미논다스〉. 헤르만 포겔의 목판화, 1893년 작, 포크트, 라이프치히.

수 있다. 바로 빈부 격차의 확대, 빈민의 양산, 소농의 빈곤화, 소수 부자들에 의한 토지 소유 집중 등이다.

전쟁과 빈부 격차의 문제를 해결해야 할 주체는 정치이기 때문에 아리스토텔레스는 무능한 정치에 대한 실망과 함께 훌륭한 정치에 대해 더 강한 탐구심과 열망을 품었을 것이다.

세 번째 경험 : 제자 헤르메이아스의 죽음

스승 플라톤이 세상을 떠난 후 아리스토텔레스는 아타르네우스의 통치자인 헤르메이아스의 초대를 받아서 트로이 근처의 아소스로 이주하여 3년, 그리고 바로 앞에 있는 레스보스 섬에서 2년간 머물렀다.

헤르메이아스는 마케도니아의 필리포스 2세에게 협조하다가 페르시아 왕의 용병대장 멤토와 멤논 형제에게 속아 사로잡힌 후 페르시아의 수사로 압송되어 기원전 341년에 죽음을 당한다.

이 사건은 단순한 한 참주의 죽음이 아니라 지인이자 제자의 죽음이었기에 아리스토텔레스로서는 현실 정치의 냉혹함을 직접 겪은 사건이다.

훗날 아리스토텔레스는 델포이 신전에 바친 헤르메이아스의 조각상에 시를 남기는데, 그가 얼마나 이 사건을 가슴 아프게 받아들였는지를 짐작할 수 있다. 이 사건으로 그는 정치를 미화하지 않고 있는 그대로 볼 수 있게 되었다.

네 번째 경험 : 알렉산드로스 대왕의 교육

기원전 342년부터 마케도니아의 수도 미에자에서 필리포스 2세의 아들인 알렉산드로스와 그 형제들을 가르친 것은 아리스토텔레스가 권력 세계의 이면을 볼 수 있는 드문 기회였을 것이다.

또한 그는 누이의 아들인 칼리스테네스를 알렉산드로스 대왕에게 종군 역사가로 소개하는데, 조카가 지나치게 솔직하게 대왕을 비판한다는 말을 전해 듣고 "아아, 내 아들아, 너는 곧 목숨을 잃게 될 것이다. 네가 스스로 그렇게 말한 대로"라고 꾸짖기도 했다.

아리스토텔레스의 걱정대로 그는 모반 사건에 연루되어 죽는다. 이 같은 직접 경험은 그의 정치 이론에 크나큰 영향을 끼쳤을 것이다. 이뿐 아니라 광범위한 분야에 걸친 독서와 사색, 그리고 집필이 그의 정치 이론을 뒷받침했다.

간접적인 지적 경험에는 그가 살던 아테네와 스파르타를 중심으로 하는 그리스 본토의 도시국가뿐만 아니라 터키 땅의 식민국가들, 이탈리아 남부의 식민 국가들, 그리고 흑해 연안 식민 국가들의 모든 정치적 경험과 지식이 총집결되어 있었다. 1,000여 개가 넘는 도시국가 가운데서 그가 제자들과 함께 정치체제에 대해 상세하게 조사한 것만 하더라도 158개국에 이른다.

158개국에 대한 연구는 각각의 도시국가를 대상으로 정체의 변화 과정, 그 장점과 단점 등을 담고 있다. 이 가운데 유일하게 전해져 내려오는 연구 자료는 「아테네의 정체(*The Constitution of Athens*)」이다(아리스토텔레스, 크세노폰 외, 『고대 그리스 정치사 사료』, 최자영·최혜영 역, 2003).

아리스토텔레스는 폴리스의 쇠퇴기 동안 그리스의 정치 중심지인 아테네를 중심으로 정치 현장을 직접 경험했을 뿐만 아니라 도시국가들을 심도 깊게 연구했다. 이 모든 것들이 집대성되어 탄생한 것이 바로 『정치학』이다.

지식인이 정치에 참여하는 방법은 대략 네 가지가 있다. 직접 정치인이 되어 정치 활동을 하는 것, 정치에 관한 연구 활동 결과물을 내는 것, 교육을 통해서 하는 것, 그리고 특정인에 대한 사부나 조력자로 참여하는 것이다. 아리스토텔레스는 직접 정치하는 것을 제외하고 모든 것을 해본 사람이다.

 ## 현실 정치에 관한 가장 오래된 책, 『정치학』

우리는 『정치학』을 한 권의 완결된 책으로 읽기 때문에 아리스토텔레스가 집필 계획을 세운 다음 일정한 기간 동안 집중적으로 쓴 결과물이라고 생각하기 쉽다. 하지만 이 책은 아리스토텔레스 자신이 이끌었던 리케이온의 강의록을 모은 것으로, 오랜 시간에 걸쳐서 틈틈이 준비한 것이다.

『정치학』을 영어로 번역한 어니스트 바커 교수는 "아리스토텔레스가 남긴 대작들 가운데 일부는 하나의 완결된 주제를 다룬 연구서라기보다는 느슨하게 연결된 에세이들의 조합에 더 가깝다. 특히 『정치학』이 그런 책이다"라고 했다. 『정치학』에 대한 내용을 이해하기 위해서 총 8권으로 구성된 책의 목차를 살펴보자.

- 제1권 : 국가 공동체의 본질
- 제2권 : 훌륭한 국가와 기존 정체 비판
- 제3권 : 시민과 정체에 관한 이론
- 제4권 : 실제 정체와 변형된 정체들
- 제5권 : 정파 간 갈등과 정체 변형의 원인들
- 제6권 : 민주정체와 과두정체의 안정성 강화법
- 제7권 : 훌륭한 국가와 교육 원리
- 제8권 : 젊은이를 위한 공교육

독일의 아리스토텔레스 전문가인 예거는 "아리스토텔레스는 철학에서 이상주의적 방법을 따르는 '헌신적인 플라토니스트(a committed Platonist)'에서 점점 더 현실주의적이고 경험주의적인 방법을 향해 서서히 이동해 왔다"라고 말한다.

그는 아리스토텔레스의 집필 시점을 기준으로 이상주의자의 면모가 크게 드러나는 강의록은 제3, 7, 8권으로 이른 시점에 마무리된 원고이며, 현실적이고 경험적인 내용을 포함하는 제4, 5, 6권이 인생 후반에 작성된 강의록이라고 말한다.

몇몇 전문가들은 이상주의적 시각을 드러내는 원고들을 하나로 묶고 경험주의적 시각을 드러내는 원고를 하나로 묶어서 『정치학』 내용의 순서를 바꾸는 것이 좋다고 말한다. 하지만 나는 오히려 『정치학』이 책으로서 기승전결(起承轉結) 형식을 충실히 따르고 있다고 생각한다.

『정치학』은 "서론 — 본론·1(문제 제기 혹은 가설 제시) — 본론·2(가설 검증을 위한 연구 혹은 자료 제시) — 결론(해결 방법 혹은 대안 제시)"으로 구성되어 있다.

서론(제1권) : 국가는 가정에서부터 시작된다는 경험적 사실을 살펴본 다음, 모든 공동체가 선의 실현을 위해 구성되는 것처럼 국가는 으뜸가는 선을 가장 훌륭하게 추구하기 위해 만들어진 공동체라고 말한다.

본론·1(제2~3권) : 시민과 정체가 무엇인지를 다루고 훌륭한 국가(이상 국가)는 어떤 정체여야 하는지, 다양한 의견도 제시된다. 그리고 대표적인 폴리스인 스파르타(스파르테), 크레타(크레테), 카르타고(카르케돈), 아테네의 정체를 살피면서 공통점과 차이점을 보여준다.

본론·2(제4~6권) : 『정치학』에서 경험적인 사례를 들고 실용적인 조언을 담고 있는 부분이다. 그리스 도시국가들에 대한 풍부한 사례를 살펴보면서 특히 민주정체와 과두정체에 초점을 맞추어 논의를 전개한다. 정체의 안정성을 강화하기 위한 조언은 때와 장소에 따라 다르겠지만 대체로 세 가지의 조언, 즉 법(law)의 준수, 중용(moderation)의 실현, 그리고 입헌적 정체(constitutional government, polity)로 요약된다.

결론(제7~8권) : 훌륭한 국가의 실현을 위한 방법이 제시되는 부분이다. 결론과 관련된 이 마지막 제7권과 제8권에 아쉬움이 남는 게 사실이다.

아테네 민주주의의 산실 프닉스 언덕 민회가 열렸던 곳으로 아크로폴리스 서북쪽에 위치한 야트막한 언덕이다.

실천 학문인 정치학이라는 큰 주제로 논의를 시작했지만 아리스토텔레스의 훌륭한 국가에 대한 더 견고한 제안을 듣고 싶은 아쉬움이 남기 때문이다. 이 부분의 결론은 대부분 교육에 대한 이야기만을 풀어놓을 뿐 이상적인 정체 구성을 위한 구체적인 논의가 부족하다.

물론 제7권에서 훌륭한 국가의 규모, 영토, 바다의 중요성, 기후와 성격, 국가 구성원과 본질적 기능, 도시 설계 등을 다루고 있지만 제도적인 측면의 제안은 부족하다.

이런 면에서 보면 『정치학』이 미완성 작품이라는 생각을 하게 된다. 아리스토텔레스가 더 오랜 시간을 아테네에 머물렀다면 훌륭한 국가에 대한 훨씬 완성도가 높은 제안을 했으리라 본다.

『정치학』은 오늘날의 지방자치단체의 규모에 해당하는 폴리스를 탐구 대상으로 삼는다는 점에서 오늘날의 국가와는 규모 면에서 차이가 있다. 그러나 국가와 지방자치단체는 규모의 차이가 있을 뿐 본질이나 특성 면에서 거의 비슷하다. 『정치학』은 부분을 통해서 전체를 탐구한 연구서라고 이해할 수 있다.

21세기의 독자들이 『정치학』을 읽어야 하는 이유

아리스토텔레스가 "폴리스는 국민의 행복을 위해 존재한다"라고 말했는데, 이 말은 정치는 윤리적이어야 한다는 것을 뜻한다. 국민 일반을 위한 정치는 올바른 정치이며, 그렇지 않은 정치는 잘못된 정치이다. 정치학은 가치중립적이기보다는 훌륭한 국가와 사악한 국가를 명확하게 구분할 수 있게 해주고, 훌륭한 국가를 위해 우리가 무엇을 해야 할 것인지를 가르쳐준다.

정치만큼 시민들 삶의 구석구석까지 오랫동안 영향을 미치는 것은 없다. 역사는 나쁜 지도자와 현명하지 못한 시민들이 낳은 잘못된 정치가 국가를 어려운 지경에 몰아넣고 시민들의 품성을 타락시키는가 하면 그들을 다른 나라의 노예로 만들었던 사례들로 가득 차 있다. 아리스토텔레스가 살았던 시대도 예외가 아니다.

그는 정치가 얼마나 중요한 것인지를 그 누구보다 절감하고 있었을 것이다. 그래서 『니코마코스 윤리학』의 끝 부분에 "사람들이 폴리스에 남겨줄 수 있는 것들 중 정치적 능력(혹은 기술)보다 좋은 것은 없다"라고 말하기까지 한다.

누구든지 훌륭한 정치에 대한 소망을 품고 살아간다. 현실 정치에 대한 환멸과 실망이 클수록 더 나은 정치에 대한 소망을 품는 것은 당연한 일이다. 사람이 국가 공동체를 구성할 수밖에 없다면 국가는 어떻게 조직되어야 하고, 어떻게 운영되어야 하며, 시대 변화에 따라 어떻게 개선되어야 하는 것일까?

이런 근본적인 문제는 아리스토텔레스의 시대에도 그랬듯이 우리의 시대에도 동일한 과제임이 틀림없다. 아리스토텔레스는 우리가 어떻게 살아야 올바른 삶인지를 고민하는 것처럼 국가도 어떻게 조직되고 관리되고 개선되어야 하는지를 고민해야 한다고 말한 셈이다.

아리스토텔레스의 말대로 삼라만상이 모두 저마다의 본성(nature, phusis)을 지니고 있는 것처럼 정치 또한 본성이 있을 것이다. 아리스토텔레스 철학의 중심에는 '목적론'이 있다. "모든 사물은 본성이라 불리는 어떤 능력을 타고나며, 이런 본성으로 인해 사물들은 각각의 고유한 목적이 있으며 그 목적을 최대한 실현하려 노력한다"라고 했다.

따라서 우리가 정치의 본성이 무엇이며, 그 본성이 제대로 잘 발휘되게 하기 위해 어떻게 해야 하는지를 탐구하는 일은 의미 있고 중요한 일이다.

현실 세계에서 비록 완벽하게 구현되지 않더라도 이상적이고 훌륭한 정치는 과연 어떤 것일까? 그리고 그것을 구현하기 위해서는 어떻게 하면 되는 것일까? 이에 대해 궁금해하는 점에서 아리스토텔레스는 우리와 다를 바가 없다.

더욱이 정치학이나 윤리학은 모두 실천 학문이다. 다양한 상황에서 어떤 행동을 취하는 것이 가장 바람직한지는 상황에 따라 답이 달라질 수 있다. 이것이 한정된 연구 분야의 전문가가 주는 조언이 아니라 대사상가가 주는 정치에 대한 조언을 귀담아들어야 하는 이유이고, 내가 아리스토텔레스의 『정치학』에 관심을 갖는 이유이기도 하다.

아리스토텔레스의 『정치학』은 세계 정치사상사는 물론이고 이에 영향을 받는 사회적 실험에도 영향력을 발휘해 왔고 지금도 그렇다. 자의 반타의 반으로 아리스토텔레스의 제자들은 자신의 관점에만 꼭 맞는 아리스토텔레스의 주장을 뽑아서 세상에 영향을 끼쳐왔다.

카를 마르크스의 프롤레타리아 혁명도 "사회는 개인에 앞선다"라는 아리스토텔레스의 주장을 교묘하게 악용한 사례에 속한다. 정치학에 굵직한 족적을 남긴 헤겔, 로크, 밀, 홉스 등과 같은 인물들도 아리스토텔레스의 정치사상의 한 부분에 특별한 주의를 기울이면서 자신들의 사상을 세상에 드러냈다. 그러니 이런 사상들의 원조인 아리스토텔레스의 정치사상에 관심을 갖는 것은 당연한 일이다.

더 나은 정치, 행복한 인생을 위한 필독서

한편 정치인으로 활동하는 사람이든, 정치가에게 표를 주는 시민이든, 정치 행위와 관련된 인간의 모습은 아리스토텔레스가 살던 시대나 지금이나 별로 달라진 것이 없다.

권력을 얻기 위해 동분서주하는 정치가, 국가가 망가지는 것에 관계없이 선심으로 대중을 유혹하는 정치가, 국가의 앞날보다 단기적인 이익이나 인연에 따라 정치가를 선택하는 시민, 이성보다는 분위기에 휘둘리는 대중 등은 옛날이나 지금이나 마찬가지다.

고대 아테네 민주정의 자유민이나 현대 민주주의의 시민 모두 단기간의 이익에 끌린 나머지 민중 선동가들의 목소리에 더 이끌리는 것도 꼭 같다.

지금은 시민의 사리 분별과 지혜가 절실히 필요한 때이기에 이 책이 더 필요하다. 바로 이런 점들이 우리가 고전에 눈길을 주는 또 하나의 이유이다. 우리는 고전이나 타인의 시각을 통해서, 직접적으로든 간접적으로든 정치를 하는 인간의 모습을 더 잘 이해할 수 있다.

이를 바탕으로 우리 자신뿐 아니라 타인을 잘 이해하면 할수록 우리는 현명하게 결정하고 행동할 수 있으며, 더 훌륭한 정치를 통해 더 훌륭한 정체를 만드는 데 큰 역할을 할 수 있을 것이다.

어디 그뿐이겠는가? 옳고 그름의 기준이 심하게 흔들리는 세상에서 타인의 불순한 의도에 휘둘리지 않고, 옳은 것이 무엇인지, 틀린 것이 무엇인지를 구분할 수 있는 안목을 갖추는 데 도움을 받을 수도 있을 것이다.

소비 행위와 달리 정치 행위는 자칫 집단의 논리나 분위기에 매몰되어버릴 위험이 늘 함께한다. 또한 인간이 본래 타고난 동물적 본능의 목소리가 이성의 소리를 눌러버리는 일이 얼마든지 일어날 수 있다.

그러나 우리가 금수와 다른 것은 우리 자신의 동물적 본능을 이해하고 본능의 목소리를 적절히 제어하면서 이성과 진실의 소리에 귀를 기울이고 이에 따라 살아갈 수 있다는 것이다.

대중을 상대로 인기와 표를 구해야 하는 정치인들은 그들에게 권력을 제공하는 시민들이 변해야 달라진다.

인간의 동물적 본능이 '포퓰리즘(민중 선동주의)'에 빠지기 쉽기 때문에 이를 완전히 없앨 수는 없겠지만 그런 현상의 본질을 더 정확하게 이해할 수 있다면 현명한 시민들이 더 많아지지 않을까 기대해 본다.

실수나 실책은 무지함에서 나오기 때문에, 시민들이 잘 알고 판단하고 행동하는 것이 무엇보다 중요하다. 그러하기에 『정치학』과 같은 고전이 길잡이 구실을 해줄 수 있을 것이다.

당장의 이익을 가져다주겠다고 약속하는 정치인들이 늘어나는 이 시대, 선지자를 기다리는 유권자들이 늘어나는 이 시대, 치러야 할 비용을 고려하지 않고 선심을 쓰듯이 안겨주는 선물에 휘둘리기 쉬운 이 시대, 이미지와 마케팅이 정치인 선출에 큰 영향을 미치는 이 시대를 살아가면서, 아리스토텔레스의 지혜가 정치와 정체, 시민과 지도자의 본질을 꿰뚫어보는 혜안을 제시할 수 있을 것이다.

이 책은 달콤함, 성급함, 속임수, 미사여구를 넘어서 사리를 분별해 판단하고 행동하는 더 많은 시민들의 출현에 기여할 수 있을 것이다.

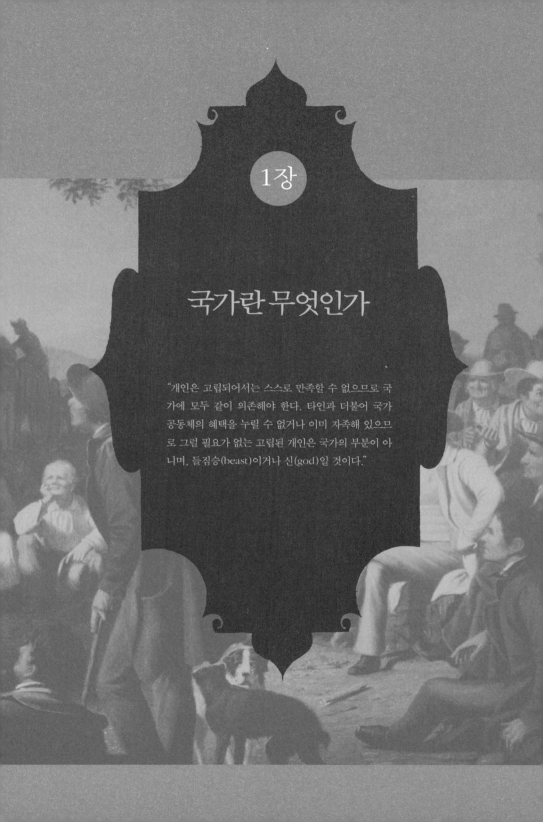

1장

국가란 무엇인가

"개인은 고립되어서는 스스로 만족할 수 없으므로 국가에 모두 같이 의존해야 한다. 타인과 더불어 국가 공동체의 혜택을 누릴 수 없거나 이미 자족해 있으므로 그럴 필요가 없는 고립된 개인은 국가의 부분이 아니며, 들짐승(beast)이거나 신(god)일 것이다."

인간은 정치적 동물이다

훌륭한 국가에 산다는 것은 노력, 염원, 그리고 행운의 산물이다. 훌륭한 국가는 시민들에게 수시로 감동과 잔잔한 기쁨을 주며, 행복한 삶을 가능하게 해준다. 사악한 국가에서는 행복한 삶을 살아갈 수 없다.

하지만 훌륭한 국가를 만들어내기란 어려운 일이다. 시민들의 생각이 일치하고, 그 베틀 위에 날줄과 씨줄로 잘 짜인 훌륭한 정체와 훌륭한 국가에 헌신하려는 지도자들이 있어야 하기 때문이다.

오늘날 세계 각국에서 빚어지는 갈등과 분쟁의 원인도 이 세 가지가 부족하기 때문일 것이다. 특히 정체와 지도자의 차이는 훌륭한 국가에 대한 시민들의 생각과 믿음의 차이에서 비롯되는 경우가 많다.

고대 그리스 시대에도 훌륭한 국가에 대한 시민들의 생각은 달랐으며, 이에 따라 그런 국가를 구현해 가는 모습도 달랐다.

아테네인들은 자유로운 사회를 훌륭한 국가라고 생각했다.

『고대 그리스인의 생각과 힘』의 저자 이디스 해밀턴에 따르면 아테네인들은 국가를, 자신의 능력을 발전시키고, 자기 방식대로 살아가는 데 자유롭고, 직접 통과시킨 법률에만 복종하면서 그것을 마음 내키는 대로 비판하거나 바꿀 수 있는 개인들의 연합으로 생각했다.

반면 같은 시대를 살았던 스파르타인들은 규율된 사회를 훌륭한 국가라고 생각했다. 그들은 상상력, 미에 대한 찬미, 지적인 능력과 관심사를 모두 밀쳐놓은 채 국가 권력과 군사력이 최고이며 이에 공헌하지 않는 모든 것을 무시해야 한다고 생각했다. 또한 '인간의 욕망과 성취의 목표는 조국을 유지하기 위함이며 국가를 돕는 것만이 선한 것이다'라고 생각했다.

그렇다면 민주정체에서 살아가는 현대인에게 훌륭한 국가란 과연 무엇일까? 이 질문에 대한 답은 훌륭한 정치의 실현을 통해 만들어지는 최선의 정체(政體, politeia)에 있다. 여기서 정체는 한편으로 정치체제를 말하지만 다른 한편으로는 특정 정체를 가능하게 하는 중요한 국가 정책이나 국가 제도를 말한다.

아리스토텔레스는 『정치학』에서 "모든 공동체가 선을 실현하기 위해 구성되는 것처럼 국가 역시 으뜸가는 선을 가장 훌륭하게 추구하기 위해 만들어진 공동체이다. 인간은 본성적으로 국가 공동체를 구성하는 동물이기 때문에 국가를 떠나서 존립할 수도 없고, 생각할 수도 없으며, 국가를 떠난 인간은 들짐승이거나 신(神)"이라고 했다.

아리스토텔레스의 국가에 대한 본격적인 논의는 가정(家庭)에 대한 이야기로부터 시작된다. 국가는 가정이라는 부분의 합이기 때문이다. 가정에 대한 이야기는 주인과 노예, 남편과 아내, 아버지와 자식이라는 세 가지 관계로 이루어지는 가사 관리 기술과 생활에 필요한 물질을 확보하는 재산 획득 기술로 나뉘어 전개된다. 제1권 제3장 '가정과 노예'라는 제목의 장에서 시작된 탐구는 제13장 '가정에서의 도덕성과 효율성'에 대한 논의로 마무리된다.

여기서 아리스토텔레스는 헬라스(그리스)인과 비헬라스인에 대한 차별, 남자와 여자에 대한 차별, 자유인과 노예에 대한 차별을 드러냄으로써 훗날 제국주의자, 남녀차별주의자, 그리고 인종주의자라는 비판의 씨앗을 제공한다.

뿐만 아니라 재산 획득과 관련하여 농업, 목축업 등과 같은 자연적인 방법과 상업, 고리대 등과 같은 비자연적인 방법을 구분함으로써 상업과 이자에 대한 편견을 보인다.

이런 태도는 아리스토텔레스가 살았던 아테네가 성인 남자들에게만 참정권이 보장되는 노예제 사회였기 때문에 걸출한 철학자도 시대와 상황이라는 한계를 완전히 벗어날 수 없었기 때문이 아닐까?

국가는 선을
추구하는 공동체이다

"모든 국가(polis, city)는 일종의 공동체이며, 모든 공동체는 어떤 선을 실현하기 위해 구성된다. 그리고 인간 행위도 선(善, agathon)이라고 생각되는 것을 실현하기 위함이다. 이렇듯 모든 공동체가 어떤 선을 추구하는 것이라면, 모든 공동체 중에서도 으뜸가며 다른 공동체를 모두 포괄하는 공동체는 으뜸가는 선을 추구할 것이 명백한데, 이것이 바로 국가 또는 국가 공동체(politike koinōnia, political partnership)다." 제1권 1장 1252a1~6

우리는 살아가면서 얼마나 자주, 얼마나 절실하게 국가라는 단어를 떠올리고 체험할까? 애국가를 부를 때, 국가 대항 스포츠 경기를 볼 때, 다른 나라와 영토 분쟁이 있을 때, 해외로 이주하거나 여행을 할 때, 국제 사회에서 두각을 나타내는 한국인의 소식을 들을 때, 가난을 딛고 일어서 반듯한 나라를 만들었던 선인들의 기록을 확인할 때, 우리는 의식적·무의식적으로 '국가'의 존재를 느낀다.

　국가는 어떤 이에게 울타리와 같은 존재로, 어떤 이에게는 삶을 억압하는 폭력적인 존재로 기억될 수 있다. 이처럼 사람마다 국가에 대한 생각이 다를지라도 대체로 사람은 자신이 나서 자란 국가와 그 국민들에 대해 본성적으로 친밀감과 애틋함을 느낀다.

　국가에 대한 정의를 『두산백과사전』에서 살펴보면 "일정한 지역·영토 내에 거주하는 사람들로 구성되고, 그 구성원들에 대해 최고의 통치권을 행사하는 정치단체이자 개인의 욕구와 목표를 효율적으로 실현시켜 줄 수 있는 가장 큰 제도적 사회조직으로서의 포괄적인 강제 단체이다. (……) 국가를 구성하는 세 가지 요소, 즉 영토·국민·주권에 의하여 정의된다"라고 나온다.

　아리스토텔레스의 『정치학』을 강독하면서 찾아본 이 정의와 2,500년 전의 아리스토텔레스가 내린 국가에 대한 정의에 큰 차이가 나지 않는다는 점이 신기하다. 숱한 역사를 거치며 국가는 이념적·형태적으로 많은 변화를 거쳐왔지만 최고의 인간 공동체로서 본질은 면면히 이어져 왔음을 확인할 수 있다.

그렇기에 이 옛 철학자의 근본적 문제 제기는, 변화 많은 외부 상황과 첨예한 이해관계 속에서 그 존재 이유조차 흐릿해지기 쉬운 국가의 본질을 되새기게 한다.

그럼 과연 국가란 무엇인가? 아리스토텔레스는 제1권 제1장에서 공동체로서의 국가에 대해 깊이 파고든다. 이를 위해 그는 국가 공동체를 더 쪼갤 수 없는 수준, 국가-부락-가정-개인으로 나누어보았다. "인간 행위의 궁극적 목적은 선이다"라는 명제를 기초로 국가를 이들 인간 행위의 합으로 이해한다. 다시 말하면 선을 추구하는 개인이 모인 공동체가 국가이기 때문에 국가는 선을 추구하는 공동체라고 주장한다.

국가의 목적은 과연 선한가

공동체는 다양한 목적을 이루기 위해 만들어진다. 예를 들어, 학교는 학생들을 가르치기 위한 공동체, 기업은 합법의 테두리 내에서 이익을 추구하기 위한 공동체, 정당은 정권 확보를 위한 공동체이며, 시민단체는 특정 목적을 실현하기 위해 결성된 자발적인 단체이다.

이러한 공동체들이 내세우는 목적이 무엇이든 각각의 공동체는 나름의 선한 목적으로 만들어지기에 아리스토텔레스는 "모든 공동체는 어떤 선을 실현하기 위해 구성된다"라고 했다.

물론 선이 아니라 악의 실현을 위해 만들어진 단체도 있다. 대표적인 경우가 마피아나 야쿠자 등과 같은 폭력 조직일 것이다. 폭력 조직의 구성원들은 자신들의 행위를 합리화하기 위해서 그럴듯한 목적을 내세우지만, 제3자가 보기엔 악한 목적을 실현하기 위한 공동체일 뿐이다.

세상에 존재하는 여러 공동체처럼 국가 역시 어떤 목적을 위해 만들어진 가장 포괄적인 공동체이다. 학교, 정당, 기업, 시민단체들은 규모나 중요도 면에서 국가라는 공동체에 포함되는데, 국가가 존재하는 바탕에서 그 공동체의 존립 기반이 보장되기 때문이다.

국가 역시 선을 추구하는 공동체라는 점에서 다른 공동체들과 별반 차이가 없다. 그러나 아리스토텔레스의 이상적인 정의에도 불구하고 현실 세계에서 국가는 폭력 집단 이상으로 조직적인 폭력에 간여하기도 하며, 그런 경우의 부정적인 효과는 비교할 수 없을 정도로 심각하다.

그렇다고 해서 국가가 존재하지 않는 무정부 상태가 나은 것은 아니다. 무정부 상태에선 국가의 폭력 이상으로 야만적인 일이 일어나기 때문이다.

70년 동안 공산주의가 지배하던 구소련(1917~1987)은 무려 6,191만 명을 죽였는데, 이는 자국민의 29.7퍼센트를 살해했음을 말해 준다. 공산 중국(1949~1987)은 38년 동안 3,523만 명을 살해했는데, 이는 자국민의 4.49퍼센트이다. 나치 독일(1933~1945)은 2,094만 명을 죽임으로써 그들이 지배하고 있던 영토의 총인구 가운데 6.46퍼센트를 살해했다.

4년이라는 상대적으로 짧은 기간 동안 집권했던 캄보디아의 폴 포트(1975~1979) 정권은 203만 명을 살해함으로써 자국민 가운데 31.25퍼센트를 죽였다. 그 밖에 일본 군국주의(1936~1945)는 596만 명을, 북한의 공산당(1948~1987)은 166만 명을 살해했다.

러멜 교수는 『국가에 의한 살해(Death by Government)』라는 책에서 국가가 선한 공동체라는 주장에 대해 역사적 자료를 바탕으로 비판한다. 그는 '데모스(demos, 대중)'에 '사이드(cide, 살해)'를 더해서 '데모사이드(democide)'라는 용어를 만들어 "무장하지 않은 사람들에 대한 국가 권력의 계획적이고 조직적인 대량 학살"을 언급한다.

이 같은 국가의 만행에 대해서 일부 국가들의 실수라고 치부할 수도

독일 베르겐벨젠 수용소의 공동묘지 나치가 전쟁포로와 유대인을 수용하기 위해 설치한 곳. 수많은 수용자들이 굶주림과 중노동 등으로 죽어갔는데 그들 중에 『안네의 일기』로 유명한 안네 프랑크도 있었다.

있지만, 20세기만 하더라도 국가에 의한 대형 살인 사건들은 꼬리를 물고 일어났다. 그럼에도 우리는 여전히 국가의 선함에 대해 막연한 기대를 갖는다. 과연 국가는 선의의 공동체인가?

특히 국가에 더 많은 권력이 집중될 때는 국가권력을 장악한 소수 사람들에 의한 자의적인 권력 행사가 불가피하다. 이 점에 대해서 러멜 교수는 책의 첫 장에서 엄중한 경고와 조언을 남겼다.

"국가가 더 많은 권력을 가지면 가질수록, 국가는 권력을 장악한 엘리트들의 변덕과 욕망에 따라 권력을 더욱더 자의적으로 행사할 수 있을 뿐만 아니라 국내외적인 이유를 들어서 전쟁을 일으키고 살인을 하게 될 것이다. 반면에 국가의 권력이 제한되면 될수록, 그리고 권력이 분산되고 견제를 받고 균형을 이루면 이룰수록, 그것은 사람들에게 덜 공격적이 될 것이며 정부에 의한 조직적인 살해 사건에도 덜 간여하게 될 것이다." — R. J. 러멜, 『국가에 의한 살해(Death by Government)』, 1994, pp.1~2

국가의 권력 집중

역사 속의 이러한 국가적 야만 행위를 간과할 순 없지만 그래도 인간은 국가와 더불어 살아갈 수밖에 없는 존재라는 아리스토텔레스의 주장은 올바르다. 이런 점에서 나는 무정부주의에 대해 동의하지 않는데, 그 이유는 무정부 상태에서 인간의 폭력성이 얼마나 심하게 드러나는지 잘 알기 때문이다.

예를 들어, 일시적으로 공권력이 발휘될 수 없는 전시 상황이나 천재지변이 발생했을 때 사람들의 약탈 행위를 보면 무정부 상태에서 인간이 어떻게 행동할지 쉽게 예상할 수 있다.

국가가 온갖 일을 담당한다는 명분으로 권력을 몰아주는 것 또한 올바르지 않다. 다수의 사람들은 국가가 선의를 실현할 수 있는 기구라고 생각하며 국가에 권력이 집중되는 것을 경계하지 않는다. 현대 민주주의에서 지속적으로 국가 규모가 커지는 것은 이러한 다수의 사람들이 원하기 때문이다.

그 결과, 임의적인 자원 배분, 통화정책이나 재정정책에 의한 화폐의 타락과 경기 부양책의 남발 등으로 주기적인 경제 위기로 연결된다.

국가 권력의 집중은 소수 엘리트의 야망, 사익과 합해져서 국가 간 분쟁으로 연결되기도 한다. 시카고 대학교의 원로 정치학자인 데이비드 이스턴 교수는 정치를 '가치의 권위적 배분'이라고 정의한 바 있는데, 이런 배분을 행하는 기구가 국가이다. 이런 배분이 공정하게 이루어진다면 좋은 일이지만 권위적 배분은 시장 배분과 반대되는 방식으로, 권력을 장악한 사람들에 의한 자의적인 자원 배분을 피할 수 없다.

국가를 움직이는 주체는 권력을 장악한 소수의 사람들이다. 그러므로 국가에 권력을 몰아주는 것은 자의적인 처분권을 더 많이 맡기는 셈이다. 개인이 선택할 수 있는 자유 가운데 더 많은 몫을 권력을 장악한 소수의 사람들에게 반납하는 것이 국가권력을 강화한다.

그러나 정부가 이것도 해줄 수 있고 저것도 해줄 수 있어야 한다는 믿음은 앞으로도 상당 기간 지배적일 것이며, 누가 나서서 그런 여론을 거스를 가능성도 거의 없다.

일찍이 밀턴 프리드먼 교수 부부는 "세론이라는 밀물은 일단 힘을 얻으면 모든 장애나 모든 반대 의견을 누르고 휩쓸어버리는 경향이 있으며 이와 마찬가지로 일단 세론의 조류가 최고조에 달하면 이와는 반대의 조류가 생기는 경향도 있다"라고 지적한 바 있다. 비용을 지불하고 나서야 겨우 깨닫고 배우는 것이 세상 이치이기에 당분간은 '큰 정부'를 향한 움직임은 계속될 것으로 보인다.

개인의 선의와 군중의 맹목

국가에 의한 대규모 악행이 일반적인 사례는 아니다. 그러면 국가가 선을 추구하는 사례는 어떤 것들이 있을까?

지금의 선진국들인 미국, 영국, 독일, 프랑스 등이 선진국으로 도약하는 데 국가는 큰 역할을 했다. 마찬가지로 빈곤 상태에 놓인 국가들이 체계적인 경제 발전 전략에 따라 가난으로부터 탈피한 일본, 한국, 대만, 싱가포르, 홍콩, 말레이시아 등의 경제성장 전략, 중국의 국가 주도 경제성장 전략도 선을 실현하는 국가의 사례로 들 수 있다.

아리스토텔레스가 도시국가가 아니라 오늘날과 같은 국가에 살았다면 국가의 선한 의도에 대한 굳건한 믿음이 있었을까? 아마도 그는 국가의 선의가 악용될 수 있음에 더 깊은 관심을 두었을 것이다.

수학에서는 하나에 하나를 더하면 둘이 되지만 사회에서는 둘이 되지 않을 수 있다. 선한 의지를 품은 개인이 모여 집단을 형성하더라도 집단은 전혀 다른 모습을 보일 수 있기 때문이다.

개인이 책임져야 하는 의사 결정과 집단이 함께 책임져야 하는 의사 결정의 양상이 다르다. 사람들은 자신의 지갑을 열어 돈을 지출할 때는 합리적일 가능성이 높지만 집단으로 모여서 의사 결정을 할 때는 이성보다는 감정에 압도될 가능성이 크다. 냉장고를 살 때는 시장조사도 하고 요모조모를 따지곤 하지만, 대통령을 뽑을 때는 '나는 그냥 저 사람이 마음에 들어'라는 정도의 느낌으로 투표하는 사람들도 많다.

집단의 특수한 형태인 군중의 경우에 국한해 보면, 이들이 합리적으로 움직일 때보다는 비합리적으로 움직일 때가 더 많다. 『군중행동』의 저자인 에버릿 마틴은 "군중은 다른 군중들에 대해 우월감을 느끼며 남 탓을 자주 하고 자신들의 목적으로 정당화하기 위해 자신들만의 원칙들을 보편적 요구 사항들처럼 이용해 버린다"라고 비판했다.

본래 국가는 선을 실현하기 위한 목적으로 결성된 공동체이지만 공동체에 속한 사람들이 어떻게 하느냐에 따라 얼마든지 악을 실현하기 위한 공동체로 탈바꿈할 수 있다.

독일인이나 일본인 개인은 평균적인 의미에서 합리적이고 성실한 편이지만, 제2차 세계대전이라는 전시 상황에서 자신과 다른 집단들에 대해 폭력성을 드러내며 무고한 사람들을 죽였다.

나치는 인간의 본성에 숨어 있는 '우리(we)'과 '그들(they)'을 나누는 부족적 사고로 유대인들에게 유대인과 유대교의 상징인 노란색의 '다윗의 별'이란 배지를 부착하게 만들었다. 그 표지는 유대인들은 아리아족인 자기네와 다르기 때문에 마땅히 죽어야 하는 존재라는 상징이었다.

집단적 광기를 띤 역사적 사례가 우리에게 가르쳐주는 진실은 '선을 추구하는 국가'가 되기 위해서는 깨어 있는 시민의 존재가 필수적이라는 점이다.

인간은 본성적으로
공동체를 구성하려고 한다

"국가는 자연적으로 존재하는 것들 가운데 하나이며, 인간은 본성적으로 국가 공동체를 구성하는 정치적 동물(zōion politikon, political animal)이기에 국가에서 살아야 하는 동물이다. (……) 인간이 다른 동물들과 달리 독특한 점은 인간만이 선과 악, 정의와 불의 등을 인식할 능력이 있다는 것이다. 그리고 이러한 인식이 사람들 사이에 공통되므로 가정과 국가가 형성된다. 또한 시간상으로는 개인이나 가정이 국가에 앞서지만, 본성적으로는 국가가 개인이나 가정에 앞선다. 전체는 필연적으로 부분에 우선하기 때문이다. 육체가 파괴되었는데 팔이나 다리가 살아남을 수 없는 것과 같다." 제1권 7장 1098a13~17

"인간은 정치적(혹은 사회적) 동물이다."

인생과 세상사를 꿰뚫는 수많은 어록을 남겼던 아리스토텔레스. 그의 명언들 중에서도 이 말만큼 자주 쓰이는 말은 없을 것이다. 궁극적으로 사람들은 함께 모여 살고자 하는 본성이 있다는 뜻으로 해석할 수 있다. 최근에는 집단과 공동체를 거부하는 이들이 늘어나는 추세이기도 하지만 그래도 여전히 대다수의 사람들은 어느 곳에 소속되어 살아가며 안정감을 느낀다.

우리는 이런 맥락에서 국가의 구성과 기원에 대해 생각해 볼 수 있다. 우선 국가는 어떻게 생겨났는지 알아보자.

국가는 가정과 마을에서 발전한 완전한 공동체

아리스토텔레스에 의하면 국가는 가정(oikos, household)에서부터 시작된다. 가정은 생존과 생활의 필요를 충족하기 위해 만들어진 공동체이다.

가정의 구성원에 대해 시칠리아 칸타나의 입법자였던 카론다스는 '식탁의 동료들'로, 그리고 크레타의 예언자이자 시인이었던 에피메니데스는 '식구(食口)'라고 했다. 『정치학』의 영어 번역자는 전자와 후자를 모두 '동료(peers)'라고 번역했는데 그걸 보니 살짝 웃음이 나온다. 가족의 원래 의미가 생존에 필요한 음식물을 나누어 갖는 동료 아니겠는가.

가정 다음으로 출현하는 것이 마을(kōmē, village)인데, 마을은 일상적인 필요는 물론 일상적으로 되풀이되지 않는 필요까지 충족하기 위해 여러 가정들로 구성된 최초의 공동체이다. 한 가정에서 아들과 손자들이 분가하면서 세월을 두고 자연스럽게 마을이 만들어진다.

이런 마을들로 구성되는 완전한 공동체가 국가인데, 국가의 특성에 대한 아리스토텔레스의 주장은 모두 다섯 가지로 나누어 이해할 수 있다.

첫째, 국가는 자족적이다. 국가는 누군가의 도움이 필요 없는 자급자족(autakeia, self-suffiency)이라는 최고 단계에 도달한 공동체이기 때문에 완전하다. 자급자족이야말로 국가의 최종 목표이자 최선이다.

둘째, 국가는 단순한 생존(zēn, mere life)을 넘어서 훌륭한 삶(eu zēn, good life)을 위해 존속하는 것이다. 이것은 정치에 대한 플라톤의 주장, 즉 "정치는 훌륭함을 나누어주는 것"이라는 말을 떠올리게 한다.

셋째, 국가는 본성적으로 자연스러운 공동체다. 마치 가정과 마을이 본성적으로 자연스러운 것처럼 말이다.

넷째, 국가는 가정이나 마을과 같은 공동체들의 최종 목표(telos)이다. 삼라만상은 만들어질 때 저마다의 목표가 있는데, 가정과 마을의 목표는 국가라는 완전한 공동체를 이루는 것이다.

다섯째, 개인, 가정, 마을은 자연스럽게 국가로 발전하게 되는데, 이를 두고 아리스토텔레스는 "개인, 가정, 마을의 본성(physis)은 국가 공동체이다"라고 말한다. 여기서 본성은 각 사물이 자기 능력을 충분히 발휘한 상태를 말하기 때문에 사물의 본성은 그 사물의 최종 목표를 실현하는 것이다. 우리가 말하는 "인간은 정치적(혹은 사회적) 동물이다"라는 명제는 국가는 물론 가정이나 마을에도 적용할 수 있다.

여기서 아리스토텔레스에게 국가의 최종 목표가 자급자족이라는 의미는 무엇일까? 교역의 중요성을 크게 고려하지 않았던 그에게는 도시 국가가 필요로 하는 것을 바깥에 의존하지 않고 스스로 해결하는 것을 의미했을 것이다.

당시 고대 그리스인들이 주식으로 삼았던 밀은 대부분 흑해 등의 도시 국가에서 수입했다. 27년간 계속되었던 펠로폰네소스 전쟁이 아테네의 패배로 막을 내리게 된 것도 식량 수송로를 스파르타가 장악하는 데 성공했기 때문이다.

흑해를 떠난 곡물 수송선은 지금의 터키 이스탄불(비잔티움)에 인접한 보스포루스 해협과 헬레스폰토스 해협을 통과하여 아테네의 외항인 피레우스에 도착하곤 했다.

기원전 405년 여름 스파르타 역사상 가장 유능한 전략가이자 전술가인 리산드로스가 이끄는 스파르타 함대가 아이고스포타미 전투에서 승리함으로써 흑해에 이르는 좁은 해협을 장악하는 데 성공한다. 해상 수송로를 장악한 리산드로스는 아테네를 배곯는 사람으로 가득 차게 해 항복시킬 계획을 세웠는데 아테네인들은 겨울까지는 저항을 하지만 결국 배고픔 때문에 항복하게 되고, 이듬해 봄에 리산드로스 함대가 아테네를 점령한다.

이처럼 아리스토텔레스가 살았던 시절에는 오늘날과 같은 대규모 국제 교역이나 시장이 없었기 때문에 자급자족할 수 없는 국가 공동체는 언제든지 존망의 위기에 처할 수 있었다. 이는 그가 유난히 폴리스의 자급자족을 강조한 이유이다.

그러면 현대적 의미의 자급자족은 무엇을 뜻할까? 오늘날은 모든 상품이나 서비스의 시장이 존재하기 때문에 국가가 수입과 지출을 제대로 관리하는 것을 자급자족이라 할 수 있다.

남유럽의 재정 위기가 심각해져 가고 있을 때 외신은 그리스, 이탈리아, 스페인 등의 거리 풍경을 전했다. 거리를 점령하고 연금 삭감에 격렬하게 반대하는 시민들, 빈곤층으로 전락한 아테네 전직 약사의 권총 자살, 화염병에 맞아 불타오르는 차량과 상점들의 이미지가 겹쳤다.

현대적인 의미에서 자급자족의 실패는 한 국가가 빚을 관리하는 데 실패함으로써 더 이상 다른 나라에서 부채를 조달하지 못해 채무국으로부터 구조 조정을 요구받는 사정을 연상시킨다. 이런 면에서 보면 가정과 조직, 그리고 국가의 최종 목표는 자급자족을 이루는 것이라는 아리스토텔레스의 주장은 여전히 진리이다.

훌륭함에 대한 지향, 국가의 생존 동력

국가가 단순한 생존을 넘어서 훌륭한 삶을 지향해야 한다는 것은 무엇을 뜻할까? 전후의 폐허를 딛고 무서울 만큼 급성장한 일본을 생각해 보자. 주체할 수 없을 정도의 경상수지 흑자를 제대로 관리하지 못한 채 버블 붕괴를 경험하고, 20여 년 동안 나라의 위상이나 살림살이는 날로 악화되고 있다. 사회 전체가 도전보다는 안주하는 것에 더 의미를 부여해 점점 주저앉고 있는 인상을 지울 수 없다.

일본의 상대적 위상 하락을 불러온 데는 정치·경제·사회적인 원인이 있을 것이다. 하지만 나는 한 나라가 생존을 넘어서 어느 정도의 성장을 이루었을 때, 이를 뛰어넘는 더 높고 이상적인 목표를 두는 것이 얼마나 중요한지를 생각하게 된다. 이는 개인에게도 똑같이 적용되는 이야기다.

사람이 밥만으로 살아갈 수 없듯 어떤 조직이나 국가 또한 그냥 물질적으로 잘 먹고 잘사는 것만으로는 지속적인 성장을 해나가기가 쉽지 않다. 이런 맥락에서 국가는 훌륭함을 지향해야 한다는 아리스토텔레스의 주장은 외형상으로 웬만큼 성장한 국가들이 중진국병이나 선진국병에 걸리지 않고 계속해서 활기찬 나라로 나아가는 데 무엇이 필요한지에

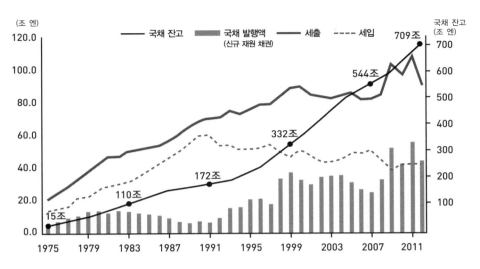

일본의 재정과 국가 부채 세입과 세출 사이의 격차가 확대됨은 물론이고 국가 부채가 급증하고 있다.
(조세연구원, 「일본국가부채의 최근 현황과 평가」, 2012. 8.)

대해 시사하는 바가 크다.

한편 아리스토텔레스는 국가를 이루지 못하는 개인이나 부락에 대해 매우 비판적이다. 어찌할 수 없는 요인이나 우연 때문이 아니라 본성 때문에 국가를 이룰 수 없는 사람이 있다면, "국가가 없는 자는 인간 이하이거나 인간 이상이다"라는 혹독한 평가를 내린다. 전자는 들짐승을, 후자는 신을 뜻하는데, 한마디로 국가를 이룰 수 없는 자는 인간도 아니라는 의미이다.

뿐만 아니라 국가를 이룰 수 없는 자에 대해서는 호메로스의 "친족도 없고 법률도 없고 가정도 없는 자"라는 말을 인용해 가혹한 비난을 더하면서 "본성이 그러한 자는 전쟁광이며, 장기판에서 혼자 앞서 나간 말처럼 독불장군이다"라는 비난도 서슴지 않는다.

그런데 무리를 짓는 다른 동물들과 달리 유독 인간만이 국가를 구성하는 이유는 무엇인가? 인간은 언어(logos)를 가진 유일한 동물이기 때문에 언어를 사용해서 유익함과 무익함을 구분하고 한 걸음 더 나아가 선과 악, 그리고 옳고 그름도 구분할 수 있기 때문이다. 이런 공통된 인식을 사람들이 공유할 수 있기 때문에 가정과 국가를 만들게 된다.

어떤 민족이라도 독립국가를 이루지 못하면 주변 국가로부터 숱한 천대와 멸시, 그리고 박해를 당하게 된다. 한때 페르시아를 지배했던 메디아 왕국의 후손인 쿠르드족은 인구가 3,000만 명 정도 되는데, 독립국가를 이룰 수 있는 몇 번의 기회를 놓친 채 오늘날까지 터키, 이라크, 이란 등에서 흩어져 살고 있다.

이들에 대한 박해는 빈번하게 이루어졌는데 특히 이라크의 사담 후세인 치하에서 추방이나 처형을 당하거나 화학무기에 의해 수천 명이 살해되어 국제사회의 동정과 주목을 받기도 했다.

한 민족이 고유한 문화, 가치, 정치체제, 자유를 향유하기 위해서는 독립국가를 유지해야 하고, 이 국가를 제대로 유지하기 위해서 시민들이 유지 비용을 기꺼이 지불해야 한다.

한편 국가와 개인 사이의 관계는 어떤가? 고대 그리스 시대에도 정변이 일어나면 권력을 쥔 자들이 반대파의 자유는 물론이고 생명을 빼앗는 일도 흔히 있었다. 펠로폰네소스 전쟁이 끝난 이후 승전국인 스파르타의 사주를 받아서 '30인 과두정'을 구성했던 크리티아스와 그 일파들은 부자를 비롯해서 민주정체를 지지하는 저명인사들을 무자비하게 살해했다.

개인의 자유가 중요시되는 오늘날 현대인에게 '국가는 개인에 앞선다'는 아리스토텔레스의 주장은 받아들여지기 힘들다. 비판자들은 그를 국가주의자 혹은 전체주의자라고 비난한다. 하지만 전쟁 속에서 생존을 위해 투쟁해야 했던 당시 도시국가의 상황을 이해한다면, 국가에 대한 그의 주장을 이해할 수 있다. 당시 상황에서 적국에 항복하는 것은 시민들이 곧바로 노예가 되는 것을 뜻했다.

국가의 특성에 대한 그의 주장은 자칫 잘못하면 개인이나 가정이 국가의 도구나 수단으로 활용되는 것을 정당화하는 논리로 악용될 수도 있다. 그러나 그가 예로 드는 것처럼 몸 전체(국가)가 파괴되면 손이나 발을 사용할 수 없기 때문에 손과 발(개인)은 몸 전체(국가)에 봉사해야 한다는 주장도 일리가 없는 건 아니다. 따라서 아리스토텔레스의 선의를 지나치게 왜곡해서 받아들일 필요는 없다.

정의로운 시민과 지도자의 중요성

그렇다면 사람들이 본성적으로 국가를 구성하는 것만으로 충분한가? 그것만으로 선한 목표를 이루고 모두 행복하게 살아갈 수 있을까? 그렇지 않다. 인간 본성의 한 부분인 사악함은 언제든지 국가를 사악한 도구로 악용할 수 있다.

그런데 우리가 '사악함'이라는 표현을 할 때는 주로 육체적 폭력을 떠올리게 된다. 하지만 아리스토텔레스는 언어를 인간이 가진 무기로 간주하고, 그 무기가 불의로 무장되었을 때, 즉 '무장한 불의(armed injustice)'가 국가를 사악한 집단으로 만들 수 있다고 경고한다.

숱한 말과 글이 난무하는 시대일수록 옳고 그름에 대한 기준이 흔들리게 되고, 자신의 이익과 편의에 따라 정의와 불의조차 자의적으로 해석하는 사람들이 늘어난다. 그들은 보편적인 상식이나 진실에 대해서조차 "그게 왜 문제가 되는가?"라고 반문하기도 하고 무조건 떼를 쓰기도 한다. 옳고 그름이 흔들리면 말과 글은 언제든 '무장한 불의'가 될 수 있다.

> "인간은 완성되었을 때는 가장 훌륭한 동물이지만, 법(nomos)과 정의(dikē)를 벗어났을 때는 가장 사악한 동물이다. 무장한 불의(不義)는 가장 다루기 힘들다. 인간은 지혜와 탁월성을 위해 사용하도록 언어라는 무기들을 갖고 태어나지만, 이런 무기들은 정반대의 목적을 위해서 너무 쉽게 사용될 수 있기 때문이다." 제1권 2장 1253a31~35

국가가 사악한 집단으로 바뀌는 것을 방지하기 위해서는 무엇이 필요할까? 아리스토텔레스는 '정의'라는 단어에서 해법을 찾는다. 정의는 국가 공동체의 질서를 유지해 주고, 정의감은 시민들에게 무엇이 올바른지를 판별하도록 돕는다. 정의에 대한 갈증을 느끼는 지도자와 시민들로 구성된 국가라면 사악한 국가라는 나락으로 떨어지는 것을 방지할 수 있을 것이다.

아리스토텔레스는 "정의는 국가 공동체의 특징이다"라고 말하지만 이는 이미 존재하는 것이 아니라 만들어가는 것이라고 생각한다. 만약에 세상의 모든 국가 공동체가 정의로움을 특징으로 한다면 역사상 그 수많은 악행들이 일어나지 않았을 것이다. 당위와 현실은 엄연히 차이가 있다.

정의로운 시민과 정의로운 지도자가 정의로운 국가를 낳는다. 그런 국가를 만들기 위해서 우리는 부단히 노력해야 한다. 그럼 구체적으로 어떻게 해야 할까?

첫째, 국가 공동체를 구성하는 시민들이 정의와 불의에 대해 올바른 생각과 지식을 갖출 수 있도록 교육 기회가 제공되어야 하며, 개인도 스스로 올바른 기준을 세우도록 노력해야 한다. 생각과 지식의 위기가 모든 문제의 근본 원인을 제공하기 때문이다.

둘째, 시민도 작은 불의를 반복함으로써 악에 이용당하고 한 걸음 더 나아가 악을 방조하거나 돕는 관성, '악의 평범성'이란 덫에 빠지지 않도록 일상에서 불의를 바로잡기 위해 노력해야 한다. 자신이 할 수 있는 영역에서 정의를 구현하는 자기 몫을 다해야 한다.

셋째, 정치는 정의의 실현과 불의의 교정에 더욱 신경을 써야 하며, 사회 구석구석에서부터 작은 불의를 바로잡으려는 노력을 기울여야 한다. 나라를 이끄는 사람도 정의를 구현하는 자기 몫을 다해야 한다.

이처럼 정의로운 시민과 지도자의 중요성 때문에 아리스토텔레스는 모두 여덟 권으로 구성된 『정치학』에서 마지막 두 권을 교육 문제에 할애했다.

인간이 이루는
관계와 집단의 본질

"가정에는 세 가지(주인과 노예, 남편과 아내, 아버지와 자식) 요소 외에도 재산 획득 기술(chrēmatistikē, the art of acquisition)이라는 다른 요소가 있다. 어떤 사람들은 이것을 가사 관리라고 생각하며, 가사 관리의 주요한 요소라고 생각한다. 따라서 우리는 이것이 어떤 것인지 고찰해야 한다. (……) 재산(ktēma)은 가정의 일부이고, 재산 획득 기술은 가사 관리의 일부다. 생활필수품이 마련되지 않으면 잘살기는커녕 사는 것 자체가 불가능하기 때문이다. 그리고 특정 기술로 과제를 완수하려면 적절한 도구들이 반드시 공급되어야 하듯이 가사 관리인도 적절한 도구를 가져야 한다. 도구 가운데 어떤 것은 생명이 없고, 어떤 것은 생명이 있다." 제1권 3장 1253b11~14, 1253b23~27

아리스토텔레스는 가정이 크게 두 가지 요소로 이뤄진다고 보았다. 하나는 주인과 노예(주종 관계), 남편과 아내(부부 관계), 아버지와 자식(부자 관계)이라는 세 가지 관계이고, 또다른 하나는 재산 획득 기술이다. 따라서 네 가지의 요소를 이해하면 그가 말하는 국가를 이해할 수 있다.

가정과 국가는 지배자와 피지배자로 이루어진다

국가는 가정들로 이루어지기 때문에 국가를 이해하기 위해서 우선 가정을 제대로 이해해야 한다. 아리스토텔레스가 살았던 고대 그리스 시대의 가정을 살펴보자. 오늘날과 달리 고대 그리스 시대에 아버지는 노예나 아내, 자식에게 명령과 지시를 내릴 수 있는 절대적인 힘이 있었다. 스파르타의 여자들이 예외적이긴 했지만 대체로 고대 그리스의 여자들은 제대로 권리를 행사할 수 없었다.

우리의 조선시대와 마찬가지로 고대 그리스도 엄격한 가부장 사회였다. 양반 사회처럼 귀족 집안은 가장과 아내, 자식들, 그리고 노예들로 구성되어 있었다. 집안 살림에 필요한 수입은 농업과 목축, 그리고 드물게는 교역에서 얻었다. 집안일은 모두 하인과 노예들의 몫이었으며, 밭일만 전담하는 노예도 있었다.

가장과 노예, 아내, 그리고 자식들 사이에 엄격한 위계질서가 있었다. 현대적인 의미로서는 다소 생소할 수 있지만 아버지의 권위와 명령은 절대적이었다. 고대 그리스 여성은 바깥출입이 제한되어 있었으며 가사

그리스 가정 그리스 화병에 그려진 고대 그리스 가족의 모습. 아내는 아들을 돌보고 있고, 남편은 돈이 든 주머니를 들고 있다.

에 묶인 채 지극히 제한된 삶을 살았다. 대규모 축제 행렬이나 장례식과 같이 예외적인 행사를 제외하면 여자가 길거리를 혼자서 돌아다니거나 남자와 대화를 나누는 일은 생각조차 할 수 없었다. 바깥출입을 할 때도 집안 남자와 함께 가거나 노예를 뒤따르게 했다.

남자아이들을 우대하는 경향도 강했다. 남자아이들에게는 충분한 교육 기회를 제공했지만 딸에게는 글을 읽고 쓰는 데 필요한 가장 초보적인 지식이나 물레질, 바느질 등과 같이 여성 고유의 수작업을 가르쳤다.

여성의 거처가 가정에 한정되었지만 아내가 마치 여왕벌처럼 사는 경우도 많았다. 남편이 벌어온 돈을 현명하게 지키고 지출하면서 노예들에게 가사를 부담시키고 그들을 감독하고 후생복지에 신경을 쓸 수 있는 권한이 있었다. 크세노폰의 『경영론』에는 남편이 이상적인 아내의 역할에 대해 당부하는 내용이 나온다.

"여왕벌은 벌집 안에 머무르면서, 꿀벌들이 빈둥대고 노는 것을 허용하지 않소. 하지만 여왕벌은 밖에서 일해야 하는 꿀벌들은 밖에 나가서 일하라고 내보내며, 각각의 꿀벌들이 가져오는 것들이 무엇인지 알고 받아 두었다가 그것이 사용될 때까지 보관해 놓지요. 그리고 보관해 둔 식량을 사용할 때가 오면, 여왕벌은 벌들 각자에게 적당량을 나누어주지요. 또한 여왕벌은 벌집 내부에서 여러 방들을 짜 만드는 일을 지휘해서 신속하고 잘 짜이게 만들며, 태어나는 자식들에도 주의를 기울여서 잘 자라나도록 하는 것이오. 그래서 어린 자식들이 잘 자라나 일할 수 있게 되면, 여왕벌은 후손들을 이끌 지도자와 함께 이들을 보내어 새로운 군락을 형성하게 하는 것이오." — 크세노폰, 『크세노폰의 향연·경영론』(오유석 옮김), pp.128~129

여왕벌처럼 아내가 가정에서 상당한 힘이 있더라도 그 힘은 가장의 명령이나 지시, 통제를 받는다는 의미에서 남편과 아내 사이에도 지배와 피지배 관계가 성립했다. '주인-노예, 남편-아내, 아버지-자식'의 관계가 서로 다른 모습이더라도, 모든 관계의 공통점은 '지배와 피지배' 관계였다.

아리스토텔레스는 바로 이런 특성을 고스란히 국가에서 지배와 피지배 관계로 적용한다. 다스리는 자와 다스림을 받는 자라는 구분도 이런 맥락에서 이해하면 된다.

다만 현대의 가정은 아테네 가정에 비해 수평적이다. 그럼에도 가장이 더 많은 책임을 진다는 점에서 보면 현대의 가정 역시 어느 정도는 수직적인 위계질서가 존재하는 것이 사실이다. 물론 이를 두고 지배와 피지배라는 용어를 사용할 수 있을지 조심스럽기는 하다. 그러나 가정에서 생계를 책임지는 사람이 있게 마련이고 자식은 가장의 명령을 받아야 할 때가 많다.

고대 그리스 시대에 성인 남성으로 구성되는 시민들은 나라의 지도자를 뽑을 수 있는 권리와 공직자로 뽑힐 자격이 있었다. 이런 점을 충분히 고려하더라도 고대나 현대에나 나라 일을 이끄는 자와 시민들 사이에는 지배와 피지배의 관계가 성립되는 것이 사실이다. 누군가 나라를 이끌어야 한다면 그런 공직자를 이끄는 자, 리더, 혹은 지배하는 자, 다스리는 자라고 부를 수 있기 때문이다.

인간 사회는 수많은 조직들로 이루어져 있는데, 모든 조직들, 즉 국가, 지방자치단체, 기업, 비영리단체 등의 근본적인 속성을 들여다보면 그곳에는 명령하고 지시하는 사람들이 있는 반면에 이를 받아서 수행하는 사람들이 있다.

갑과 을의 계약으로 이루어진 관계에서도 지배와 피지배 관계를 목격할 수 있다. 지배라는 용어의 어감이 강하기 때문에 계약이란 단어로 대체하는 것이 부자연스러울 수도 있겠지만 지배와 피지배라는 속성까지 완전히 지워버릴 수는 없을 듯하다.

한편 가정과 국가 사이의 유사점에 대해 살피면서 아리스토텔레스는 특별한 지식에 주목한다. 가장이 가정의 다른 구성원들을 다루는 지식과 지배자가 피지배자를 다루는 지식이다. 현대적 의미로 보면 가장이나 지배자에게 필요한 지식인 '사람을 이끄는 지식 혹은 기술'이다.

노예와 노예제도

아리스토텔레스가 살던 시대에도 주인이 노예를 다루는 기술을 일종의 지식, 즉 사람을 이끄는 지식 혹은 리더십으로 이해한 사람들이 있었다. 이들은 주인이 노예를 지배하는 것과 왕이 부하를 다루는 것이 비슷하다고 주장했다.

> "주인이 노예를 지배하는 일은 일종의 지식인데 가사 관리인 노릇을 하는 일이나 정치가 노릇을 하는 일, 그리고 왕 노릇을 하는 일은 모두 같은 종류의 지식이다." 제1권 3장 1253b17~19

이 대목을 읽으면서 나는 혼자서 살며시 웃음을 지었다. 아리스토텔레스는 오늘날 CEO나 중간 간부들이 고심하는 리더십이라는 주제와 유사한 개념으로 주인이 노예를 다루는 지식을 바라보았기 때문이다. 즉 고대 그리스 시대의 주인들도 어떻게 하면 노예들을 잘 이끌어서 최고의 성과를 만들어낼 것인가를 고민했다.

그러나 당시의 주인과 노예 관계는 소유 관계이지만 오늘날의 고용주와 근로자 사이에는 업무를 중심으로 맺어진 계약 관계로 이해해야 한다.

한편 당시에 일부 사람들이 자유민과 노예 사이에 별다른 차이가 없다고 주장한 사실이 눈에 띈다. 노예와 자유민의 차이는 관행에 따른 것일 뿐 본성상 아무런 차이가 없다는 것인데, 피부색이나 신분 등에 관계없이 인간을 평등하게 바라본 사람들이 당시에도 있었음을 알 수 있다. 이러한 주장은 시대를 크게 앞선다.

당시 폴리스들 사이의 전쟁에서 패배하면 패배한 폴리스의 주민들은 시민이든 귀족이든 배상금을 지불하거나 노예 신분이 되었다. 이를 목격한 사람들은 노예와 자유민의 차이는 무력의 차이에 근거한 것이므로 정당하지 못하다는 생각을 했을 수도 있다.

아리스토텔레스는 노예제를 지지하는 입장이었지만 태어날 때부터 노예가 아니라 전쟁에서 패배해 법적으로 노예가 되는 것에 대해서는 문제가 있다고 생각했다.

"어떤 사람들은 법이 일종의 정의이기 때문에 전쟁에 의한 노예제도는 정당하다고 주장한다. 그러나 그들의 주장은 모순이다. 왜냐하면 우선 전쟁의 원인이 정당하지 않을 수도 있고, 다음으로 노예가 되어서는 안 될 사람을 노예라고 말해서는 안 되기 때문이다. 그들의 주장을 받아들인다면 가장 높은 지위에 있는 사람들도 그들 자신이나 그들의 부모들이 포로가 되거나 팔릴 경우, 노예나 노예의 자식들이 되고 말 것이다."

제1권 6장 1255a21~28

전쟁 포로와 같은 법적 노예제도는 정당한가? 고대의 전쟁은 군인과 시민을 구분하지 않았으며 생사를 건 전쟁에서 패한 국가의 병사와 시민들은 죽음을 당하거나 노예 생활을 했다. 심지어 펠로폰네소스 전쟁에서 스파르타가 승리를 거두자마자 동맹국인 코린토스와 테베는 아테네를 파괴하고 시민들을 모두 노예로 삼자고 요구했다.

인류 역사에서 교전 당사국끼리 전쟁법이라는 것을 지키게 된 지는 불과 100여 년밖에 되지 않는다. 전쟁법이 자리를 잡기 전에는 전쟁에 패한 자들은 무조건 승자의 소유물이라는 생각이 지배적이었다.

이러한 상황이 특히 심했던 시대에 살던 아리스토텔레스는 다른 폴리스의 귀족들과 시민들이 전쟁에 패배함으로써 하루아침에 노예가 되는 일을 두고 논리적으로 심정적으로 도저히 받아들일 수 없었을 것이다.

폭력과 우월한 힘이 지배하던 시대에 모든 전쟁에 의한 포로가 올바른 것이 아니라는 아리스토텔레스의 의견은 시대를 앞선 생각이었을 뿐만 아니라 양심적인 의견이었다. 하지만 아리스토텔레스 역시 전쟁의 원인이 정당한 경우는 예외적으로 법적 노예를 인정하였다.

아리스토텔레스는 법적 노예제도의 대부분이 정당하지 않지만 본성상의 노예제도(자연적인 노예제도)는 올바른 것이라고 주장한다. 그는 헬라스인과 비헬라스인을 구분하고 헬라스인은 노예의 본성을 타고나지 않아 노예가 될 수 없지만 비헬라스인은 노예가 될 수 있다고까지 말한다. 여기서 헬라스인(Hellēnes, Greeks)은 그리스 본토에 거주하는 그리스인뿐만 아니라 그리스인이 개척한 식민지에 거주하는 사람을 말한다.

그런데 노예제 사회라는 시대 상황을 고려하더라도 아리스토텔레스의 노예 옹호론은 확고함 그 이상의 의미를 지닌다. 노예는 주인에게 속하는 것이고, 그것은 재산의 일부이며 활동을 위한 도구라는 점을 분명히 하기 때문이다.

재산을 소유하려면 생산 도구가 있어야 하는데, 도구 가운데는 생명 있는 것이 있고 생명 없는 것이 있다. 예를 들어, 배의 주인인 선장에게 필요한 것은 두 가지 도구이다. 하나는 해적을 감시하기 위해 망을 보는 선원으로, 생명 있는 도구이고, 다른 하나는 노(櫓)로, 생명 없는 도구이다. 극단적으로 말하면 노예는 생명 없는 도구일 뿐이었다.

일반적인 의미의 도구는 생산(poiēsis)을 위한 도구이다. 밭을 가는 데 필요한 쟁기와 소 등이다. 그런데 삶은 주로 활동(praxis)이고 활동에도 필요한 도구가 있는데, 노예는 주로 활동을 위한 도구로 사용되고 보조적으로 생산을 위한 도구로 사용된다. 활동을 위한 도구는 무엇보다

가사를 돕는 것이 우선이고, 생산을 위한 도구는 광산, 공장, 선박에서 일하는 것을 들 수 있다. 고대 그리스 시대에 두 가지 용도에서 모두 노예가 동원되었지만 노예는 주로 가사용이었다.

> "인간이라 할지라도 본성적으로 자신에게 속하는 것이 아니라 다른 사람에게 속하면 본성적으로 노예다. 또한 노예는 다른 사람의 재산이며, 활동을 위한 도구이며, 소유하는 사람과 분리해서 존재할 수 있다."
> 제1권 4장 1254a14~16

그런데 노예가 인간과 다른 종(種)에 속한다면 아리스토텔레스의 노예에 대한 관점을 이해할 수 있지만 위의 인용문에서 알 수 있듯이 그는 노예가 인간과 같은 종임을 분명히 알고 있었다. 그럼에도 그가 노예를 도구로 받아들인 것은 바로 인간마다 '타고나는 본성의 차이'가 있다고 여겼기 때문이다.

그렇다면 과연 노예의 본성이란 존재하는가? 그런 본성을 타고난 사람들이 있는가? 노예제도는 정당한가?

아리스토텔레스가 노예제를 옹호한 것 역시 그의 다른 이론들과 마찬가지로 다양한 관찰에 바탕을 두고 있다. 그는 인간 세상뿐만 아니라 자연계를 보더라도 지배하는 자와 지배당하는 자가 나뉘는 경우가 많다고 보았고, 이런 상태는 한쪽에 의한 다른 쪽의 일방적인 약탈이 아니라 양자의 조화로운 합작품으로 이해했다.

따라서 그는 지배와 피지배에 대해 "어떤 사람은 지배하고 어떤 사람은 지배받는 것이 필요할 뿐만 아니라 유익하다"라고 했다.

세상사가 지배와 피지배로 구성되는 것은 불편한 일이긴 하지만 살아갈수록 세상의 본질 가운데 하나가 그런 것이 아닌가 하는 생각을 하게 된다. 인정하기 싫지만 엄연한 현실로 존재하는 것. 아리스토텔레스도 그 점을 본 것일까?

조직 생활도 그런 면이 있지만, 우선 우리 자신을 예로 들어서 설명해 보자. 인간은 혼(이성)과 몸(욕망)으로 이루진 존재이고 이때 혼이 몸을 지배하는 것이 이상적인 상태이다. 그런데 몸이 혼을 지배하게 되면 문제가 생긴다. 우리의 몸뿐만 아니라 생명이 있는 자연계를 관찰해도 대부분 이런 지배와 피지배 관계를 자연스럽게 관찰할 수 있다.

"몸에 대한 혼의 지배는 주인의 지배와 같고, 욕망에 대한 지성의 지배는 정치가나 왕의 지배와 같다. 그리고 분명 몸은 혼의 지배를 받는 것이, 감정적 부분은 지성과 이성적 부분의 지배를 받는 것이 자연스럽고 유익하다. 반면 양자가 대등하거나 열등한 것이 지배하게 되면 언제나 유해하다. 이런 관계는 동물에 대한 사람의 지배에서도 마찬가지다." 제1권 5장 1254b5~9

그러면 아리스토텔레스에게 노예란 어떤 존재인가? 그의 눈에 노예는 길들인 동물과 다를 바가 없기 때문에 "노예와 길들인 동물의 용도는 별반 다르지 않다. 이들은 모두 주인의 필요를 충족시키기 위해 몸으로 봉사하기 때문이다"라고 말한다. 태어날 때부터 노예는 노예의 직분을 잘 수행하도록 만들어진 존재이며, 지배자는 지배자의 직분을 잘 수행할 수 있는 본성을, 그리고 시민은 시민 생활을 제대로 수행할 수 있는 본성을 타고난다는 주장이다.

세상의 많은 관계는 여전히 지배와 피지배 관계

노예는 노예의 본성을, 지배자는 지배자의 본성을, 그리고 시민은 시민의 본성을 타고난다는 주장을 어떻게 해석하는 것이 좋을까? 물론 인간은 자신의 유전적인 유산으로부터 결코 자유로울 수는 없다. 그런 점에서 본성의 의미를 좁게 해석할 수 있지만, 노예는 평생 노예로 살아가야 하는 것을 정당화하는 의견이나 주장은 위험하다. 무엇보다도 그런 의견을 입증할 만한 과학적 증거가 있는 것도 아니다.

이런 주장은 인간은 태어날 때부터 이미 모든 것이 결정되었다는 것을 뜻하기 때문에 문제가 많다. 아무튼 노예제도와 맞물린 아리스토텔레스의 본성론은 부당한 정치체제를 악용하는 데뿐만 아니라 노예제도를 옹호하는 데 쉽게 이용될 수 있어 주의가 필요하다.

물론 그의 본성론을 긍정적인 입장으로 해석할 수도 있다. 예를 들어, 우리가 자신의 타고난 재능을 최고로 발휘하기 위해 노력해야 한다고 할 때, 그것은 본성을 인정하고 이를 제대로 발휘해야 한다는 측면에서 긍정적이기 때문이다.

하지만 본성론은 부정적인 면에서 악용되는 경우가 많다. 인종 차별의 뿌리는 직접 혹은 간접으로 본성론에 바탕을 두고 있다. 특정 종족이나 정파에 속한 사람들은 태어날 때부터 지배자의 본성이 있다는 주장으로 악용될 수 있다. 아리아족에 대한 선민사상에 바탕을 두었던 히틀러의 주장이나 천황이 다스리는 나라의 신하된 백성이 황국신민이라는 일본 제국주의의 주장도 본성론에 뿌리를 두고 있다.

오늘날과 같은 자본주의 사회에서 재산 규모의 격차가 커지면서 재산으로 사람을 차별하는 일에도 본성론이 악용될 위험이 있다. 부자는 일등 국민으로, 빈자는 이등 국민으로 대접받을 수 있다. 다문화 가족들이 늘어나면서 피부색과 외모가 다른 사람을 차별하는 것 또한 본성론이 악용되는 사례이다.

사회의 건강한 발전을 도모하기 위해서는 차이를 인정하면서도 차별을 없애는 쪽으로 초점을 맞추어야 한다. 사람이 제각각 다른 재능을 타고나지만 그 재능과 재능이 낳는 결과물로 차별을 정당화하는 것은 어떤 이유로도 허용될 수 없다.

공동체 유지를 위한
용인술이 중요하다

"주인은 습득한 지식의 탁월성 때문이 아니라, 타고난 재능의 탁월성 때문에 주인이라 불린다. 이 말은 노예와 자유민에게도 적용된다. 그럼에도 불구하고 주인을 위한 지식(despotikē epistēmē)과 노예를 위한 지식(doulikē epistēmē)이 있을 수 있다. (……) 이런 분야의 지식들(일상 업무 외에 요리법과 시중드는 법 등)은 모두 노예를 위한 것이다. 한편 주인을 위한 지식도 있는데, 그것은 노예를 부리는 법에 관한 것이다. 주인은 노예를 획득하는 것이 아니라 노예를 부림으로써 주인이 된다. 그러나 노예를 부리는 것은 위대하거나 고상한 지식이 아니다. 주인이라면 노예가 반드시 해야 할 것을 시킬 줄 알아야 하기 때문이다. 그래서 이런 귀찮은 일을 하지 않아도 되는 주인들은 노예 관리를 집사에게 맡기고 자신은 정치와 철학으로 시간을 보낸다."

제1권 7장 1255b20~23, 30~352

　27년간의 감옥 생활에도 굴하지 않고 투쟁, 대화, 타협을 통해 남아공의 새로운 역사를 만들어낸 넬슨 만델라. 1994년 4월, 자유선거를 통해 그가 남아공 최초의 흑인 대통령이 되었을 때 그는 진정한 지도자의 모습을 몸소 보여준 바 있다.

　로벤 섬에서 그를 감시했던 교도관 세 명을 취임식장의 귀빈석으로 초대했을 뿐만 아니라 성격이 아주 냉혹한 로벤 교도소 소장 야니룩스 장군을 오스트리아 주재 대사로 임명하였다. 이들 외에도 만델라는 자신을 박해했던 사람들을 일일이 방문해서 화해의 손길을 내밀었다.

　그는 『만델라 자서전』에서 "국민들에게 우리가 무엇을 할 것인가에 대해 말한 것과 마찬가지로 우리가 할 수 없는 것에 대해서도 역시 말해야 한다"라고 했다. 또한 그는 "만약 여러분이 옷과 음식 없이 가난하게 살고 싶다면 술집에 가서 술을 마시십시오. 그러나 만약 여러분이 더 나은 삶을 원한다면 여러분은 열심히 일해야 합니다. 우리가 여러분을 위하여 모든 것을 할 수는 없습니다. 여러분이 자신을 위해서 스스로 해야 합니다"라고도 했다.

　갈등과 분열을 넘어서 구성원들을 한 방향으로 통합하는 능력, 반대파까지 끌어안을 수 있는 포용력과 관대함, 지도자가 할 수 있는 일과 할 수 없는 것을 구분하여 알리는 일, 지도자가 해야 할 역할과 시민이 해야

넬슨 만델라 27년간의 감옥 생활에도 굴하지 않고 투쟁, 대화, 타협의 모범을 보이며 1994년 자유선거를 통해 남아공 최초의 흑인 대통령이 되었다.

할 역할을 구분하고 알리는 것은 모두 '지도자를 위한 지식'에 포함된다.

인용문에 등장하는 '주인을 위한 지식'과 '노예를 위한 지식'을 현대적으로 해석하면 어떤 의미일까? 지도자가 자신의 직분을 수행하는 데 특히 필요한 지식이 있듯이 지도자를 따르는 사람 역시 자신의 직분을 수행하는 데 필요한 지식이 있다는 뜻이다. 즉, 각자가 자신의 직분을 최대한 잘 수행하는 데 필요한 지식이다.

또한 이런 지식에도 우열이 있어서, 열등한 지식, 평범한 지식, 그리고 탁월한 지식으로 나눌 수 있다. 이중 탁월한 지식에는 자신의 직분을 아주 잘 수행하기 위한 예리함과 날카로움이 있게 마련이다.

"노예도 노예 나름, 주인도 주인 나름"

진나라 말기에 반란을 일으킨 진승(陳勝)이란 사람이 있다. 그는 "왕후장상의 씨가 어찌 따로 있겠느냐(王侯將相, 寧有種乎)"라는 말을 남겼다. '본래 인간의 귀천이 태어날 때부터 결정되는 것이 아니라 누구든지 높은 자리에 앉으면 고귀한 자가 될 수 있다'는 뜻이다. 고려시대 무신 집권기에 반란을 일으킨 최충헌의 노비 만적 역시 노비 해방운동을 벌이면서 이 말을 부르짖었다.

그렇다면 주인의 지배와 노예의 복종이라는 관계는 어떤 특징이 있을까? 아리스토텔레스는 주인의 지위가 후천적으로 얻은 지식 때문이 아니라 '자신이 타고난 것의 탁월성(virtue of own endowment)' 때문임을 강조한다. 그는 "정치가는 타고난 자유인을 지배하는 데 반해서 주인은 타고난 노예들을 지배한다"라고 했는데, 여기서도 우리는 '타고난'이란 단어에 주목해야 한다. 이 단어를 사용함으로써 그는 자유인과 노예가 태어날 때부터 서로 다르다는 점을 다시 한 번 강조한다.

또한 주인(가장)은 가정에 오로지 한 사람이기 때문에 "가정의 지배는 독재적이다"라고 말하기도 한다. 이는 정치가들이 자유인을 지배하기 위해서 선거라는 경쟁 과정을 거치는 것과 대비되는 점을 강조할 뿐만 아니라 주인이 가정에서 독재자에 버금갈 정도의 전권을 행사할 수 있음을 뜻한다.

한편 그는 타고난 주인이나 노예일지라도 제대로 된 주인이나 노예가 되기 위해서는 자신에게 필요한 지식을 익혀야 한다고 했다. 이를 두고 '주인을 위한 지식'과 '노예를 위한 지식'이라는 용어를 사용한다. 요리를 하거나, 시중을 들거나, 빨래를 하는 일 등은 노예들이 쉽게 배울 수 있는 일들이지만 제대로 잘하기 위해서는 노력이 필요했을 테니 말이다.

노예들도 맡은 일을 잘하는 자가 있는 반면에 그렇지 못한 자가 있기 때문에 아테네 시인 필레몬은 "노예도 노예 나름이고, 주인도 주인 나름이다"라는 말로 노예 사이의 우열은 물론이고 주인 사이에도 우열이 있다고 언급했다. 오늘날의 용어로 표현하면, 맡은 일을 수행하는 데 필요한 전문성이 있느냐 없느냐에 따라 우열이 생긴다는 말이다. "사람 위에 사람 없고 사람 밑에 사람 없다"라고 할 수 있을지라도 전문성을 기준으로 하면 당연히 우열은 나뉜다.

그렇다면 '주인을 위한 지식'은 무엇일까? 한마디로 '노예 부리는 법'이다. 노예는 도구이기 때문에 영어 번역자는 '노예를 사용하는 것(the use of slaves)'이라고 해석한다. 오늘날에도 종종 "사람을 부린다"라는 표현을 사용하곤 한다. "상사가 부하를 이끈다"라는 것이 고급스런 표현이라면 "상사가 부하를 부린다"라는 말은 다소 저급한 표현이라 할 수 있다. 그럼에도 두 문장의 본질은 리더가 지시나 명령을 통해서 누군가에게 일을 하도록 시킨다는 의미이다. '주인을 위한 지식'은 바로 이런 내용을 담고 있다.

이런 지식에 대해 아리스토텔레스는 "노예를 부리는 것은 위대하거나 고상한 지식이 아니다"라고 말한다. 노예들은 열심히 일한다고 해서 자신에게 남는 것이 별로 없기 때문에 게으름을 피우는 이들도 꽤 많았을 것이다. 이런 노예들에게는 아마도 강온양면 전략을 구사했을 것이다. 하지만 이는 쉬운 일이 아니기 때문에 경제적 여유가 있는 주인들은 가능하면 노예 관리를 전담하는 집사를 두고 자신은 더 고상한 일인 정치와 철학에 전념하려고 했다.

현대의 용인술과 아리스토텔레스

아리스토텔레스가 살던 시대의 주인과 노예 관계가 오늘날에는 매우 낯설고, 이러한 무조건적인 종속관계 자체를 인정할 수 없지만 지시와 명령을 통해 일을 시킨다는 맥락에선 현대적 용인술의 측면에서 한번 참고해 볼 만하다.

사람을 움직이는 일은 과거나 지금이나 어렵다. 부하들이 어떤 목표를 달성하도록 할 때 리더들 중에는 목표에 대한 헌신이나 몰입을 유도하는 능력이 뛰어난 사람들이 있는데 이들은 탁월한 리더이다. 반면 그런 일을 버거워하는 이들도 많은데 이들은 평범한 리더에 머물고 만다. 돈으로 사람을 움직일 수는 있지만 이는 한계가 있다.

이와 관련해서 단국대 의과대학의 안승철 교수가 쓴 글이 떠오른다. 그 글에는 그가 미국에서 포스닥 과정을 밟는 동안 자신을 고용한 교수로부터 단순한 고용인으로 대접받은 것에 섭섭해하는 대목이 나온다. 그런 일을 겪은 안 교수는 나중에 네팔에서 온 연구원과 함께 일할 때 그를 고용인으로 간주하지 않으려고 노력했다고 한다.

안 교수는 "세월이 가고 내 연구 환경이 변해도 나는 연구원을 고용인으로 보지는 못할 것 같다. 연구를 지속시키는 것은 돈이 아니고 열정이며 그 열정에 부채질을 하는 것은 자존심과 자부심이기 때문이다"라고 했다. 이처럼 열정, 자존심, 자부심에 불을 당기고 계속 독려하는 사람이 분명히 있다. 이들이야말로 조직의 일이든 나라의 일이든 그런 일을 맡아 하기에 적합한 리더이다.

나라를 움직이는 대통령도 자리에 맞는 사람이 있고 그렇지 않은 사람이 있다. 자질보다 큰 자리에 앉은 나머지, 재임 기간 내내 마치 몸에 맞지 않는 옷을 입은 사람처럼 헉헉거리는 인물이 있는 반면에 자신이 그 자리에서 그 시대에 무엇을 해야 할지를 알고 야무지게 일을 처리하는 사람이 있다. 개인이라면 지식이나 자질의 부족이 미치는 범위가 협소하지만 나라를 이끄는 지도자라면 많은 사람들의 삶에 오래도록 부정적인 영향을 미친다.

나는 경영의 본질 가운데 하나로 사람을 이끄는 기술이나 지식을 꼽고 싶다. 사람에게 동기를 부여해서 목표 달성에 몰입하도록 만드는 것은 대단히 중요한 지식이자 기술이다. 이런 맥락에서 보면 기능 면에서 국가 지도자도 기업 경영자와 별다르지 않다.

대통령이 되면 수천 개의 일자리에 사람을 고용할 수 있고, 이들로 하여금 일에 헌신하게 만들어야 하고, 한 걸음 더 나아가 국민이 더 행복하게 자신의 일에 충실하도록 만드는 것이 중요하다. 이것은 기업 경영자가 임직원들로 하여금 자신의 직분을 최대한 발휘하도록 해서 자원 배분의 효율성을 높이는 역할과 다를 바가 없다.

그런데 국가의 지도자는 기업 경영자와 비교할 수 없을 정도로 넓은 범위에 걸쳐서 오랫동안 영향력을 미친다. 그는 자신의 신념이나 믿음에 동조하는 사람들로 하여금 공동체에 속하는 모든 사람들의 삶과 행동에 영향을 미치는 제도를 자신의 믿음대로 바꾸게 할 수 있기 때문이다.

그러나 관조적 삶을 추구하는 철학자에겐 '사람을 다루는 지식'이 좋아할 만한 대상은 아니었을 것이다. 사람이란 감정이나 이성이 있기에 계속 변화해 가는 존재이기 때문이다.

정치인에게 필요한 자질

오늘날 사람을 움직이게 하는 지식이나 기술은 힘들고 어렵기 때문에 이런 능력을 제대로 발휘하는 사람에겐 상당한 보상이 주어진다. 창업을 한다거나 기업 고위층, 선출직 공직자 등으로 활동하기 원하는 사람이 있다면 자신이 사람들과 함께 부대끼고 사람을 움직이게 하는 것을 좋아하는지 먼저 점검해 봐야 한다. 왜냐하면 기업인이든 정치인이든 팀플레이에 능해야 하기 때문이다.

이런 지식이나 기술은 후천적으로 배울 수 있는 것일까? 물론 불가능한 일은 아니다. 그럼에도 그동안의 다양한 경험을 돌이켜보면 확실히 그런 재능을 타고나는 사람들이 있다. 이들은 이런 재능 위에 후천적인 학습을 통해서 걸출한 리더로 성장한다.

지인들 가운데 '그냥 자기 길을 계속해서 갔더라면 더 좋았을 텐데' 하는 아쉬움을 남기는 사람들이 있다. 특히 지식인들 가운데 정치인으로 입문해서 기대만큼 선전하는 사람들이 드물다. 지식인에게 필요한 자질과 정치인에게 필요한 자질이 다르기 때문일 것이다.

어떤 사람이 젊은 날 지식인의 길로 들어서게 된 것은 자유의지의 결과이겠지만 자질이 있기 때문에 그쪽으로 기운 면이 더 클 것이다. 그 길을 벗어나서 전혀 다른 자질이 필요한 세계에서 성공하지 못하라는 법은 없지만 그 가능성은 적을 수밖에 없다. '저분은 정치 세계와는 전혀 맞지 않는다'라는 생각이 확연하게 드는 지인들이 학문의 세계를 떠나 정치의 세계에서 일회용 화장지처럼 구겨져 버려지는 것을 목격할 때마다 다시 한 번 두 세계의 차이를 확인하곤 한다.

누군가 지도자가 되기를 소망한다면, 자신의 내면세계에 강한 추동력이 있어야 한다. 이를 두고 '권력 의지'라는 표현을 사용할 수도 있다. 자신이 누릴 수 있는 소소한 인간적인 즐거움을 대신하는 '그 무엇'이 있어야 한다.

넬슨 만델라는 이를 두고 "국민들을 위해 일하면서 나는 내가 아들로서, 형제로서, 아버지로서, 그리고 남편으로서 의무를 수행할 수 없음을 깨달았다"라고 고백한다. 그의 상황이 특수하긴 했지만 나라를 이끄는 지도자라면 자신이 이끄는 대상에게 더 많은 관심과 배려를 하기 위해 자신을 희생하고 헌신하는 일을 당연하게 여길 수 있어야 한다.

이런 순간을 두고 넬슨 만델라는 "나 자신의 자유에 대한 갈망이 내 동포들의 자유에 대한 더 큰 갈망으로 바뀐 때였다"라고 했다.

나라 일을 맡은 사람들은 자신이 꿈꾸는 세상을 타인에게 선물해야겠다는 굳은 결심이 있기에 그 험한 세계에 자신을 내던질 수 있는 것이다.

하나의 경제 단위인 국가,
'살림살이'가 중요하다

"가사 관리 기술은 재산 획득 기술과 같은 것이 아니다. 재산 획득 기술의 기능은 재료를 제공하는 것이고, 가사 관리 기술의 기능은 제공된 재료를 이용하는 것이기 때문이다. (……) 자연은 어떤 것도 불완전하거나 쓸데없이 만들지 않는다면, 자연에 의해 만들어진 모든 것은 인간을 위해서이다. 그래서 사냥은 재산 획득 기술의 일부이며, 어떤 의미에서 전쟁 기술도 재산 획득 기술의 일종이다. (……) 사냥술이나 전쟁 기술과 같은 재산 획득 기술은 본성적으로 가사 관리 기술의 하나이다." 제1권 8장 1256a10~11, 1256b21~26

"Money talks!(돈이 최고야!)"

돈의 위력은 대단하다. 돈이 많으면 일단 주변의 대접이 달라질 뿐만 아니라 스스로도 다르게 행동하게 된다. 모든 사람들이 갖기를 소망하는 것이 돈이기에 부국이나 부자를 대하는 사람들의 태도는 각별하다. 그 생생한 사례로, 1970년대 이후 한국인들이 외국에서 받는 대접의 차이를 보아도 알 수 있다.

또한 지난 20여 년 간 일본의 경기침체가 계속되고 중국의 고성장이 계속되면서 한국을 방문하는 관광객에 대한 환대에도 미묘한 변화가 일어나고 있다. 쇼핑 등에 돈을 더 많이 쓰는 중국인들을 환대하는 것은 자연스러운 일이다.

반면 나라에 경제 위기가 닥치면 당장 젊은이들이 일자리를 찾아서 다른 나라로 떠나고, 그 나라를 보는 다른 나라 사람들의 시각도 달라진다. 앞서 아리스토텔레스는 훌륭한 국가의 조건으로 자급자족을 드는데, 오늘날 국가의 경제 위기도 대부분 자급자족의 실패에서 비롯된다.

가정과 마찬가지로 국가 역시 하나의 경제 단위이기 때문에 수입과 지출 사이에 균형을 맞추어야 하고, 돈벌이를 잘해야 한다. 가사 관리 기술을 국가에 적용하면 국가 차원의 수입 관리와 지출 관리를 모두 포함한다.

무엇보다 한 나라의 시민들과 기업이 계속해서 소득을 만들어낼 수 있는 능력을 갖추는 일이 중요하다.

이때 소득을 만들어내는 능력은 쉼 없이 변해야 한다. 고객들의 수요가 변할 뿐 아니라 가격이 저렴하고 품질 좋은 상품과 서비스를 내놓는 다른 나라 기업들이 등장하기 때문이다.

걱정스러운 점은 한국의 경제성장률이 점점 낮아진다는 점이다. 그런데 나라 차원에서 경제성장률을 끌어올리는 근본적인 해결책을 찾으려 하지 않는 것 같다. 몇몇 기업들의 뛰어난 활동에 현혹된 나머지 나라 경제성장의 질이 악화되는 것을 심각하게 여기지 않는 것은 문제다.

가사 관리 기술과 재산 획득 기술

"돈이 돼야죠. 아무리 좋은 일도 돈벌이가 되지 않으면 재미가 없어요."

조그만 사업을 오랫동안 해온 분의 솔직한 한마디가 오랫동안 기억에 남아 있다. 우리는 저마다 삶의 무게를 짊어지고 살아간다. 그런 무게 가운데 으뜸은 생계를 유지하는 데 필수적인 재산을 마련하는 일이다. 물론 권력을 추구하고 명예를 추구하는 사람도 있지만 대다수 사람들의 돈벌이에 대한 절실함과 열망은 강력하다.

국가의 경제 운영을 살펴보기에 앞서 그 최소 단위인 가정의 경제 운영을 통해서 이를 살펴보자. 어떻게 해야 가정을 잘 꾸릴 수 있을까? 아리스토텔레스는 가사 관리를 잘해야 한다고 말한다. 여기서 가사 관리는 현대적 의미로 '가정 경영'이라고 표현할 수 있다. 주인은 가정의 수입과 지출뿐만 아니라 자녀 교육 등 모든 면을 경영하는 경영자의 입장에 서게 된다.

가정은 수입과 지출이 존립의 토대이기 때문에 무엇보다 수입 관리를 제대로 해야 한다. 지출 관리도 필요하지만 무엇보다 중요한 것은 생활 필수품을 구입하기 위한 수입이다.

지금도 그렇지만 고대 그리스인들 역시 이 문제에 깊은 관심이 있었음이 분명하다. 대철학자 아리스토텔레스는 돈벌이에 대해 어떻게 생각했을까?

아리스토텔레스가 가정은 주인과 노예(주종 관계), 남편과 아내(부부 관계), 아버지와 자식(부자 관계)이라는 세 가지 요소와 재산 획득 기술이라는 별도의 요소를 더한 네 가지 요소로 이뤄진다고 했다. 그런데 엄밀한 의미에서 가사 관리 기술과 재산 획득 기술은 구분해야 한다. 왜냐하면 전자는 이용에 관한 것이고 후자는 이용할 수 있는 재료를 취득하거나 제공하는 것에 관한 것이기 때문이다.

아리스토텔레스는 양모와 베 짜는 기술을 예로 든다. 양모는 옷감을 만드는 데 필요한 재료(hylē)이기 때문에 양모를 만드는 기술은 재산 획득 기술이고, 베 짜는 기술은 재료를 이용해서 옷감을 만드는 것이기 때문에 가사 관리 기술에 해당한다.

두 가지 모두 중요하지만 일단은 재료를 먼저 확보할 수 있어야 한다. 예를 들자면 재테크는 돈을 불려나가는 것인데, 불려나가려 해도 일단 종잣돈이 있어야 한다. 그래서 종잣돈을 만들어내는 것을 재산 획득 기술, 그리고 그 종잣돈을 불려나가는 것을 가사 관리 기술이라고 할 수 있다.

한편 가사 관리인과 정치인의 공통점은 무엇일까? 두 사람 모두 이미 제공된 재산을 이용하는 사람들이다. 아리스토텔레스는 이용 대상의 재료를 만드는 일은 그들의 주요한 임무가 아니고 보조 임무라고 말한다. 가사 관리인에게는 가사 관리 기술과 재산 획득 기술이 필요한데 그중 그들의 주요 임무는 가사 관리이고 보조 임무는 재산 획득이다.

아리스토텔레스는 "가사 관리인의 임무는 주어진 것들을 받아 적절히 관리하는 것"이라고 말하면서 앞에서 언급한 옷감 짜는 사람의 비유를 다시 한 번 든다. 옷감을 짜는 사람은 이미 있는 양모를 사용하는 사람이기 때문에 그의 임무는 질이 좋고 쓸 만한 양모와 그렇지 않은 양모를 구별해 내는 것이다. 마찬가지로 정치인의 기술도 "사람들을 만들어내는 것이 아니라 자연이 제공하는 사람들을 받아 사용하기만 하면 되는 것"이라고 말한다.

오늘날에도 정치인들은 속이 편안한 사람들일지도 모른다. 왜냐하면 납세자가 제공한 돈을 어떻게 사용할 것인지를 고민하는 사람이기 때문이다. 이러한 일은 스스로 돈을 버는 것에 비하면 쉬운 일이다.

물론 주요 임무와 보조 임무를 분리해서 이해하는 일도 필요하지만 가사 관리인이나 정치가가 재산 획득 기술을 보조 임무로 간주하기에는 그 일의 중요성이 너무 크다. 사용할 수 있는 재산이 없는데 어떻게 이용을 하겠는가? 가장의 벌이가 없는데 가족의 다른 구성원들이 무엇을 이용할 수 있는가? 정치인이 통치할 인구가 줄어들고 사용할 예산이 부족한데 어떻게 그것을 정치가의 보조 임무라 할 수 있는가?

어느 나라나 인구정책이나 이민정책, 그리고 경제정책이 중요한 것은 이용할 수 있는 자원의 확보가 중요하기 때문이다. 이런 점에서 보면 재산 획득 기술을 보조적인 것으로 보았던 아리스토텔레스의 주장은 문제가 있다. 아마도 그가 이런 주장을 펼친 것은 '자연스러운 것'과 '부자연스러운 것'을 분리하는 데 큰 의미를 부여했기 때문일 것이다. 또한 그 자신의 생활이 넉넉했기 때문에 평생 수입을 걱정할 필요가 없었던 점도 재산 획득 기술을 상대적으로 경시하도록 만들었을 것이다.

하지만 전체적인 특성으로 미루어보면 두 가지 기술은 비슷한 것으로 보아도 무리가 없다. 그래서 아리스토텔레스는 "재산 획득 기술은 본성적으로 가사 관리 기술의 일종이다"라고 말한다.

어떻게 재산을 획득할 것인가

어업 기술, 농사 기술, 사냥 기술, 제조 기술 등은 모두 식량과 생활에 필요한 각종 재료를 확보하는 기술로 재산 획득 기술에 해당한다. 인간은 어업, 수렵, 사냥 등에 의존하기도 하지만 대부분은 땅에서 결실을 수확한다.

그리스는 산맥과 해안으로 분리되어 지역마다 사람들이 자급자족 생활을 해야 하는 상황이었다. 이 점에서 그들은 비옥한 땅인 나일 강이나 티그리스 강, 유프라테스 강 유역의 사람들과 뚜렷한 차이를 보인다. 이들 지역 사람들은 한 가지 직업만으로 살아갈 수 있었지만 그리스인들은 두세 가지 일을 함께 해야 했다.

이런 지역적 특성을 반영해서 아리스토텔레스는 "어느 한 가지 생활 방식으로 자급자족하지 못할 경우 이런 단점을 보충하기 위해 여러 가지 생활 방식을 결합하여 편안히 살아가는 사람들도 있었다"라고 했다.

당시의 구체적인 재산 획득 방법을 아리스토텔레스는 세 가지로 나누어 설명한다.

첫째는 자연적인 요소를 바탕으로 한 재산 획득 기술로, 축산업, 농업, 양봉업 등이다. 이들은 재산 획득 기술에서도 으뜸을 차지할 뿐만 아니라 고유한 것이다.

둘째는 교환적인 요소를 바탕으로 한 재산 획득 기술로, 용선, 운송, 판매로 구성되는 상업과 고리대금, 용역(用役)이 포함된다. 여기서 용역은 숙련 기술자나 비숙련 기술자가 자신의 기술과 노동력을 제공하고 보수를 받는 것을 말한다.

역사 기록을 보면, 손재주가 뛰어난 이오니아 지방의 장인들이 페르시아의 왕궁 건설에 참여했을 뿐만 아니라 그리스 출신 용병들은 이집트나 페르시아 등에서 용병으로 활약했음을 전한다. 그들은 건축 기술이나 전쟁 기술을 서비스로 제공하고 대가를 받았다.

셋째는 자연적인 요소와 교환적인 요소의 중간인 벌목과 광산업이다.

첫째와 셋째 요소는 오늘날 의미로 1차 산업에 속하고 둘째는 3차 산업에 속한다. 제조업다운 제조업이 자리를 잡지 못했던 시대였기 때문에 제조업은 별도로 언급되지 않는다.

그런데 재산을 모으는 일은 상당 부분 '이론적 지식'이 아니라 '경험적 지식'에 속한다. 가축을 사육하는 경우, 어떤 가축을 어느 곳에서 어떻게 키워야 큰 이득을 얻을 수 있는지에 대한 지식은 경험을 통해서 얻을 수 있다.

또 한 가지 흥미로운 것은 직업에 대한 아리스토텔레스의 관점이다. 그는 오늘날 직업을 구하는 사람 혹은 경력을 관리하는 사람에게도 유용한 조언을 전한다.

"가장 숙련을 요하는 직업은 우연적 요소가 가장 적은 직업이고, 가장 기계적인 직업은 일꾼의 몸에 가장 큰 손상을 가져다주는 직업이며, 가장 노예적인 직업은 육체적인 힘을 가장 많이 쓰는 직업이며, 가장 비천한 직업은 탁월성이 가장 덜 필요한 직업이다." 제1권 11장 1258b35~38

이 말을 바탕으로 모든 직업인은 자신의 일에 대해 다음의 다섯 가지를 고려해 봐야 한다. 첫째, 세월이 갈수록 누구도 쉽게 따라 할 수 없는 노하우로 지식이나 기술을 차곡차곡 쌓아갈 수 있는 일인가? 둘째, 세월이 갈수록 어느 누구도 쉽게 달성할 수 없을 만큼 탁월한 성과를 내는 일인가? 셋째, 세월이 갈수록 기계로 대체될 가능성이 적은 일인가? 넷째,

세월이 갈수록 점점 관련 시장이 커지는 일인가? 다섯째, 하고 있는 일에 재능이 있는가? 당장 편안하고 보수가 많은 직업이라도 이와 거리가 멀다면 그런 직업에 뛰어드는 것은 다시 생각해 봐야 한다.

한편 식량을 구하는 일은 미생물, 생물, 동물, 인간으로 이어지는 거대한 먹이사슬 속에서 이뤄지며, 먹이사슬 피라미드의 가장 높은 곳에 인간이 자리한다.

아리스토텔레스가 식량을 구하는 일에 관해 설명한 대목을 읽다 보면 자연을 지배의 대상으로 삼았던 서구 문명의 관념을 재확인할 수 있다. 그는 "식물은 동물의 이익을 위해 존재하고, 다른 동물들은 인간의 이익을 위해 존재한다"라고 말한다. 인간을 정점으로 자연을 지배와 관리의 대상으로 여겼던 생각의 뿌리이다.

그런데 눈여겨볼 만한 부분은 전쟁 기술 또한 재산 획득 기술의 하나로 당당하게 자리를 잡고 있는 점이다. 또한 농경민이나 유목민의 생활 방식과 마찬가지로 약탈자나 해적의 생활 방식 역시 재산 획득 기술의 하나였음을 알 수 있다. 동지중해 연안에서 벌이던 해적질은 아리스토텔레스가 살던 시절은 물론이고 그 이후에도 상업과 마찬가지로 하나의 생활 방식으로 인정받았다.

인류 역사를 보아도 전쟁을 통한 약탈은 재산 획득을 위한 유용한 방법으로 활용되어 왔다. 전쟁으로 일거에 상대 국가를 무력화하고 막대한 전리품을 챙길 수 있기 때문이다.

재산 획득 기술은 수입 관리라는 면에서, 그리고 가사 관리 기술은 획득한 재산의 관리뿐만 아니라 지출 관리를 포함하기 때문에 가정이나 국가 모두에 중요하다. 이 점에서 아리스토텔레스가 국가의 기초로서 가정에 대해 충분한 논의를 전개하는 이유를 다시 한 번 확인할 수 있다.

인간의 탐욕이
화폐경제의 부작용을 낳는다

"화폐가 도입되자 생필품의 물물교환은 재산 획득의 또다른 형태인 상업
(kapelikē, retail trade)으로 발전했다. 처음에 상업은 아주 단순한 방식이었
지만, 언제 어떻게 교환해야 최대의 이윤을 남길 수 있는지 경험을 통해 알
게 되면서 점점 '더 복잡한 기술'로 변모해 갔다. 화폐가 도입되면서 재산 획
득 기술은 주로 화폐와 관계 있는 것일 뿐만 아니라 많은 돈을 벌 수 있는
원천을 알아내는 기술로 간주된다. 그래서 재산 획득 기술은 부와 화폐를
낳는 기술로 이해되고, 부는 다량의 화폐와 동일시되곤 한다." 제1권 9장
1257a41~1257b9

미국은 불황을 벗어나기 위해 달러라는 종이돈을 임의로 발행하여 시중에 뿌려왔다. 미국의 연방준비제도이사회(FRB)의 '양적 완화' 정책은 시중의 통화 공급량을 늘려서 침체된 경기를 부양하기 위한 조치지만 궁극적으로 자국의 화폐가치를 떨어뜨리는 일이다. 미국이 화폐 발권력을 행사하여 시중에 돈을 뿌리면 다른 나라도 자국 화폐가치를 방어하기 위해 통화 공급을 늘리게 될 것이다. 이런 상태가 계속되면 앞으로 어떤 일이 일어나게 될지 걱정스럽다.

　아리스토텔레스가 살았던 시대의 도시국가에서도 이따금 금화나 은화에 불순물을 섞기도 했으나 이는 현대 민주주의 국가에서 화폐를 찍어냄으로써 화폐가치를 떨어뜨리는 정책에 비해서는 단순한 방법이었다.

　아리스토텔레스는 화폐경제의 부작용을, 지나치게 더 많은 화폐를 가지려는 사람들의 탐욕 탓으로 돌리지만 나는 오히려 정치가들에게 더 큰 책임을 묻고 싶다. 제1차 세계대전 후 인플레이션에 관한 토의에서 케인스는 화폐가치의 타락이 얼마나 위험한 것인가를 이렇게 말한 바 있다.

　　"화폐의 기능을 어지럽히는 것보다 더 정교하고 확실하게 현존 사회의 기반을 전복시킬 수 있는 수단은 없다. 화폐의 기능을 어지럽히는 과정에서 이제까지 숨겨져 있던 경제 법칙의 힘이 사회를 파괴시키는 방향으로 작용하면 아무리 능력 있는 사람이라 하더라도 이를 교정할 수 없는 사태로 번져간다." — 밀턴 프리드먼, 『선택할 자유』, p.338

부자연스러운 재산 획득 기술

한편 재산 획득 기술에 속하는 모든 기술들의 특성은 같을까? 아리스토텔레스는 재산 획득 기술을 특성에 따라 자연스러운 것과 부자연스런 것으로 나눈다. 전자는 '자연에 의해 주어진' 훌륭한 삶을 사는 데 필요한 수단을 얻는 기술을 말하며 후자는 '어떤 종류의 경험(empeiria)과 숙련(technē)의 산물'로 가능한 한 더 많은 화폐를 얻기 위한 기술을 말한다.

두 가지 기술을 구분하기 위한 논의를 시작하면서 아리스토텔레스는 "모든 물건은 두 가지 용도로 사용될 수 있다"라는 말로 두 가지 개념, 즉 '사용가치'와 '교환가치'를 제시한다.

모든 물건은 고유한 용도가 있다. 예를 들어, 샌들의 고유한 용도는 신는 것이다. 하지만 이따금 샌들은 돈을 받고 파는 교환의 대상이 될 수 있다. 이때 샌들의 고유한 용도는 신는 것이지 교환하는 것은 아니다. 다른 물건 대부분도 그러하다.

아리스토텔레스는 가정을 넘어서 공동체가 확대되면서 교환이 필요하다고 생각했다. 교환에 대해 그는 "(필요를 충족시키기 위한) 물물교환은 자연에 배치되지 않고, 돈 버는 기술의 일부도 아니며, 자연적인 욕구를 충족시키는 데 필요한 것이다"라고 긍정적으로 보았다.

그런데 부족한 것을 채우려는 욕구를 넘어설 수밖에 없는 상황이 발생하게 된다. 공동체 규모가 커지면서 그 안에서 충당할 수 없는 물건이 늘어나게 되고 자연스럽게 한 국가의 시민들은 다른 국가의 시민들에 점점 의존할 수밖에 없게 된다. 결국 수입과 수출을 통한 교역이 필요한데 이 과정에서 화폐가 등장하고 사용된다.

화폐의 등장과 발전은 새로운 현상을 낳게 되는데 그중 하나가 화폐의 교환가치를 이용한 부자연스러운 재산 획득 기술의 등장이다. 아리스토텔레스는 '부자연스런 재산 획득 기술'이 '어디서 많은 돈을 벌 수 있는지 알아내는 기술'이라고 말한다.

아리스토텔레스는 초보 단계의 물물교환이 화폐에 기초한 교역과 상업으로 발전할 수밖에 없음을 마지못해 인정한다. 하지만 그는 세상 사람들이 지나치게 돈벌이에 집착하는 현상을 못마땅해하고 우려했으며, 화폐 경제의 등장으로 인한 혼란스러움을 자연스러움에서 멀어진 타락으로 받아들였다. 그는 당시에도 상인들이 상품 수요를 예측하고 교역이나 매점매석을 통해서 부를 축적했던 것을 알고 있었던 듯하다.

1970년대 전 세계의 금융 거래는 실물 거래의 25배 정도였다. 그러나 지금은 150배에 이를 정도로 규모가 커졌다. 만약 아리스토텔레스가 오늘날 금융기관들이 자기 자본 대비 엄청난 부채(레버리지)로 투자하는 것을 보았다면 어떤 이야기를 했을까? 아마도 그의 철학 배경이 반(反)상업주의이자 반(反)시장주의인 것을 볼 때, 정의롭지 못한 일로 받아들였을 것이다.

돈 버는 기술의 질주 본능

한편 화폐경제의 등장으로 말미암아 '부(富)＝화폐를 많이 소유하는 것'을 뜻하게 되면서 상업에 종사하는 사람의 목적은 더 많은 화폐를 손에 쥐는 것이다. 결과적으로 교역과 같은 활동을 통한 '재산 획득 기술'은 의술과 같은 활동을 통한 '재산 획득 기술'과 크게 달라지게 된다. 두 가지 모두 각각 돈벌이와 건강이라는 무한정한 목표를 추구하지만 전자는 목표에 제한이 없고 후자는 제한이 있다.

"교역이나 상업과 같은 재산 획득 기술에서 생겨나는 부(富)에는 한계가 없다. 의술은 무한한 건강을 추구한다는 점에서 한계가 없으며, 그 밖의 다른 기술도 목표를 추구하는 데에 한계가 없다. 그런 기술들은 저마다의 목표들을 최대한 달성하기를 원하기 때문이다. 그러나 그런 기술들이 목표를 최대한 달성하기 위해 사용할 수 있는 수단은 어느 것도 무한하지 않다. 목표 자체가 각각의 기술에 한계를 설정하기 때문이다.

마찬가지로 교역이나 상업과 같은 재산 획득 기술의 목표에는 한계가 없다. 그것이 추구하는 목표는 화폐 형태의 부와 오직 화폐의 획득이기 때문이다. 그러나 가사 관리 기술은 한계가 있다는 점에서 재산 획득 기술과는 구분된다. 부의 무한한 획득이 가사 관리 기술의 기능은 아니기 때문이다" 제1권 9장 1257b27~31

현대 자본주의 체제에서 화폐 취득을 지나치게 강조하는 사람들은 물신 숭배주의자라는 비난을 받는다. 그러나 이미 화폐경제의 출현을 전후해서 일어나는 사업과 교역을 통한 재산 취득 기술의 관점에서 화폐와 부를 바라보면, 돈벌이는 선천적인 유전자만큼이나 깊숙이 인간의 본성에 각인되어 있음을 알 수 있다.

사람들은 돈을 가지면 가질수록 더 많이 가지길 소망한다. 1억을 벌면 10억을 벌고 싶고, 10억을 벌면 100억을 벌려고 한다. 단위가 높아질수록 숫자에 대한 감각은 무뎌지고 돈벌이는 마치 게임 스코어를 올리는 것처럼 바뀌게 된다.

"모든 부에는 필연적으로 한계가 있는 것처럼 생각되지만, 실제로는 정반대되는 일이 벌어지는 것을 볼 수 있다. 재산을 획득하는 사람들은 모두 자신의 화폐를 무한히, 그리고 쉼 없이 증가시키려 하기 때문이다.

이런 모순이 생겨나는 원인은 두 종류의 재산 획득 기술이 매우 비슷하기 때문이다. 그것들은 같은 대상, 즉 재산에 적용된다는 점에서 서로 겹치지만 그것의 사용 방법은 서로 다르다. 한쪽의 목표는 증식이고, 다른 쪽의 목표는 그와는 아주 다르다. 그래서 어떤 사람들은 증식이 가사 관리의 기능이라고 믿으면서 가지고 있는 화폐를 그대로 간직하거나 무한히 증식해야 한다는 생각에 집착한다." 제1권 9장 1257b32~39

돈을 어떻게 벌 것인가? 지니고 있는 돈을 어떻게 하면 더 많이 불릴 수 있을까? 나는 이 글을 써가면서 현대인의 고민과 고대 그리스인의 고민이 과연 다른 것인지 생각하게 된다.

아리스토텔레스는 가사 관리 기술의 하나로 재산 획득 기술이 반드시 필요하긴 하지만 부자연스런 기술로 변질되는 데에 우려를 표시한다. 그는 화폐경제가 날로 힘을 얻어가면서 많은 사람들이 충분히 만족할 만한 수준임에도 더 많은 돈을 벌기 위해서 안절부절못하는 것을 이해하기 힘들었을 것이다.

물론 농민이든 어민이든 생업을 통해서 의식주에 필요한 돈을 모아야 하지만, 의사나 장군, 정치가가 모두 자신의 생업을 제쳐두고 더 많은 돈벌이에 집착하는 것을 비판했다.

아리스토텔레스는 화폐경제가 힘을 얻어가는 것 자체를 못마땅하게 생각하기도 했는데, 이에 대해 "화폐는 가짜이며 전적으로 관습의 산물이지 자연의 산물이 아니다"라고 주장한다.

당시만 하더라도 일부 폴리스의 참주들은 갑자기 화폐가치를 떨어뜨림으로써 부당한 이득을 취하기도 했다. 그에 따라 어렵게 돈을 모은 사람에게도 하루아침에 그 화폐가 쓸모없게 되었다. 이런 일들을 두고 그는 "화폐를 사용하는 자들이 화폐제도를 바꾸면 사용하던 화폐는 가치가 없어져 생필품을 구하는 수단으로서 쓸모가 없어지며, 그렇게 되면 화폐를 많이 갖고 있는 부자조차 식량을 구할 수 없다"라고 했다.

오늘날처럼 화폐경제가 극도로 발달된 시대에도 상업이나 금융, 투기 등에 대한 비판적인 시각이 있다. 그런데 2,500여 년 전 고대 그리스 시대를 살았던 철학자에게 엄청난 돈을 벌 기회를 잡기 위해 분주한 사람들이 어떻게 비추어졌을까?

인간이 누리려는 향락에는 끝이 없기 때문에 이를 충족시키기 위해서는 자연스런 재산 축적 방법에 만족할 수 없고 부자연스런 재산 축적 방법에 의존하게 된다. 이를 두고 아리스토텔레스는 "그들은 자신들의 모든 능력을 자연에 위배되게 사용한다"라고 결론짓는다. 이는 직업이 요구하는 고유한 기능을 벗어나는 돈벌이에 대한 철학자의 결론이라 할 수 있다.

재원을 확보하고
기회를 선점하라

"재산 획득 기술은 두 가지로 구성되는데, 하나는 가사 관리에 관련된 것이고 다른 하나는 상업과 관련된 것이다. 전자는 필요하고 칭찬받아 마땅하지만, 후자는 교역에 관한 것으로 비난받아야 한다. 왜냐하면 그것은 자연스러운 것이 아니고, 남의 희생을 바탕으로 이루어지기 때문이다. 그중에서도 고리대금이 증오의 대상이 된다. 화폐의 기능인 교역 과정이 아니라, 화폐 자체에서 이득을 구하기 때문이다. 왜냐하면 화폐는 교환 수단으로 만든 것이지 이자(利子 obolostatikē)를 낳으라고 만든 것이 아니기 때문이다. 그리고 '돈이 낳은 돈의 자식(currency the son of currency)'을 뜻하는 이자라는 용어가 돈의 증식에 사용되는 것은 새끼가 어미를 닮았기 때문이다. 그래서 모든 종류의 재산 획득 기술 가운데 고리대금이 가장 자연에 배치된다." 제1권 10장 1258a38~1258b8

아리스토텔레스는 교역이나 상업에 대해 부정적인 시각을 노골적으로 드러낸다. 그는 "교역에 의존하는 재산 획득 기술은 자연스러운 것이 아니고 남의 희생을 바탕으로 이루어지기 때문에 비난받아 마땅하다"라고 말한다.

고대 그리스 시대만 하더라도 그리스의 도시국가들과 식민 도시국가들 사이에 교역이 활성화되어 있었기 때문에 상인이라면 살 물건을 담보로 돈을 빌려 출항하는 경우가 빈번했을 것이다. 그처럼 돈을 빌리고 빌려주는 과정에서는 이자가 발생할 수밖에 없을 테니 그만큼 고리대금업이 성행했을 것이다.

이에 대해 아리스토텔레스는 화폐의 본래 기능, 즉 자연스런 기능인 교환 기능을 넘어서는 화폐의 이용은 문제가 있다고 말한다. 이런 반감은 "화폐는 교환 수단으로 만든 것이지 이자를 낳으라고 만든 것이 아니다"라는 표현에서 확인할 수 있다. 또한 이자는 "돈이 낳은 돈의 자식"이고 "모든 종류의 재산 획득 기술 가운데 고리대금이 가장 자연에 배치된다"라는 점을 분명히 한다.

이자에 대한 그의 비판은 중세 시대 동안 이자를 금지했던 가톨릭교회의 주장에 반영되어 경제활동의 활성화에 부정적인 영향을 미치게 된다. 서구 사회에서 이자 지불이 정상으로 받아들여진 것은 르네상스 시대의 베네치아, 제노바, 피렌체 등이 역사의 전면에 등장하면서부터이다.

메디치 가문은 전당포를 해 모은 자본을 이용해서 원거리 무역상이나 프랑스, 영국, 교황에게 신용 대출을 제공하는 다국적 금융자본 역할을 담당하게 된다. 워낙 돈을 떼먹는 권력자들이 많았기에 이자는 연 40~60퍼센트에 달하는 고금리였다.

그런데 나는 돈을 빌리는 사람이 헤어날 수 없을 정도의 고리대는 비난받을 수 있지만 이자 자체에 대한 아리스토텔레스의 비난은 문제가 있다고 생각한다.

이자란 무엇인가? 이자의 정당성을 이해하기 위해서는 이자를 낳는

원코린토스 동물 양식 도자기 화병 그리스 서부와 동부를 잇는 항구들을 보유한 덕분에 교통과 무역상의 요지였던 코린토스는 도자기에서도 꽃, 동물 등 동방적인 요소들이 나타났다. 기원전 650~625년경, 국립 고대 미술관, 뮌헨.

자금의 출처를 생각해 봐야 한다. 돈을 빌려주는 사람의 종잣돈은 자신의 노동을 투입하여 얻은 재산일 것이다. 그렇다면 종잣돈은 정당한 돈이라 할 수 있고, 그 돈이 돈을 빌리는 사람에게 유익한 가치를 제공한다면 빌리는 사람이 거둔 수익 가운데 일부를 빌려준 사람에게 돌려주는 일은 당연한 것이다.

돈을 빌려서 사업을 하는 사람이 있다면 그는 사업 자금을 빌림으로써 자신의 사업에 자금 대여자의 투자를 허용한 셈이고 투자에 대한 수익 배분이 이자라고 이해할 수 있다. 반대로 이자를 지급하지 않는 것은 자

금을 대여하는 사람의 재산을 공짜로 이용하는 것이다. 이는 결코 정당하지 못한 일이다.

독점으로 돈을 버는 계책

어떻게 돈을 버는지에 대해 이야기하면서 아리스토텔레스는 농사와 과일 농사에 관해 실용적인 서적을 쓴 몇 사람의 저서를 읽어보라고 권한다. 아울러 큰돈을 번 몇몇 사람의 성공담을 참고하라고 친절한 조언까지 덧붙인다. 오늘날 출간되는 책 중에서 '나는 이렇게 해서 부자가 되었다'라는 종류의 책이 많은데 이미 아리스토텔레스가 그런 성공 사례를 소개한 셈이다.

당시 투자로 큰돈을 번 주인공은 '만물의 근원은 물'이라고 주장한 자연철학자 탈레스이다. 천문학에 밝았던 그는 이듬해에 올리브 농사가 대풍일 것으로 전망하고 겨울 동안 올리브유 짜는 기구를 싼값에 빌린다. 이듬해 올리브 수확 철에 대풍으로 그 기구의 임대료가 상승하자 그는 이 기구를 높은 가격에 빌려주어 큰돈을 손에 넣게 된다.

이처럼 남들은 올리브 농사 대풍을 몰랐지만 탈레스는 자신의 지식을 활용하여 미리 알았다. 혼자서 미리 알아차렸다는 사실은 기회를 선점할 수 있음을 뜻하며, 선점은 곧 독점에 해당한다. 독점(monopōlia)으로 돈을 벌 수 있는 것은 재산을 모으는 계책 가운데 하나인데 이는 탈레스뿐만 아니라 누구나 쓸 수 있는 방법이고, 개인뿐만 아니라 국가도 그런 방법을 이용할 수 있다.

아리스토텔레스는 독점을 이용해서 돈을 버는 방법을 두고 '계책(計策, scheme)'이라는 표현을 사용하는데 이는 책략과 거의 비슷한 의미로, 그다지 바람직한 행위라 생각하지 않았음을 엿볼 수 있다.

한편 독점에 의해 돈을 벌어들인 시칠리아 시라쿠사 사람을 소개한다. 그는 누군가 맡겨두었던 돈으로 광산의 철광을 모두 사재기해서 일정 기간 동안 독점 공급 한다. 당연히 그가 부르는 것이 값이었다. 그는 그다지 높은 가격을 부르지 않았음에도 50탈란톤을 투자해 100탈란톤의 이익을 남기는 데 성공한다. 이 사실을 알게 된 시라쿠사 참주 디오니시오스는 화가 잔뜩 나서 더 이상 그를 시라쿠사에 머물지 못하도록 추방했다.

디오니시오스는 다른 참주들과 마찬가지로 부자들이 돈을 많이 벌어서 스스로 사병을 유지하는 것을 싫어했기 때문에 그를 추방했을 수도 있다. 아니면 돈을 많이 번 자에 대한 질투나 시기심이라 할 수 있다. 그러나 제대로 된 참주라면 그의 머릿속에는 정상 이익이라는 개념이 있었을 것이고, 그 부자의 과도한 이익은 폴리스의 시민들로부터 약탈한 재산이라고 생각해 그런 조치를 내렸을 것이다.

오늘날도 큰돈을 버는 일은 독점의 맥락에서 얼마든지 설명이 가능하다. 예를 들어, 신제품을 개발하는 기업은 얼마간은 상당한 수익을 확보할 수 있다. 그러나 경쟁사들이 그 시장을 그냥 두고 볼 리 없다.

내가 방문한 한 제조업체는 새로운 시장을 개척해서 2년 정도 큰 수익을 남겼지만 3년째 접어들던 해부터 1년 만에 제품 가격이 70퍼센트까지 떨어지는 경험을 하게 된다. 시장에 새로 진출한 10여 개 업체가 치열한 가격 경쟁을 벌이며 대부분의 기업들은 문을 닫고 두 기업만 살아남았다.

이처럼 자본주의는 독점적 기회를 활용한 기업의 놀라운 성공에 이어 치열한 가격 경쟁이 벌어지고 계속 시장이 재편되는 역동적인 체제이다. 시장 진입이 자유로운 경우라면 독점적 지위를 유지하기는 거의 불가능하다. 선점한 기회는 얼마 가지 못해 사라진다.

재원 마련의 중요성

아리스토텔레스는 독점과 같은 방법을 통해서 재산을 얻는 것에 대해 제대로 알아야 한다고 강조하는데 이는 가사 관리인이나 정치가 모두에게 재원 확보가 필요하기 때문이다. 그가 독점에 대해 잘 알아야 한다고 한 것은 기회를 선점할 수 있어야 돈벌이를 할 수 있음을 지적한 것이다.

오늘날도 마찬가지이다. 돈을 벌고 싶은가? 그렇다면 기회를 선점하라! 남을 따라가 봐야 큰돈을 벌 수 없기 때문이다.

당시에도 몇몇 정치가들은 자신의 정치적 활동을 파이낸스(finance : 자본의 조달 및 운용과 관련된 재무 활동)에 집중했다. 이들은 국가 운영에 필요한 재원을 충분히 확보하고 이를 제대로 관리하는 것이 중요하다는 사실을 잘 알고 있었을 것이다. 도시국가의 정치가도 수중에 돈을 충분히 쥐고 있어야 권력을 유지할 수 있었기 때문이다.

결국 가정이나 국가를 단순하게 보자면 독립된 수입과 지출의 주체임을 알 수 있다. 가정이나 국가 경영의 핵심은 '수입 관리'와 '지출 관리'이기 때문에 나라 일을 맡은 사람들이 제대로 임무를 수행하지 못하면 국민에게 오랫동안 고통을 줄 수 있다.

오늘날 선진국을 비롯해서 경제 위기에 처한 나라들의 공통된 문제점은 조달한 재원을 낭비함으로써 고통을 겪고 있다는 것이다. 빌린 돈을 대규모 경기장 건설이나 각종 전시성 국제 행사, 그리고 고정비 지출 성격이 강한 프로그램에 투입하다가 어려움을 당한 나라들에서 우리는 정말 많은 것을 배워야 한다.

구성원이 탁월해야
국가가 탁월해진다

"가사 관리에서는 생명 없는 재산보다는 사람이, 우리가 부(富)라고 일컫는 재산의 탁월성보다는 사람의 탁월성이, 그리고 노예의 탁월성보다는 자유민의 탁월성이 더 중요하다는 것이 확실하다. (……) 노예들에게 탁월성이 있다면, 그들과 자유민은 어떤 면에서 차이가 나는가? 만약 노예들에게 탁월성이 없다고 한다면 그것은 이상한 일이다. 왜냐하면 그들 또한 인간이고 자유민과 함께 이성(logos)을 나누어 갖고 있기 때문이다. 아내와 자식에 관해서도 비슷한 질문이 제기될 수 있다. (……) 다스리는 자와 다스림을 받는 자는 모두 다 탁월성을 지니되 탁월성의 종류가 달라야 한다. 그것은 본성적으로 지배를 받는 자들(아내, 부인, 노예) 사이에도 부류에 따라 탁월성의 종류가

다른 것과 같다." 제1권 13장 1259b18~21, 26~29, 1260a2~4

가정을 이루는 구성원들의 탁월성이 중요한 이유는 무엇일까? 그리고 그것이 국가에도 중요한 이유는 무엇일까? 아리스토텔레스의 『정치학』 제1권의 마지막 제13장은 가정을 이루는 구성원들의 탁월성, 즉 가장의 탁월성, 아내의 탁월성, 자식의 탁월성, 그리고 노예의 탁월성을 다루고 있다.

이처럼 아리스토텔레스가 제2권 훌륭한 국가(이상국가)에 대한 논의를 시작하기 전에 제1권 마무리 장에서 탁월성을 다루는 이유는 국가의 정체에 대한 논의는 모든 국가 구성원의 탁월성과 깊은 관련이 있기 때문이다.

아리스토텔레스는 가정은 국가의 부분이라는 사실을 "모든 가정은 국가의 일부이고, 앞서 말한 관계들은 가정의 일부이며, 부분의 탁월성은 전체의 탁월성과 관련하여 고찰되어야 하기 때문이다"라는 말로 강조한다. 전체는 부분의 합이므로 가정의 구성원들이 저마다 탁월하다는 것은 훌륭한 국가의 중요한 구성 요소이다.

예를 들어, 불우한 가정은 국가가 나서서 도움을 주어야 하지만, 부부가 가정을 이루고 자신들의 직분을 잘 수행한다면 국가의 도움 없이 아이들을 잘 키울 수 있을 것이다. 국가가 도움의 손길을 내민다는 것은 다르게 해석하면 납세자들의 세금으로 도와준다는 말이다.

삶에서 뜻하지 않게 몰아닥치는 불가항력적인 상황에서는 도움을 요청할 수 있다. 하지만 가장으로서 혹은 자식으로서 각자의 직분을 제대로 잘 수행할 수 있도록 스스로 노력해야 한다. 그것이 자신을 돕는 일이자 가족을 돕는 일이고, 국가를 돕는 일이다.

노년 빈곤층이 늘어나는 문제에서도 마찬가지이다. 누구나 나이가 들고 늙어간다. 그렇다면 젊은 날부터 자신의 앞가림을 제대로 하기 위해 최선을 다해야 한다. 그렇지 못해 맞닥뜨린 노년의 어려움을 고스란히 국가가 책임을 져야 한다면 이 역시 바람직하지 못한 일이다.

신문이나 방송 뉴스에서 보는 사회적인 갈등이나 분노 가운데 많은 부분이 각자가 자신의 직분을 최대한 발휘하는 탁월성의 부재에서 비롯된다. 국가를 구성하는 구성원들 각자의 탁월성은 곧바로 국가의 탁월성으로 연결된다.

아리스토텔레스의 말을 빌자면, 가장은 탁월한데 노예가 그렇지 못하다면 이상한 일이 벌어진다. 밭일을 하는 노예가 게으름을 피운다면 당장 농작물 생산량이 줄어들 것이다. 마찬가지로 집안의 소소한 일을 처리하는 노예가 자신의 임무를 소홀히 한다면 집안을 지저분하게 만들거나 주인에게 손해를 끼칠 것이다. 따라서 가장, 아내, 자식, 그리고 노예 모두가 탁월해야 한다.

이때 "다스리는 자와 다스림을 받는 자는 모두 다 탁월성을 지니되 탁월성의 종류가 달라야 한다." 탁월성의 종류가 다르다는 것은 그만큼 각자의 특성, 혹은 본성상 차이가 있다는 말이다. 또한 필요한 능력이나 특징 또한 다르다는 이야기다.

특히 아리스토텔레스는 이러한 본성상의 차이를 다스리는 자와 다스림을 받는 자의 관계로 나누어 생각했다. 가장은 '본성적으로 다스리는 자'이고 노예나 아내, 자식들은 모두 '본성적으로 다스림을 받는 자'라고 표현한 것만 보아도 알 수 있다. 그는 노예와 아내, 그리고 아이들의 능력 차이에 대해 이렇게 말한다.

"노예는 숙고하는 능력이 전혀 없고, 여자는 숙고 능력이 있기는 하지만 권위가 없고, 아이는 숙고 능력이 있지만 아직은 성숙하지 못하다." 제1권 13장 1260a12~13

즉, 지적인 측면에서 가정의 구성원들 사이에 차이가 날 뿐만 아니라 도덕적인 측면, 즉 성격적(ēthikē) 탁월성에서도 구성원들 사이에 차이가 난다고 보았다. 가장처럼 다스리는 자는 완전한 형태의 성격적 탁월성(moral goodness)을 지녀야 하지만 나머지 구성원들은 각자의 자리에서 필요한 만큼의 성격적 탁월성을 지니면 된다는 말이다.

또한 시민(가장, 아내, 자식)과 지도자는 모두 자신의 일과 관련된 지적(직업적) 탁월성과 품성과 관련된 성격적(인간적) 탁월성을 갖추기 위해 노력해야 한다. 다만 지도자의 직분을 수행하는 사람에게는 두 가지 탁월성에서 모두 더 높은 완성도가 요구된다. 다스리는 자는 직업인으로서뿐만 아니라 한 인간으로서 완성도가 더 높아야 한다는 말이다.

아리스토텔레스를 비판하는 사람들은 그가 소크라테스나 플라톤보다 훨씬 더 인종과 남녀에 대해 차별적이라고 한다. 그는 자신의 사생활에서는 아내나 노예에 대해 마음이 따뜻했던 인물이지만, 비판자들의 오해를 살만큼 편향적인 언급을 한 것은 사실이다.

소크라테스와 플라톤은 남자와 여자를 나누어서 각자에게 필요한 성격적 탁월성을 말하지 않았으며 남자의 성격적 탁월성과 여자의 성격적 탁월성이 다르다고 이야기하지 않았다. 하지만 아리스토텔레스는 이와는 달리 "남자의 용기는 다스리는 자의 용기이고, 여자의 용기는 섬기는 자의 용기다"라고까지 했다.

아리스토텔레스는 여기서 한 걸음 더 나아가 소포클레스의 비극 「아이아스」에 등장하는 "여자란 잠자코 있을 때가 가장 예쁜 법이야"라는 문장을 소개하기도 한다. 이 문장에 대해 그는 "우리는 이러한 시인의 말이 보편적인 진리라고 생각하겠지만, 그런 진리는 남자에게는 해당되지 않는다"라고 했다. 대단히 남녀 차별적인 발언이다.

이런 내용들을 읽으면서 아마도 여성 독자들은 기분 나쁠 수 있다. 하지만 당시의 시대 상황을 그대로 반영한 이야기라고 생각할 수도 있을 것이다.

아리스토텔레스는 여성뿐만 아니라 기술자(technitēs)에 대해서도 편견을 드러낸다. 노예와 기술자의 차이점은, 노예는 타고날 때부터 노예지만 제화공과 같은 기술자는 후천적으로 자진해서 제화공이 된 사람들이다. 그럼에도 아리스토텔레스는 "천한 기술자는 제한된 의미에서 노예인 셈이다"라고까지 말한다.

고대 그리스 시대의 걸출한 조각 작품을 남긴 기술자들에 대한 사회적 대우는 상당히 높았을 것이다. 그러나 아무나 할 수 있는 일을 하는 기술자인 경우, 신분은 자유인이지만 그의 일은 노예 노동으로 여겨졌음을 알 수 있다.

현대인에게 필요한 탁월성

오늘날 현대인들에게 필요한 탁월성은 과연 무엇인가? 특히 공동체의 기본인 가정의 관점에서 살펴보자.

먼저 가장의 경우 무엇을 해야 하는 사람인지를 생각해 보자. 가장은 부모와 아내, 그리고 자식들에 대한 의무를 짊어짐과 아울러 시민으로서 사회와 국가에 대한 의무를 지게 된다.

가장은 젊은 날부터 열심히 자신을 갈고닦아서 직업인으로서 탁월성을 갖추고, 시대의 변화에 발맞추어서 항상 직업인으로 '쓸모 있음'을 위해 노력해야 한다. 그렇게 해야 가족들을 제대로 부양할 수 있다.

세월이 가면서 부하를 거느리고 아이를 키우는 입장이 되면 더더욱 한 인간으로서 절제와 사리 분별을 갖춘 사람이 되도록 노력해야 한다. 가장의 탁월성에 대한 이야기를 할 때면 얼마 전에 내가 쓴 글을 떠올리게 된다.

"세월과 함께 직업인으로서뿐만 아니라 한 인간으로서도 더 나은 사람으로 계속해서 성장해 가기를 소망한다. 사람의 됨됨이는 세월에 마냥 비례하는 것은 아니다. 이제까지 그래왔듯이 우선은 주변에 물의를 일으키는 것과 같은 큰 과가 없어야 할 것이고, 하루하루 한 단계 한 단계 성장하는 삶을 계속해서 살아감으로써 더 나아짐을 향해 정진(精進)을 계속해 나가려 한다." — 공병호, "죽기 전에 이것만은……", 《동아일보》(2011년 9월 28일)

아내라면 우선은 아이들의 양육에 힘써야 한다. 오늘날은 직업을 가진 주부가 많기 때문에 직업인으로서 자신의 역량을 계발함과 아울러 남편과 자식들이 자신의 분야에서 제대로 길을 개척할 수 있도록 도와야 한다. 직장을 갖지 않은 주부라면 지금은 아무런 어려움이 없을지라도 실직 등과 같은 인생의 '궂은날'에 미리 대비할 수 있도록 해야 한다.

자식이라면 부모가 언제까지나 자신을 보호해 줄 수 없다는 사실을 깨닫고 열심히 공부하며 자신의 미래를 위해 준비해야 한다. 학교를 졸업

함과 동시에 독립해서 더 이상 부모에게 폐를 끼치지 않도록 노력해야한다.

　이처럼 가정의 구성원으로서 각자가 수행해야 할 직분이 무엇인가를 정확히 인식하고, 이를 기초로 꾸준히 노력하고 준비하는 것이 무엇보다 중요하다.

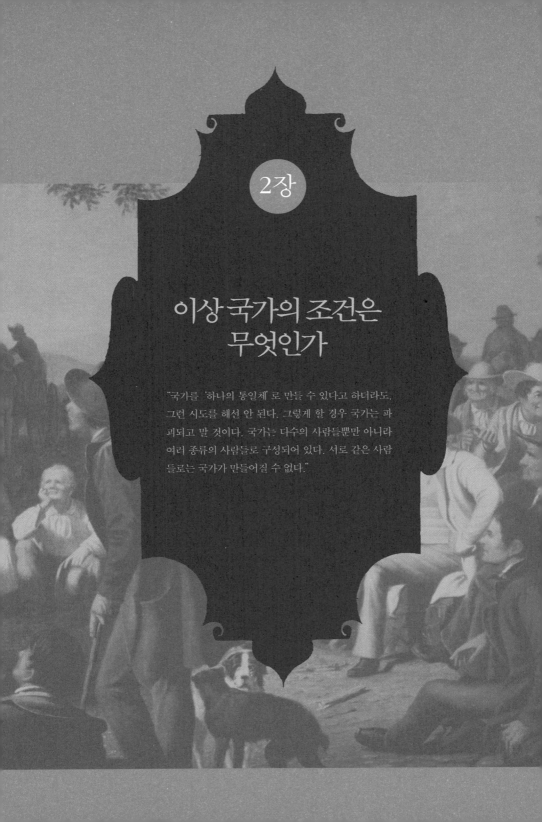

2장

이상 국가의 조건은
무엇인가

"국가를 '하나의 통일체'로 만들 수 있다고 하더라도, 그런 시도를 해선 안 된다. 그렇게 할 경우 국가는 파괴되고 말 것이다. 국가는 다수의 사람들뿐만 아니라 여러 종류의 사람들로 구성되어 있다. 서로 같은 사람들로는 국가가 만들어질 수 없다."

건강하고 행복한 삶의 토대를 찾아서

인류 역사를 보면 압도적으로 많은 국가 형태는 '시민이 주인 되는 나라'가 아니라 '국가가 주인 되는 나라'였음을 알게 된다. 이집트·페르시아·잉카와 마야·중국 문명에서 등장했던 많은 제국들은 왕과 소수의 지배 엘리트들이 국가의 주인이었지 시민이 주인은 아니었다. 국가가 주인인 나라에서 시민은 행복한 삶을 추구할 수 없었다.

어떤 형태의 국가 공동체, 즉 정체(政體)가 모든 시민들에게 반드시 행복을 가져다주는 것은 아니지만 시민들 스스로 행복을 추구할 수 있는 토대를 제공하는 것은 사실이다. 시민들의 행복 추구에 필요한 조건은 정체가 훌륭한 국가에서 사는 것이기 때문에 훌륭한 국가에 대한 논의는 이상적인 정체에 대한 논의이다. 정체에 대한 논의는 편의상 3단계로 나누어서 이해하면 도움이 된다.

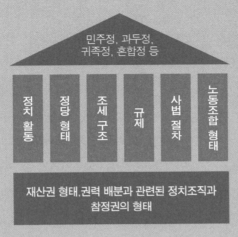

지붕 : 정체의 유형, 기둥 : 정체의 구성 요소, 바닥 : 정체의 기초

- **정체의 유형** : 군주정(왕정), 귀족정, 혼합정, 참주정, 과두정, 민주정
  과 이들의 장단점을 조합하여 만들어지는 다양한 정체
- **정체의 구성 요소** : 정치 활동, 정당 형태, 조세 구조, 규제, 사법 절차,
  노동조합 형태, 기업 형태, 언론의 자유, 개인의 권리와 의무 등과
  같은 다양한 제도로 구성됨
- **정체의 기초** : 재산권 형태, 권력 배분과 관련된 정치조직과 참정권의
  형태

　우리가 꿈꾸는 이상적인 나라, 또한 아리스토텔레스가 그려 보인 훌
륭한 국가는 어떤 나라일까? 그리고 현실 세계에서 훌륭하게 다스려지
고 있는 국가들의 정체는 어떤 특징이 있을까?

　위 그림에서 본 것처럼 정체의 기초는 첫째, 재산권 형태이고, 둘째,
권력의 배분과 관련된 정치조직과 참정권의 유형이다. 여기서 재산권의

형태인 공유제는 두 가지로 구성되는데 하나는 처자(妻子) 공유제이고, 다른 하나는 재산(財産) 공유제이다. 현대인에게 처자 공유제는 말이 안 되는 주장이기 때문에 주로 재산 공유제를 중심으로 다루려 한다.

정체의 기초에 따라 현실 세계에 다양한 정체의 유형이 나타난다. 아리스토텔레스는 '정체＝F(정체의 기초)'와 같이 정체와 정체의 기초 사이에 인과관계가 있다고 가정한다. 따라서 그는 제2권의 12개 장 가운데 앞의 8개 장에서는 공유제를 다루며, 뒤의 4개 장에서는 참정권을 다룬다.

그럼 현대인에게도 여전히 이 두 가지가 중요한가? 그렇다. 정체야말로 국가의 운영과 각 개인의 삶의 조건을 결정짓는 커다란 변수이기 때문이다. 한 예로 "국가가 모든 것을 소유한다"라는 단 한 문장은 역사 속의 왕정들과 구소련 공산주의가 채택했던 소유제를 함축하고 있다. 이 한 문장만으로도 그 나라의 정체뿐만 아니라 시민들이 어떤 삶을 사는가를 이해할 수 있다.

소설가 션판의 대표작 『홍위병』에는 중국 공산당 고위 간부가 학생들에게 "개인은 당에 복종해야 하고, 개인의 관심은 국가의 이해관계에 복종해야 해"라고 당부하는 장면이 나온다. 개인의 참정권이 배제되고 당이 권력을 독점한 정체가 문화대혁명기의 중국이었음을 엿볼 수 있다.

오늘날 우리 사회에서도 각종 정책들을 둘러싼 논쟁이 벌어진다. 누구에게 세금을 얼마나 부담시켜야 할 것인가 얼마나 많은 혜택을 줄 것인가 하는 문제와 논쟁도 실용적인 과제이지만 크게 보면 시민들이 정체의 특성을 변화시켜 나가는 과정으로 이해할 수 있다. 정체의 변화는 크게는 쿠데타나 혁명과 같은 정변을 통해서 이루어지지만 작게는 제도와 정책, 그리고 판결의 축적으로 이루어진다.

아리스토텔레스는 『정치학』 제2권 제2장~제5장에 걸쳐, 플라톤의

『국가』에서 나오는 처자 공유제와 재산 공유제를 비판한다. 왜냐하면 개인이나 가정과 달리, 국가가 그런 식으로 통일성을 극단적으로 추구하면 스스로 자급자족할 수 있는 토양이 사라져 국가를 유지할 수 없기 때문이다.

그는 "국가의 지나친 통일성은 분명 바람직하지 못하다"라고 하면서 "국가는 공동체를 형성하는 주민들이 자족할 수 있을 만큼 많고 다양해야 비로소 국가라고 할 수 있기 때문이다"라는 점을 분명히 한다.

특히 제5장에서는 플라톤이 제안한 재산 공유제에 대해 비판하면서 재산 공유제가 인간 본성과 배치된다는 사실도 강조한다. 제6장에서는 플라톤이 『법률』에서 다룬 국가 권력의 분배 문제에 대해 비판하면서, 이론가로서 정체에 대한 견해를 제시할 뿐 아니라 그리스의 대표적인 폴리스들의 정체에 관한 장단점을 비교 분석한다.

마지막 4개 장에서는 그리스의 대표적인 폴리스[스파르타(스파르테), 크레타(크레테), 카르타고(카르케돈), 아테네]들의 정체가 비판적으로 소개되는데, 이들에 대한 이해만으로도 당시에 유지되던 정체의 전체 모습을 알 수 있다.

특히 스파르타와 크레타, 그리고 카르타고의 공통점과 차이점을 확인함으로써 그리스 시대 폴리스들의 정체는 서로 영향을 주고받고 있었음을 알 수 있다. 네 개의 폴리스에 대한 논의를 기초로 독자들은 훌륭한 국가에 대한 본격적인 탐구를 진행할 수 있는 토대를 구축하게 되는 셈이다.

이들 국가의 정체의 특성을 살펴보는 작업은 단지 먼 과거의 이야기를 되새기는 게 아니다. 오늘날에도 매순간 우리들이 맞닥뜨리고 있고 처해 있는 일에 대한 지혜를 구하는 작업이다.

대통령을 뽑는 일이나 국회의원을 뽑는 일, 그리고 대법원 판사나 헌법재판소의 재판관을 뽑는 일은 한 사회의 시민들이 소망하는 나라를 결정하는 중요한 과정이라 할 수 있다. 왜냐하면 권한을 위임받은 사람들이 하는 일 가운데 중요한 것은 정책이나 판결을 통해서 알게 모르게 정체의 변화를 꾀하는 것이기 때문이다.

넓은 의미의 정체는 제도와 정책의 조합으로 구성되는데, 노벨 경제학상을 수상한 더글러스 C. 노스 교수는 그 영향에 대해 "우리는 제도를 볼 수도 느낄 수도 만질 수도 심지어 측정할 수도 없다. 제도는 인간 정신의 구조물이지만 경제의 장기적인 성과를 근본적으로 결정짓는 근본적인 요인이기도 하다"라고 말한 바 있다. 정체는 이처럼 경제 성과뿐만 아니라 시민의 행복과 한 사회의 흥망성쇠에도 결정적인 영향을 미치는 것임을 명심해야 한다.

지나친 통일성보다는
다양성을 추구하라

"국가 구성원은 모든 것을 공유하거나 아무것도 공유하지 않거나, 일부는 공유하고 일부는 공유하지 않는다. 국가가 아무것도 공유하지 않는다는 것은 불가능하다. 국가는 공동체인 만큼 그들은 최소한 영토는 공유해야 한다. 한 국가의 영토는 하나이고, 시민들은 한 국가를 공유하는 자들이다. 그렇다면 잘 다스려지는 국가는 공유 가능한 것 중에서 모든 것을 공유하는 편이 나은가, 아니면 어떤 것은 공유하지만 다른 것은 공유하지 않는 편이 더 나은가? 플라톤은 『국가』에서 소크라테스의 입을 통해 "시민들은 아내와 자식, 그리고 재산을 공유해야 한다"라고 주장한다. 따라서 우리는 대부분의 폴리스들이 취하고 있는 현재 상태를 그대로 유지하는 것이 나은가, 아니면 『국가』에

서 제안된 법(nomos, 法)에 따라 처자와 재산 공유제를 선택하는 것이 나은
가 하는 문제에 직면하게 된다." 제2권 1장 1260a37~1261b16

1990년대 초, 베를린을 방문했을 때 공산 치하의 구(舊)동독 지역을
둘러본 적이 있다. 우중충한 독일의 가을 날씨처럼 거리 풍경이 을씨년
스러웠을 뿐만 아니라 제대로 관리가 되지 않은 낡은 건물들이 각인되
었다. 당시 서독 지역의 활력과 동독 지역의 우중충함이 대비되어 오랫
동안 기억에 남아 있다.

동독은 공동 소유제를 기반으로 하는 공산주의 정체를 선택했고 서독
은 사적 소유제를 기반으로 하는 자유민주주의 정체를 선택했다. 이들
을 보며 어떠한 정체를 선택했느냐에 따라 이토록 한 나라의 경제력, 국
가적 활력, 개인의 삶이 달라질 수 있음을 뼈저리게 느끼게 되었다.

오늘날까지 역사적으로 다양한 형태의 국가 공동체가 존재해 왔다. 예
를 들어 군주정, 귀족정, 과두정, 민주정 등이 있는데 이들 모두가 '어떤
형태의 국가 공동체'인 정체 중 하나이다.

고대 그리스 시대의 도시국가들은 어떤 정체였을까? 아테네는 왕정과
귀족정체를 거쳐서 민주정이 자리 잡고 있었으며, 스파르타와 카르타고
는 귀족정이었다. 1,000여 개의 도시국가에는 군주정, 참주정, 귀족정, 과
두정, 민주정 등을 기본으로 다양한 조합으로 이루어진 정체들이 있었다.
구소련의 공산주의도 소수의 공산당 간부가 권력을 장악한 점에서 보면
과두정체에 가까웠다.

우리는 정치가 중요하다고 말한다. 정치 자체가 사람들에게 직접 영향을 미치는 부분도 있지만 그 정치의 결과물로 만들어지는 정체가 시민들의 생각과 행동, 그리고 삶에 지속적으로 영향을 끼치기 때문이다.

『정치학』에는 '정체'라는 용어가 자주 등장하기 때문에 차차 더 상세한 정의를 내리겠지만 여기서는 간단히 정의한다. 정체는 군주제, 귀족제, 참주제, 과두제, 민주제 등을 비롯해 이들의 조합까지를 포괄하는 개념이다.

일반 시민은 참정권을 통해서 정치가를 뽑고 권력을 장악한 정치가들은 정체 변경에 중요한 역할을 맡게 된다. 결과적으로 '시민의 참정권 행사 → 정치가 → 정체 결정의 두 가지 기초 → 다양한 정체의 유형'이라는 상호 관계를 거쳐서 최종 결과물인 다양한 정체의 유형들이 현실 세계에 등장한다.

한 나라의 정체는 시민들의 생각과 행동을 결정하거나 영향을 미치는 환경이자 제도적인 틀 혹은 기반이라고 할 수 있다. 정체는 개인의 생각, 행동, 성공, 행복 등에 지대한 영향을 미치기 때문에 어떤 시민도 정체의 영향력에서 벗어날 수 없다. 특히 정체는 개인의 노력의 강도와 방향을 결정하는 인센티브 구조로서 중요한 의미가 있다.

예를 들어, 공동 소유제가 인정되는 사회를 생각해 보자. 모든 활동의 결과물이 국가에 귀속된다면 누구도 열심히 일해야 할 동기를 느끼기 힘들 것이다. 개인의 참정권이 배제된 사회라면 시민들은 권력을 장악한 개인이나 기관에 충성을 바칠 수밖에 없다.

이처럼 정체에 따라 개개인이 어디에 더 많은 시간과 에너지를 투입할지가 결정된다. 자유민주주의 체제에 사는 사람이라면 자신의 자유의지에 따라 모든 것을 결정하고 책임을 지면 그만이지만 억압적인 체제라면 이야기가 달라진다. 억압적인 체제에 사는 사람은 늘 권력을 쥔 개인이나 조직을 의식하고 눈치를 보면서 살아갈 수밖에 없고, 이런 일들이 반복되면서 사람의 성격이나 기질도 달라진다.

더욱이 시민들 사이의 끝없는 분쟁으로 인한 사회적인 대립, 이로 인한 폴리스의 위기를 목격했던 아리스토텔레스는 위기의 주요 원인으로 정체 문제를 꼽았다.

그럼 과연 어떤 정체가 훌륭한 국가에 어울리는 것일까?

정체와 재산 공유의 상관관계

아리스토텔레스가 제2권 제4~5장에서 다룬 재산의 사유와 공유 문제는 정체에서 중요한 부분을 차지하는데, 이는 오늘날 우리 사회의 경제체제 문제와도 맞물려 많은 생각거리를 준다.

고대 그리스의 도시국가에서 재산 공유제를 실시하는 폴리스는 없었다. 다만 스파르타와 크레타 등과 같이 군사상의 목적을 위해 공동 식사 제도를 둔 폴리스는 있었다.

우리나라는 헌법으로 자유시장경제 체제, 즉 경제활동의 자유와 사유 재산제에 기초한 체제임을 분명히 밝히고 있다.

사실 일상생활에서 정책을 둘러싼 사람들 사이의 이견이나 정당 사이의 갈등은 대부분 재산의 공유 정도를 둘러싸고 벌어지는 것이라 해도 과언이 아니다.

예를 들어, 특정 계층에 대해 세금을 더 많이 부과하는 것은 겉으로 보기엔 증세 문제지만 안을 들여다보면 결국 개인이 경제활동으로 거둔 수익 가운데 정부가 가져가는 것, 즉 공유의 몫에 관한 문제이다. 마찬가지로 어떤 대기업에게 보조금을 지급하거나 세금을 깎아주는 일 또한 공유의 범위와 정도에 관한 것이다.

경제와 관련된 논쟁이나 갈등의 중심에는 사유재산의 인정 정도 및 폭, 정부의 개입 여부 및 세금 제도 등이 관련되어 있으며, 어느 국가를 보더라도 정부의 개입 분야와 그 정도를 둘러싸고 치열한 논쟁이 진행 중이다. 우리나라도 결코 예외가 아니며, 시민들은 정치인과 정당을 선택하는 행위를 통해서 그 과정에 개입한다.

아리스토텔레스의 스승인 플라톤은 자신의 대표작인 『국가』에서 처자 공유제와 재산 공유제에 대한 자신의 주장을 강력히 피력했다.

> "참다운 수호자(지도자)란 앞서 말한 조건을 구비해야 한다고 생각하네. 즉, 재산의 공유와 가족의 공유가 동시에 이루어져야 한다는 이야기지. 더 구체적으로 설명한다면, 이 양쪽에서 똑같이 '내 것'과 '내 것이 아닌 것'으로 구별하는 것을 방지하여 국가가 분열되지 않게 해야 하지. (……) 따라서 (국가가 분열되는) 결과가 오지 않게 하기 위해서는 내 것에 대한 모든 사람의 견해가 같아야 하네. 이리하여 내 것에 대한 견해가 일치한다면 자연히 기쁨이나 괴로움도 공동으로 느끼게 될 걸세. 자네 생각은 어떤가? ― 플라톤, 『국가』(왕학수 옮김), 제5권 12장

먼저, 사회 구성원들이 아내를 공유하고 자식들을 공유한다는 말인데, 일부일처제를 채택하고 있는 대부분의 현대인에게는 도저히 이해하기 힘든 주장이다. 현재를 기준으로 보면 논의할 만한 가치가 없는 주장이지만 체제의 통일성을 극단적으로 추구하는 사례로서는 참고할 만하다.

아무튼 이런 플라톤의 주장에 대해 아리스토텔레스는 처자 공유제는 이론적으로든 현실적으로든 유지하기도 힘들고 부작용도 만만치 않기

에 실현 불가능한 제도라고 주장했다.

플라톤이 처자 공유제를 내세우는 목적은 "국가 전체가 가능한 한 하나의 통일체가 되는 것이 최선"이라는 믿음 때문이다. 아리스토텔레스는 이런 주장 자체가 잘못되었을 뿐만 아니라 대단히 위험한 주장이라고 반박한다. 그는 처자 공유제처럼 어떤 사회가 극단적인 통일성을 추구하면 그 체제는 몰락할 수밖에 없다는 점을 분명히 한다. 이는 아리스토텔레스가 소크라테스나 플라톤과 생각이 달랐음을 말해 준다.

극단적 통일성을 추구하는 국가의 문제점

극단적인 통일성을 추구하는 대표적 사례가 바로 사이비 종교다. 사회에 해악을 끼치는 사이비 종교는 몇 가지 특성이 있다. 하나는, 가족을 비롯해서 친인척 등과의 인연을 끊도록 만든다는 것이고, 다른 하나는, 직업이나 취미 활동과 같이 모든 개인적인 활동을 멀리하게 만든다는 것이다. 마지막으로, 단체 생활을 통해서 교주의 일사불란한 지시와 명령을 받아서 교주 자신의 사적 이익을 위한 활동을 수행하도록 한다는 것이다.

다양성을 파괴하고 통일성을 극대화하는 것이 이 단체의 전형적인 수법이다. 사이비 교주는 개인이 누릴 수 있는 다양한 즐거움의 원천을 결코 인정하지 않으며, 교주만이 그런 즐거움의 원천을 독점하고자 한다. 따라서 교주나 교단의 명령과 지시를 수행할 때만이 행복을 누릴 수 있다는 믿음을 확실히 주입한다. 이렇게 해야만 그 교단이 존립할 수 있기 때문이다.

소크라테스와 플라톤은 '국가 전체가 가능한 한 하나의 통일체가 되는 것이 최선이다'라는 생각을 염두에 두고 처자 및 재산 공유제를 주장한

블라디미르 레닌 1964년 붉은 광장에서 연설하는 모습. 레닌이 주도한 공산주의도 완전 공유제를 실현하려는 움직임이었다.

다. 그러나 국가가 점점 하나의 통일체가 되어가다 보면 결국 국가이기를 그만두게 될 것이다.

국가는 본성적으로 다양한 구성원들로 이루어진 복합체다. 따라서 어떤 국가라도 복합체에서 점점 통일체가 되어갈수록 국가 대신 가정이 되고, 가정 대신 개인이 될 것이다. 극단적인 1인 독재 체제는 한 사람의 명령과 지시에 의해 전 시민들이 수족처럼 움직이는 체제이다.

쉬운 사례로 기업과 국가를 비교해 보면 된다. 기업은 합법의 테두리 내에서 이윤을 극대화하기 위해 모든 구성원들이 합심해서 노력하는 조직이다. 그러나 국가의 구성원들은 행복을 추구하더라도 저마다의 행복이 다를 수 있다. 어떤 사람은 일을 통해서 행복을 느끼지만 어떤 사람은 레저 활동이나 놀이를 통해서 행복을 느낀다. 이를 누군가가 나서서 하나로 통일시킬 수는 없다.

우리 사회에서도 이따금 완전 공유제가 실현되기를 꿈꾸는 사람들이 있었다. 역사를 보면 국가를 마치 하나의 기업처럼, 혹은 하나의 가정처럼 운영하려는 생각을 한 사람들이 있었다. 생각의 기반이 다르기는 하지만, 마르크스, 레닌이 주도했던 공산주의가 그렇고, 히틀러나 무솔리니가 주도했던 전체주의가 그랬다.

공산주의는 완전 공유제를 실시했고, 히틀러와 무솔리니는 전쟁 수행을 위해서 사기업의 국유화를 통해서 국가에 권력을 집중시켰다. 사유재산이 줄어들면 줄어들수록 명령과 지시를 따르는 사람들도 늘어나게 되고 그들에 대한 권력자의 영향력도 커지게 된다. 결국 빵과 밥을 나누어주는 권한은 일당이나 개인이 쥐게 된다. 그들은 정교한 계획에 따라 개인이 무엇을 어떻게 해야 하는지를 자세히 지시하고 명령한다.

오늘날도 선의의 정책을 위해 국가에 더 많은 권한을 주어야 한다는 사람들이 있다면 미국의 저명한 대법관이었던 루시 브랜다이스 판사가 1928년에 내렸던 판결, 즉 "자유에 대한 진정한 위험은 동기는 훌륭하나 무식한 열성분자들이 알게 모르게 자유를 침식하는 데 있다"라고 한 말을 되새겨봐야 한다.

국가에 더 많은 권한을 준다는 것은 결국 개인이 선택할 수 있는 자유를 국가에 헌납하는 것이다. 그렇기에 플라톤의 『국가』에서 나오는 공유제 이론이 훗날 공산주의와 전체주의의 씨앗이 되었다는 비판으로부터 완전히 자유로울 수 없는 것이다.

오늘날도 크게 달라진 바가 없다. 어떤 이들은 끊임없이 국가도 통일체처럼 운영되어야 하고 그렇게 하는 것이 이상적이라고 생각한다. 대다수 국가들이 점점 더 거대 국가가 되어가는 것은 이런 인간 본성의 욕구를 반영한 결과이다.

지나친 통일성은 자족성을 그르친다

"나라가 뭘 해야 하는 걸까?"

아리스토텔레스라면 어떤 답을 내놓을까? 아마도 그의 답은 '자족성(자급자족)'일 것이다. 국가에게 자급자족은 최종 목표이자 최선의 것(본성)이기 때문이다.

고대 그리스의 폴리스들은 국가 간에 교역이 활발했다. 그러나 그 교역은 폴리스 내에서 이루어지던 자급자족에 부수적인 것이었다. 자급자족은 선택의 문제가 아니라 폴리스 자체의 생존과 관련된 문제였다.

국가 구성원들은 다양한 사람들로 구성된다. 아리스토텔레스 시대에는 농사를 짓거나 고기를 잡는 자유민이 있는 반면에 가사를 돕는 노예가 있었다. 또한 상인도 있었고 정치나 철학을 하는 사람도 있었다. 이들 사이에 분업이 이루어져야 자급자족이 가능했을 것이다. 다양한 사람들이 살아가는 바탕은 주고받는 것이다.

반면에 완벽한 통일체는 일사불란하게 작동한다. 만일에 국가가 그런 유기체가 되어버린다면 분업을 통해서 자족성을 갖출 수 없고 국가를 유지할 수 없게 된다. 아리스토텔레스는 국가 역시 통일성을 추구해야 하는 부분도 있지만 극단적인 통일성은 국가의 자족성을 불가능하게 만든다고 주장한다.

국가가 통일성을 추구하는 정책을 더 많이 펼쳐야 한다고 생각하는 사람이라면, 인간 본성에 대한 아리스토텔레스의 예리한 관찰에 주목해야 한다. 그는 재산 공유제의 비효율과 낭비에 대해서도 이론이 아니라 관찰을 통해서 정확히 지적한다.

어느 누구의 소유권도 명확하지 않은 공유재산에 대해서 사람들은 자신의 이익을 극대화함으로써 공유재산을 약탈하는 상황이 벌어지게 되는데, 경제학자들도 이를 '공유의 비극(tragedy of commons)'이라 부른다. 오늘날에도 나랏돈이 자주 그런 대상이 되기도 하는데, 미국 역사에서 발견할 수 있는 한 가지 사회적 실험을 살펴보자.

1620년 10월 16일, 메이플라워호를 타고 102명의 청교도가 긴 항해 끝에 매사추세츠 연안에 도착했다. 플리머스라고 명명한 지역에 거주하기 시작한 청교도들은 공동체가 생산한 모든 것을 평등하게 배분하는 원칙, 즉 공동 생산, 공동 분배의 원칙을 지키게 된다.

청교도 신앙을 갖고 있었음에도 불구하고 다수의 사람들이 꾀병을 핑계 삼아 일하기를 주저했으며 처음에 열심히 일하던 사람까지도 '나만 이렇게 열심히 일할 필요가 있나?'라는 회의감을 느끼게 된다. "모두의 책임은 어느 누구의 책임도 아니다"라는 격언처럼 생산량은 전체 주민을 먹여 살리기에 턱없이 부족한 수준이 되고, 정착 후 2년 동안 굶주림은 일상적인 일이 되었다.

윌리엄 브래드퍼드 총독은 자신의 일기에 심각한 식량 위기에 봉착한 주민들이 체제를 변혁하는 결정 과정을 이렇게 묘사했다.

"기근이 내년에도 이어질 것은 너무도 분명하기에 주민들은 더 이상 비참한 생활을 겪지 않으려면 어떻게 할 것인지를 의논했다. 격론 끝에 내린 결론은 우리는 각자 할당된 분량만큼 옥수수를 심기로 했으며, 스스로 신의를 지키는지 지켜보기로 했다. 그러고서 각 집마다 땅뙈기를 할당했다." — 존 스토셀, 『왜 정부는 하는 일마다 실패하는가』, p. 81

땅의 공유제를 부분적인 사유재산제로 바꾸자마다 놀라운 변화가 일어났다. 사람들은 부지런해지기 시작했으며 이에 따라 생산량은 전체를 먹여 살리기에 충분한 양에 이르게 되었다. 추수 때 신에게 감사하는 마음으로 1623년 미국 땅에서 최초로 추수감사절이 시작되었다.

플리머스 공동체는 이론이 아니라 공유제가 가져올 수 있는 비극, 즉 '공유의 비극'을 직접 실험한 사례가 된다.

일찍이 아리스토텔레스는 모두의 것은 어느 누구의 것도 아니기 때문에 신경 쓰는 사람이 드물다는 주장을 이렇게 펼친 바 있다.

"가장 많은 사람들에게 속하는 것일수록 가장 적은 보살핌을 받는다. 사람들은 누구나 사유재산에 가장 큰 관심을 갖는다. 반면에 공유재산은 개인적으로 관련 있는 범위에서만 보살피며, 관심을 덜 갖는다. 다른 이유는 차지하고서라도 누군가 다른 사람이 보살필 것이라고 생각하면 누구나 다 소홀히 하게 된다." 제2권 3장 1261b33~36

극단적인 통일성은 화합과 우애도 그르친다

극단적인 통일성을 추구하는 국가에는 또다른 측면에서 어떤 일이 일어날까? 시민들은 같은 아이를 두고 저마다 자기 아이라고 하고, 같은 여자를 두고 자기 아내라고 하며, 같은 재산을 두고서도 자기 재산이라고 할 것이다.

플라톤은 사유물이 없으면 싸울 일도 없다고 했지만, 이는 인간 본성을 지나치게 낭만적으로 본 것이다. 작은 것이라 하더라도 더 갖고 싶어 하고, 더 많은 것을 자기 것으로 만들려고 하는 인간 본성을 고려하면 싸움이 끊이지 않으리라는 것은 불을 보듯 뻔한 일이다.

이를 두고 아리스토텔레스는 "모든 사람들이 어떤 대상을 '나의 것'이라고 말하는 것은 오히려 화합을 해치게 된다"라고 지적하면서, "공유제를 실시함으로써 통일성을 추구하면 추구할수록 어떤 국가라도 더 큰 화합과 우애를 만들어낼 수 있다"라고 한 플라톤의 주장이 오류라는 사실을 분명히 한다.

극단적인 통일성의 추구는 공동체에 필수적인 조건인 우애(philia)를 위협한다. 예를 들어, 처자 공유제가 실시되는 국가에서는 아버지와 아들이 서로 '내 아들', '내 아버지'라 부르지 않을 것이기에 당연히 우애는 손상된다. 이를 두고 아리스토텔레스는 포도주에 물을 섞어서 희석함으로써 포도주 맛을 느낄 수 없음에 비유한다.

아리스토텔레스는 처자 공유제가 왜 나쁜 제도인지에 대해 "인간으로 하여금 배려와 애정의 감정을 품게 하는 것은 주로 '내 것'과 '소중한 것' 두 가지인데, 플라톤이 제안하는 국가의 정체에서는 이들 중 어느 것도 존재할 수 없다"라고 말한다.

이런 메시지를 통해 우리가 새겨야 할 교훈은 국가는 가정과 다르다는 것, 독재가 지배하는 국가는 필연적으로 극단적 통일성을 추구하게 되는데 그 결과는 의도하지 않은 부작용을 낳게 된다는 것이다. 여기서 우리는 아리스토텔레스가 통일성에 대해서도 지나치지 않고, 부족하지도 않은 중용에 의지하고 있음을 알 수 있다.

'나라가 모두 다 해주어야 한다'는 생각이 앞설 때면, 국가가 극단적인 통일성을 추구할 때의 장단점을 생각해 보는 것도 시민으로서 현명한 태도일 듯하다.

국가의 역할을 무분별하게 확장시키지 말아야

존 스토셀은 『왜 정부는 하는 일마다 실패하는가』라는 책에서 "사회적으로 가장 파괴력이 강한 최악의 미신이 있는데 그것은 어떤 문제가 생겼을 때 정부 대책이 최선책이라고 직관이 이끄는 대로 믿어버리는 것이다"라고 지적한다. 정부라는 이름으로 수행하는 수많은 정책들이 얼마나 전시성 정책인지, 얼마나 낭비가 많은지, 그리고 얼마나 그 비용이 고스란히 시민들에게 전가되는지를 지적하고 있다.

극단적으로 나쁜 상황을 개선하기 위해 국가가 나서는 일은 필요하다. 하지만 상황을 더 나은 상태로 만들기 위해 습관적으로 국가가 나설 때 얼마나 효과가 있을지 꼼꼼히 따져봐야 한다. 스토셀은 "우리가 도덕적인 정치가를 뽑기만 한다면, 우리는 정부를 혁신하고 균형을 잡을 수 있을 것이다"라고 여기는 우리의 통념을 비판하며 "도덕적인 사람을 선출하는 것이 문제가 아니라, 그들의 책임을 줄이는 것에 관한 문제다"라고 조언한다.

현대적인 의미에서 국가의 통일성 추구는 국가가 맡아야 할 역할을 무분별하게 키우는 것과 맥을 같이한다. 근래에 강력하게 추진되고 있는 '큰 정부를 향한 전진'은 앞으로 또다른 정치·사회·경제의 위기로 연결될 것이다.

2,500년 전, 국가가 극단적인 통일성을 추구하는 것을 조심해야 한다는 아리스토텔레스의 메시지는 우리에게 귀한 조언을 전해준다. 국가가 역할을 무분별하게 확장시키지 않는 한도 내에서 시민들에게 더 많은 선택의 자유와 다양성을 허용해야 한다는 것이다. 이것이 시민의 행복과 성공, 그리고 국가의 번영을 이끌어가는 지름길임을 이야기하고 있다.

재산 문제는
인간 갈등의 씨앗이다

"무엇인가를 자기 것으로 간주하는 일은 대단한 즐거움을 가져다준다. 각자
가 자기 자신을 사랑하는 것은 우연한 충동이 아니라 본성에 의해 생긴 감정
이기 때문이다. 이기(selfishness)는 비난받아 마땅하다. 그러나 이기가 비난
받는 것은 그것이 단순한 자기애(self-love)가 아니라 지나친 자기애이기 때
문이다. 마치 수전노가 비난받는 것은 돈을 좋아하기 때문이 아니라 지나치
게 돈을 좋아하기 때문인 것과 같다. 모든 사람들이 자기 자신과 재산, 그리
고 돈 같은 것에 애착을 보이는 것은 일반적인 현상이다. 그리고 친구나 손
님이나 가까운 사람들에게 도움을 주고 호의를 베푸는 것은 큰 쾌감을 주는
데, 그것은 사유재산이 있어야 가능하다." 제2권 5장 1263a40~1263b6

오래전 일이긴 하지만 지인들과 함께 여행을 하다가 소소한 비용 지출로 신경전을 벌인 적이 있다. 각자가 부담해야 하는 몫을 철저히 나누어 계산하고 싶어 하는 사람이 있는 반면에 대충 남이 비용을 부담해 주기를 기대하는 사람이 있었기 때문이다.

처음에는 적은 비용을 부담하던 사람도 어느 순간 '내가 왜 이걸 다 내야 하지?' 하는 불쾌함을 느끼게 된 것이다. 푼돈일 때도 이런데, 큰 비용일 때는 더 많은 갈등이 빈번하게 일어날 수밖에 없다.

주변을 보면 평범한 가정이나 대기업 총수 일가 할 것 없이 부모의 재산을 두고 상속 문제로 다투는 가족들이 꽤 많다. 피는 물보다 진하다고 하지만 재산이 피의 진함을 넘어서는 경우를 종종 목격하게 된다. 적으면 적은 대로 많으면 많은 대로 재산과 관련해서 늘 부족함을 느끼는 것이 인간이다. 욕망을 다스리는 나름의 방법을 지니지 못한 인간은 아무리 많이 갖더라도 늘 불만을 느낄 수밖에 없는 존재이다.

일찍이 아리스토텔레스가 "인간들이 함께 살고 함께하는 데는 일반적으로 어려움이 따르지만, 특히 수익이나 비용을 나누는 것처럼 재산 문제와 관련해서는 더욱 그렇다"라고 한 지적은 현실적으로 재산을 적절히 공유한다는 문제가 만만치 않은 과제임을 말해 준다.

비록 아리스토텔레스는 재산 공유제를 반대했지만, 현실에서 재산 공유제가 적용되는 데는 세 가지 방식이 있다고 했다.

첫째는, 각자가 땅을 소유하지만 생산되는 작물은 공동으로 소비하기 위해 공동 출자 하는 방식이다. 이는 이미 몇몇 폴리스에서 실시되고 있었다. 둘째는, 땅을 공유하여 공동으로 경작하고 작물을 각자의 필요에 따라 개인에게 분배하는 방식이다. '필요에 따른 분배'는 공산주의자들의 이상을 떠올리는 공유제 방식으로 비헬라스인들 사이에 시행되고 있던 제도였다. 마지막으로, 땅과 작물 모두를 공유하는 방식이다.

그런데 내 땅에서 나오는 작물을 남과 나누는 일이 쉬운 일인가? 필요에 따른 분배라고 하지만 그 필요라는 것은 각자가 생각하기 나름이어서 말처럼 쉬운 것이 아니다. 세 가지 방식 모두 생산 과정은 물론이고 분배 과정에서도 문제가 생길 수 있다. 더욱이 노력하더라도 수확하는 것이 모두 내 것이 아닌데 누가 열심히 일하려고 하겠는가?

자기 것에 대한 애착은 본능이다

아이를 낳아서 키워보면 아이가 생래적으로 자기 것을 챙기는 것을 볼 수 있다. 아무리 작은 것이라 하더라도 자기 것을 빼앗긴 아이를 달래는 일은 여간 힘들지 않다. 따라서 '내 것'에 대한 집착은 후천적으로 얻어지는 것이 아니라 본능에서 나오는 것이다. 아리스토텔레스의 표현대로 "각자가 자기 자신을 사랑하는 것은 우연한 충동이 아니라 본성에 의해 생긴 감정"이기 때문이다.

교육이나 제도 변화를 통해서 사람의 본성을 개조하는 일은 쉽지 않다. 물론 공산주의자들이 사회적 실험을 한 적이 있긴 하지만, 처음부터 참담한 실패를 맛볼 수밖에 없는 실험이었다.

사람은 자기 자신이 책임질 필요 없이 모두가 책임을 진다고 할 때는 어떤 경우에도 최선을 다할 수 없다. 지식인들 가운데 공산주의에 마지막 순간까지 기대를 건 사람은, 인간이라는 존재가 자신이 책임을 지고 자신의 노력을 통해 자기 몫을 가질 수 있을 때만이 최선을 다하는 존재라는 사실을 제대로 알지 못한 사람들이다.

그런데 이런 이야기가 과거의 이야기만이 아니다. 오늘날도 많이 배운 사람들 가운데는 그야말로 로맨티스트들이 많은데, 그들은 국가가 주도해서 공동 책임 영역을 확장해 나가는 데 열심이다. 선의에서 나오는 주장이지만 막상 정책으로 실행하려다 보면 부작용이 만만치 않다.

사실 우리는 우리 자신을 위해 무언가를 얻을 수 있다고 생각할 때 열심히 한다. 직장에서 일을 할 때도 당장 연봉이 오르는 일이 아니더라도 중·장기적으로 자신에게 큰 도움이 되리라 기대할 수 있을 때 더 열심히 하게 된다. 옳고 그른 문제를 떠나서 "각자가 자기 재산을 돌볼 때 불평할 일이 없을 것이고 각자는 자기 이익을 위해 더 노력할 것이다"라는 아리스토텔레스의 지적은 본래 인간이 어떤 존재인가를 잘 말해 준다.

사람은 노력해서 자신의 것으로 만들어가는 일에서 커다란 즐거움을 느낀다. 사업가들이 수많은 어려움을 뚫고 사업을 확장하기 위해 혼신의 힘을 다하는 것도 자기 것을 만들어내려는 강력한 욕구에서 비롯된다.

그런데 아리스토텔레스는 예외적인 경우를 한 가지 소개한다. 스파르타에서 남의 노예나 말을 자신의 것인 양 사용하기도 하고 여행 중에 식량이 떨어지면 남의 밭에서 식량을 구하기도 하는 일이 있었다.

아리스토텔레스는 이 노예나 말, 또는 식량은 모두 개인의 소유인 것이 분명하지만 가진 자의 선의에 따라 필요한 사람들이 제한적으로 사용할 수 있음을 언급한다. 그는 이와 같이 개인 소유인 경우에 공동 사용은 소유한 사람의 도덕적 탁월함에서 연유하고 법적 강제의 대상은 아니라는 점을 분명히 한다. 오늘날로 말하자면 선의에 바탕을 두고 행하는 자선이나 봉사 활동은 얼마든지 가능하다는 이야기다.

오늘날 사유재산제를 거부하는 나라는 거의 없다. 그러나 각 나라를 들여다보면 논의 중인 정책의 많은 부분이 사유재산을 어느 정도 인정할 것인지와 관련되어 있다.

사유재산 인정의 범위는 곧바로 이상적인 정체의 핵심에 해당한다. 민주정체를 선택한 나라들 사이에도 공동소유제의 범위는 확연히 차이가 난다. 우리 사회에도 스웨덴 복지 모델에 대해 향수를 느끼는 사람들이 있다. 이는 개인으로부터 높은 세율의 세금을 거두어 국가가 처분하도록 허용하는 것을 뜻한다. 사람에 따라 이런 정체를 환영하는 사람들도 있겠지만 "어떻게 그런 정체에서 살 수 있는가?"라고 비판하는 사람도 있을 것이다.

경제학자 장하준 교수는 "경제 민주화의 핵심은 시민권에 바탕을 둔 보편적 복지국가"라고 주장한다. 하지만 현실 정치와 행정을 두루 경험한 강봉균 전 의원(건전재정포럼 대표)은 그런 주장에 걱정이 크다.

그는 "글로벌 금융 위기, 유로존 재정 위기 등으로 세계 경제가 어려운 이때 새로 출범한 정부의 최대 과제가 보편적 복지라는 데 동의할 수 없다. 남유럽 국가 경제가 이렇게 된 게 불과 5~6년 사이 일이다. 정부가 까딱 잘못하면 건전 재정이 무너지는 건 순식간이다"라고 경고한다. 로맨티스트와 리얼리스트가 세상을 바라보는 관점은 이처럼 판이하게 다르다.

정치·사회적인 문제를 해결하는 데서 우리가 잊지 말아야 할 점은 인간은 본성적으로 자기 것에 애착이 있는 존재이며, 자신의 것을 인정할 때 더 잘할 수 있는 존재라는 점이다. 이런 본성을 잘 이해하고 올바로 담을 수 있는 정책과 정체가 번영하는 국가로 가는 지름길이다.

오늘날 대학마다 취업률 높이기에 열을 올린다. 대학 평가에 중요한 비중을 차지하기 때문이다. 교육을 담당하는 부처에서는 그런 조치들이 필요할 것이다. 그러나 한번 생각해 보자. 일자리의 총량이 정해져 있는 상태에서 대학 간 경쟁을 촉진한다고 해서 큰 도움이 되겠는가? 우리가 진정으로 신경을 써야 할 일은 괜찮은 일자리 자체를 더 늘리는 일이다.

존 스토셀은 "정부는 경제를 다시 살릴 수 있다"라고 여기는 세상 사람들의 통념에 대해 "정부는 개인보다 더 돈을 제대로 못 쓴다"라며, "문제가 생길 때마다 정부가 나서야 한다!"라는 통념에 대해 "정부가 아니라 개인이 나서야 한다!"라고 조언한다.

일자리를 만들어내야 한다고 동분서주하는 정치인이나 관료들이라면 기업들이 점점 증가하는 비용 부담과 경직된 제도의 틀 속에서 과연 투자할 동기가 생길지 생각해 봐야 한다. 정부가 발등에 떨어진 불을 끄기 위해 기업들에 더 큰 부담을 지우는 상황에서 괜찮은 일자리를 만들어내는 일은 쉽지 않다.

우리가 고민하는 현안 과제들의 겉모습은 다를지라도 대부분 나의 몫이 얼마이며 국가의 몫은 얼마인가라는 공유제와 관련되어 있으며 이는 경제 주체들의 의욕이나 의지와 직접 연결되어 있다. 대체로 인간이란 해야 하기 때문에 움직이는 존재가 아니라 이득이 되기 때문이 움직이는 존재임을 잊지 말아야 한다.

재산 공유제는 더 많은
분열과 분쟁을 일으킨다

"플라톤이 내놓은 제도(재산 공유제와 처자 공유제)는 매력적이고 인간적인 것처럼 보인다. 이런 제도에 관해 듣는 사람은 만인이 만인에 대해 놀라운 친애를 느끼고 이를 기꺼이 받아들일 것인데, 지금 여러 국가의 정체에서 존재하는 악들, 예를 들어, 계약 파기로 인한 상호 고소, 위증으로 인한 재판, 부자들에 대한 아첨 등은 재산 공유제가 이루어지지 않았기 때문이라는 말에 더욱 귀가 솔깃할 것이다. 하지만 이런 악들은 재산 공유제가 시행되지 않아서가 아니라, 인간의 타고난 사악함 때문에 발생하는 것이다. 눈여겨보면 재산을 공유하고 공동으로 사용하는 사람들이 재산을 사유하는 사람들보다 서로 분쟁에 말려드는 경우가 더 많다. 다만 재산을 공동으로 사용하다가 분쟁에 말려드는 사람들이 재산을 사유하고 있는 많은 수의 사람들보다 적어 보일 뿐이다." 제2권 5장 1263b15~26

"친구와 멀어지고 싶다면 동업을 하라"라는 말이 있다. 그만큼 누군가와 경영권을 공동으로 소유하고 일하는 것이 매우 미묘하고 어려운 일임을 방증하는 이야기일 것이다. 소유자가 둘이기 때문에 벌어지는 절차상의 복잡함도 많겠지만, 그 본질에는 더 많은 이익을 가지고픈 인간의 욕심이 깔려 있기 때문이다.

이처럼 경영권이 공유재산의 대상이 된다면 어떤 일이 일어날까? 이는 내가 오래전 잠시 사업에 뛰어들어 경험했던 이른바 공동 사장제 혹은 공동 경영권을 떠올리게 한다. 경영권 역시 좁은 의미의 재산권에 해당한다. 그런데 사장이 한 명이 아니라 두 명이나 세 명이고 이들 사이에 권한이 명확하게 구분되어 있지 않을 때 조직은 산으로 올라간다. 의사결정을 두고 사사건건 힘겨루기가 벌어지고 각 사장을 중심으로 계파가 생기게 마련이다.

결국 공동 경영권을 행사하는 사장들도 피해자가 되고 회사의 성과도 추락하게 된다. 경영권에서 권리가 명확하지 않을 때 분란이 끊이지 않는 것은 재산 공유제의 상황과 맥을 같이한다고 할 수 있다.

플라톤은 재산 공유제가 도입되기만 하면 계약 파기로 인한 상호 고소, 위증으로 인한 재판 등 다양한 사회악들이 없어질 것으로 예상했다.

그러나 플라톤의 이러한 판단에 대한 문제점을 아리스토텔레스는 정확하게 진단한다. 사회악의 원인이 사유재산제에서 비롯되는 것이 아니고 인간의 타고난 사악함 때문이라는 것이다. 아리스토텔레스는 인간의 사악함이 사라지지 않는 한 사유재산제에서보다 공유재산제에서 더 많은 분란이 생겨난다는 사실을 강조한다.

오늘날에도 언론에 자주 등장하는 예산 낭비 사례들은 소유권이 명확하지 않은 돈이나 사업에서 어떤 일이 벌어질 수 있는지를 단적으로 보여준다. 특히 이런 사례가 공론화되었을 때 어김없이 나오는 대책은 단속과 처벌을 강화해야 한다는 것이다. 양식 있는 소수를 제외하고 다수는 공유제를 악용하려는 본성이 있을 텐데 어떻게 일일이 다 막을 수 있겠는가?

구소련의 재산 공유제가 말해 주는 진실

플라톤은 재산 공유제가 적용되는 대상을 한 국가를 구성하는 세 계급인 수호자, 전사, 농민 가운데서도 수호자 그룹만으로 한정했다. 한 사회의 지도자 그룹에 해당하는 수호자들이 재산을 갖지 않으면 분쟁이나 불화가 일어나지 않을 것으로 예상했기 때문이다. 그가 농민에 대한 재산 공유제를 주장하지 않은 것은 이것이 농민들을 게으르게 할 수 있음을 익히 알고 있었기 때문이다.

사유재산이 인정되지 않던 구소련 체제는 농민들에 대한 재산 공유제가 어떻게 작동되는지를 보여주는 역사적 사례이다. 구소련 시기에 모스크바 시민들 가운데 80퍼센트는 각자 형편에 맞는 별장(다차)을 갖고 있었다. 별장에 딸린 텃밭의 경작 면적은 소련의 전체 경작 면적의 3퍼센트를 차지했지만 전체 농작물 생산량의 25퍼센트를 차지할 정도로 생산성이 높았다. 이를 뒤집어 보면 소련인들은 공동 경작지에서는 대충 일하고 주말에 자기 텃밭에서는 열심히 경작하는 식이었던 것이다.

나믹(N. Namik) 박사의 「직장에서 일하지 않는 증거」라는 논문에 소련인이 세계 최고의 문화 활동을 하게 된 이유를 설명한 부분이 있다. 인구 비례로 보면 구소련에는 음악가, 화가, 발행인, 연극인, 운동선수가 유난히 많았는데, 화가는 프랑스보다 20~30배 많고, 독서량은 독일인보다 10배나 많았다. 사람들은 직장 근무 중에도 별로 개의치 않고 문화생활을 즐길 수 있었는데 이는 직장의 노동 강도가 별로 세지 않았다는 증거이다.

소련의 붕괴 원인 및 사회·경제 실태를 분석한 하정수의 『러시아는 어디로』라는 책을 보면 안드로포프 서기장 집권 시절에는 별난 일이 있었다. 떨어지는 생산성을 만회하기 위해 직장인들에게 근무 중에 공무 외에는 직장을 벗어나지 못하게 했다. 그러자 생산성이 오르는 것이 아니라 직장에서 소설책을 많이 읽음으로써 소설책 판매량이 오히려 급증하고 잡담 시간이 크게 늘어났다고 한다.

이런 현상이 특정 조직의 문제가 아니라 러시아 사회 전체에 만연되었기 때문에 시간이 갈수록 그 체제로는 생산성을 유지할 수 없었다. 어떤 국가라도 물적 기반 없이는 자급자족을 할 수 없다. 그런데 물적인 생산이 이루어지는 현장에서 나태함이 성행한다면 그런 국가는 낮은 생산성 때문에 자급자족이 불가능해질 것은 뻔한 일이다.

동서고금을 막론하고 자기 노력으로 자기 것을 만들 수 없다면 사람들이 보이는 행동은 비슷할 수밖에 없다. 인간의 본성이 비슷하기 때문이다.

주기적으로 반복되는 북한의 기근 문제 해법도 농토의 일부를 농민들에게 돌려주는 농지 개혁에 있다. 반복적으로 일어나는 북한의 홍수 피

북한 민둥산 연평도에서 바라본 황해남도 해안에 나무가 없는 민둥산이 곳곳에 보인다. 사유재산을 허용하지 않음으로써 자원과 재산에 대한 자발적 노력과 관심을 일으키는 데 한계를 드러내는 북한 경제를 상징하는 듯하다.

해는 땔감이 부족해 민둥산을 만든 탓이지만 이 역시 근본 요인은 산이나 임야에 대한 사유재산의 부재에서 비롯된 일이다.

농지에 대한 사유재산이 인정되지 않기 때문에 농업 생산성이 낮아지고 이를 만회하기 위해 북한 당국은 산비탈에 '뙈기밭'이라 불리는 계단식 밭을 만들어서 경지를 늘리는 작업을 시작했다. 누구의 소유도 아니기 때문에 식량난과 연료난을 극복하기 위해 그 산의 나무들을 마구 베었고 여기에다 계단식 밭까지 조직적으로 만들면서 민둥산은 크게 늘어났다.

서로 다름을 허용하면서 한방향을 향하여

한편 아리스토텔레스는 플라톤이 주장하듯 수호자에 대해서는 재산 공유제를, 농민에 대해서는 사유재산제를 도입하면 더욱 가공할 만한 폐해가 발생할 것으로 보았다. 그 폐해는 바로 재산을 소유할 수 없는 무산계급인 수호자 그룹과 유산계급인 농민 그룹 사이의 계급 전쟁 발생 가능성이었다.

재산이 있는 사람과 없는 사람 사이에는 세상을 바라보는 관점의 차이가 클 수밖에 없다. 이에 대해 아리스토텔레스는 플라톤의 바람과 달리 "농민들에게 사유제를 도입하면 한 국가 안에 서로 적대적인 두 국가가 생겨나게 될 것"이라고 말했다.

누군가 열심히 일해서 무산계급을 먹여 살린다고 가정해 보자. 농민들 사이에서 "누구는 뼈 빠지게 일하고 누구는 놀고먹는다"라는 원성이 나오기 시작하면 문제는 더욱 심각해진다. 이에 대해 아리스토텔레스는 농민들이 농토를 소유하고 수호자 계급에게 일정한 보수를 지불하게 된다면 농민들은 스파르타의 노예인 헤일로타이보다 더 다루기 힘든 존재가 될 것이라 보았다. 왜냐하면 '수호자 그룹을 먹여 살리고 있다'는 농민들의 자부심은 그 그룹에 대한 존경심을 깎아 먹게 될 것이었기 때문이었다.

아리스토텔레스는 또한 플라톤이 다음과 같은 추가 질문들에 대한 답을 전혀 하지 않았다고 말한다. 첫째, 농민들에게도 처자와 재산 공유제가 똑같이 필요한지의 여부, 둘째, 이와 연관된 관련 질문인 농민들의 국가 내에서의 위치, 그들이 받아야 할 교육의 성격, 그들이 지켜야 할 법률의 성격 등이다.

그런데 이 질문들은 사소한 질문이 아니다. 그 답에 따라 공동체 성격이 바뀔 수도 있기 때문이다. 플라톤은 이런 체제의 위험성에 대해 언급하지 않았기 때문에 아리스토텔레스는 그의 의도를 정확히 알 수 없다고 말한다. 다만 아리스토텔레스는 플라톤의 구상대로라면 국가 안에서 더욱 큰 분규가 발생할 수 있기 때문에 바람직하지 않다는 결론을 내린다.

당시 공유제에 기초한 플라톤식 개혁은 사유제에 바탕을 둔 기존 질서를 뒤엎을 수 있는 혁명적인 제안이었는데 플라톤의 제안에도 불구하고 당시에 대부분의 폴리스들은 사유재산제와 개별 가족제도를 채택하고 있었다.

2,500년 전의 논의와 관련해, 불과 100여 년 전에 왜 그렇게 많은 나라들이 공산주의나 사회주의를 선택해 재산 공유제의 길로 달려갔을까 하는 생각을 하게 된다. 시장경제의 폐해가 노출되면 될수록 우리가 기억해야 할 것은 정체의 개선안을 찾을 때도 항상 지나친 공유제의 추구와 이를 통한 극단적인 통일성의 추구가 가져올 수 있는 폐해를 균형 있게 볼 수 있어야 한다는 점이다.

결국 정치와 경제를 움직이는 것은 사람들임을 잊지 말아야 한다. 사람의 본성에 대한 깊은 통찰은 잘못된 선택으로 인한 비용을 줄이는 방법을 일러준다.

훌륭한 국가는 합주이지 단선율의 음악이 아니다

"소크라테스가 오류를 저지른 이유는 논의의 출발점인 통일성에 대한 가정이 잘못되었기 때문이다. 가정과 국가 모두 어느 측면에서는 통일성이 있어야 한다. 그러나 그것이 총체적 통일성이어서는 안 된다. 통일성에도 어떤 한계선(線)이 있어 그것을 넘어서면 국가가 국가이기를 멈추거나, 아니면 국가이기를 멈추지 않더라도 열등한 국가가 된다. 그것은 마치 합주(合奏)를 단선율(單旋律)로, 리듬을 하나의 박자로 바꾸는 것과도 같다. 앞서 말한 바와 같이 하나의 복합체인 국가는 교육에 의해 공동체가 되고 통일체가 되어야 한다. 따라서 국가의 선(善)을 얻을 수 있으리라는 믿음으로 교육제도를 도입하려던 소크라테스와 플라톤이 라케다이몬이나 크레테에서처럼 철학이나 관습이나 법률이 아니라 그가 제안하는 공유 제도들로 국가를 바꿀 수 있다고 믿는 것은 놀라운 일이 아닐 수 없다." 제2권 5장 1263b29~40

"서로 다르지만 한방향을 향하여."

아리스토텔레스가 하고 싶은 말일 것이다. 그의 본성론을 굳이 언급하지 않더라도 인간은 서로 타고난 재능과 자질이 다르다. 국가 공동체가 추구하는 정체는 '저마다의 소질과 능력을 한껏 발휘하도록 만드는' 것을 목표로 삼아야 한다. 이를 위해 교육이나 제도를 정비해야 하지만 지나친 수준의 공유제 도입과 같은 방식으로 통일성을 강제하는 것은 국가의 존립을 어렵게 한다.

이런 점에서 "하나의 복합체인 국가는 교육에 의해 공동체가 되고 통일체가 되어야 한다"라는 아리스토텔레스의 주장은 오늘날에도 여전히 강조되어야 한다.

우리가 하나의 국가 공동체를 이루고 살면서 훌륭한 시민의 조건을 배우고, 지향해야 할 정체에 대해 배우고, 올바른 역사 교육을 통해 역사관을 공유하고, 국민의례를 통해서 애국심을 고취하는 일은 교육을 통해서 통일성을 키우는 일이다.

플라톤이 훌륭한 국가를 이야기하면서 잘못을 범한 것은 '공유제를 실시하기만 하면 사회악의 대부분은 사라지고 말 것'이라는 가정에서부터 비롯된다.

그렇다면 훌륭한 국가에 대한 플라톤의 제안에 담긴 근본적인 문제점은 무엇일까? 공유제를 주장하는 플라톤의 문제점은 극단적(총체적)으로 통일성을 추구한다는 점이다.

국가 역시 다른 공동체들과 마찬가지로 일정 부분 통일성을 추구해야 하지만 이것이 극단적으로 치달으면 두 가지의 파괴적인 결과를 낳게 된다. 하나는 국가 존립 기반이 흔들리는 것이고, 다른 하나는 열등한 국가가 되는 것이다.

총체적인 통일성을 추구하는 국가가 처하게 되는 운명은 고대 그리스 시대에만 적용되는 이야기는 아니라고 본다. 현대 국가에서 거대 정부를 지향했고 지향해 왔던 국가들의 운명을 보면 알 수 있다.

극단적인 통일성 추구의 문제점

아리스토텔레스는 극단적인 통일성을 추구하는 정체에 대해 "마치 합주를 단선율로, 리듬을 단 하나의 박자로 바꾸는 것과도 같다"라고 비유했다.

국가의 구성원들에게는 다양한 직분과 능력이 있기 때문에 이를 하나로 통일시키기보다는 저마다의 소질과 능력을 한껏 발휘하도록 만드는 것이 국가의 책무이다. 국가는 공동체로서의 존립 기반을 확보하기 위해서 지나친 빈부 격차를 해소하고 특정 부류 사람들에 의한 경제적 독식 구조를 막는 조치를 취해야 한다. 그러나 이러한 조치가 민간의 창의를 질식시킬 정도라면 문제가 된다.

아리스토텔레스는 플라톤처럼 완전 공유제가 아니라 "하나의 복합체인 국가는 교육에 의해 공동체가 되고 통일체가 되어야 한다"라고 주장한다.

물론 플라톤 역시 그의 대표 저작인 『국가』와 『법률』에서 많은 부분을 시민 교육에 할애하고 있기는 하다. 아리스토텔레스는 이와 관련해서, 국가를 건강하게 만드는 수단으로 교육제도의 도입을 열심히 설파하던 사람이 재산 공유제와 같은 급격한 제도 개혁을 통해 총체적 통일성을 만들어내려는 것은 문제가 있다고 비판한다.

계층 이동의 폐쇄성

공유제 외에도 소크라테스와 플라톤이 제시하는 정체 개혁안 가운데는 또다른 문제점이 있다. 하나는 특정 그룹에 속하는 사람들만이 지도자가 될 수 있다는 폐쇄성이다. 이 부분은 오늘날과 같이 빈부 격차가 확대되는 데 따른 고민이 깊어가는 시점에서 주목해 볼 만하다.

플라톤은 국가의 구성원들을 '돈벌이를 주로 하는 종족', '보조 역할을 하는 종족', '나라를 통치하는 종족', 세 계급으로 나누고, 이들은 태어날 때부터 결정된 사람들이며 이는 변하지 않는다고 말한다. 이에 대해 아리스토텔레스는 "농민이나 장인들의 자식으로 태어난 자는 수호자(지도자) 그룹으로 이동할 수 없다"라고 지적하며 다음과 같이 말한다.

"소크라테스가 언급한 통치자 임명 방법 역시 위험하다. 그는 언제나 같은 사람들이 지배하게 만든다. 이것은 자긍심이 없는 계층에게 파쟁의 원인을 제공할 뿐만 아니라 기개가 넘치는 전사 계급에게는 더더욱 파쟁의 원인을 제공한다." 제2권 5장 1264b6~9

기개가 넘치고 유능한 전사가 있다면 그는 당연히 전쟁터에서 공을 쌓은 다음에 다스리는 자로서 나라에 공헌하고 싶어 할 것이다. 그런데 이런 희망이 처음부터 봉쇄된다면 그런 전사는 어떻게 행동하게 될까? 당연히 체제를 뒤엎는 반란을 꿈꾸게 될 것이다.

플라톤도 이런 가능성을 충분히 인정하지만 자신의 계급을 벗어나는 행동을 하는 것은 올바르지 않다고만 이야기할 뿐이다. 그의 이론 체계는 엄격한 계급제 사회를 바탕으로 하고 있다는 한계가 분명하다.

인간은 무엇으로 사는가? 역경에 처하더라도 그 역경 속에서도 희망의 불씨를 볼 수 있다면 살아갈 수 있다. 하지만 더 이상 어디에서도 희망을 찾을 수 없다면 그때는 증오심과 적개심이 생기고 정체를 변혁하려는 시도, 즉 체제를 뒤엎을 방법을 찾게 될 것이다. 그래서 국가 공동체를 이끄는 이들은 사람들 사이의 친애감을 고양해야 하고 동시에 적개심이 일어나지 않도록 노력해야 한다.

모든 인간에게는 정치적 욕구가 있기 때문에, 정치 참여에 대한 문호가 개방된 상태에서 자유의지로 정치에 참여하지 않는 것과 처음부터 참여할 수 없는 것 사이에는 차이가 있을 수밖에 없다.

다수는 이것을 체념하며 받아들이겠지만 소수는 야심을 품을 것이다. 더 나은 세상을 꿈꾸게 되고 이것이 체제의 혼란을 가져올 수 있다. 바로 이 점을 아리스토텔레스는 걱정했다.

역동적이고 유연한 사회에서 개인이 행복해질 수 있다

급격하게 성장하는 사회는 그 자체만으로 계층 이동의 역동성이 보장되지만 나라가 기틀을 잡아갈수록 계층 이동의 역동성이 떨어진다.

이런 사회가 현실적으로 선택할 수 있는 방법은 어떤 것이 있을까? 역차별적인 정책이라는 비판을 받더라도 소외된 사람들에게 일정 부분 문호를 개방하는 조치가 필요하다. 비용이나 효율성 면에서 경제 논리로는 다소 이해가 되지 않더라도 이런 정책을 시민들에게 가시적으로 보여줄 필요가 있다.

노력이나 행운으로 더 많은 것을 갖게 된 사람들의 입장에서도 깊이 생각할 필요가 있다. 가능한 한 상대적 박탈감을 조장하지 않도록 처신하고 크고 작은 감동을 선보여야 하며. 기부나 자선에도 더 적극적으로 나서야 한다.

이성적으로 보면 열심히 일해서 더 많은 세금을 내는 것만으로 충분하다고 할 수도 있다. 그러나 고대 그리스 시대의 민주정체를 살펴보면 민중을 감동시키기 위한 부자들의 체계적인 노력이 꾸준히 이루어졌음을 알 수 있다. 이는 논리나 이성의 문제가 아니라 수적으로 다수를 차지하는 사람들의 감정을 관리하는 의미로 이해할 수 있다.

"그들에게 감동을 선물해 보라!"라는 것이 격차 확대의 시대에 우리가 새겨야 할 조언이다.

인간이란 본래 시기심과 욕심이 있기 때문에 자기보다 더 많이 가진 사람이나 계층에 대한 적대감을 품게 마련이고, 그럼에도 그러한 적의를 없애려는 노력은 국가 공동체 차원에서 중요한 과제이다.

계층 이동이 좀더 원활하게 이루어질 수 있도록 다양한 방법을 찾는 것은 현대 민주주의 정체를 선택하고 있는 나라에서도 중요하다. 인간은 희망을 먹고 사는 존재이기 때문이다. 계층 이동의 가능성이 많으면 많을수록 그 사회는 더 희망적이다. 정치가 맡아야 할 역할이 바로 이것이다.

시민 개개인이 자신의 재능을 발견하고 이를 한껏 발휘해 행복을 추구하게 돕는 나라, 그것이 우리 모두가 소망하는 국가일 것이다. 마치 오케스트라의 단원들이 저마다 연주를 하지만 통일된 소리를 내는 것처럼 말이다.

그런 합주가 가능하도록 하는 데 최상의 정체는 어떤 것일까? 그런 정체를 만들기 위해서는 어느 정도의 통일성도 추구해야겠지만 저마다의 소질과 능력을 발휘하게 하는 교육이 무엇보다 중요하다.

빈부격차 해소를 위해
욕망을 관리하라

"모든 갈등과 분쟁이 재산 문제 때문에 발생하기 때문에 재산 소유에 대해 적절히 규제하는 것이 가장 중요하다고 주장하는 사람들이 있었다. 이들 가운데 모든 시민의 재산 소유는 균등해야 한다고 처음으로 주장한 사람은 칼케돈의 팔레아스(Phaleas)이다. (……) 그러나 모두에게 똑같이 재산의 규모를 배정하더라도 그것만으로는 아무런 도움이 되지 않는다. 재산을 평준화시키기보다는 욕구를 평준화시키는 것이 더 필요하다, 왜냐하면 욕구의 평준화는 법에 의해 적절히 훈련받지 않는다면 얻을 수 없기 때문이다. 그러나 팔레아스는 아마도 이것이 바로 자기가 주장하는 것이라고 대답할 것이다. 국가는 재산의 평준화뿐만 아니라 교육의 평준화도 함께 추구해야 한다는 것이 그의

의견이기 때문이다." 제2권 7장 1266a36~39, 1266b27~34

"유럽 경제의 우등생, 독일."

하지만 한 언론은 독일 역시 건실한 성장 속에서도 빈부 격차 확대라는 문제에서 자유롭지 않다고 보도한다. 지난 20년 사이에 가계의 총자산은 2배 이상 증가하여 10조 유로나 되었지만, 상위 10퍼센트가 그 자산의 절반 이상을 소유하고 하위 50퍼센트가 차지하는 비중은 1퍼센트에 불과하다고 한다.

사람 사는 곳은 어디를 불문하고 빈부 격차의 문제를 안고 있다. 과거에도 빈부 격차 문제는 있었기에 새로운 현상은 아니지만 최근 들어 문제가 더 불거지게 된 것은 부자들이 사는 삶을 다들 생생하게 지켜볼 수 있게 되었기 때문일 것이다.

볼 수 없거나 알 수 없다면 더 나을지도 모르는데 각종 언론 매체, SNS 등의 발달로 자꾸 볼 수밖에 없고 알 수밖에 없는 것이 현대인들이다. 이제 끊임없이 자신과 타인을 비교할 수밖에 없는 상황에 놓이게 되었다.

고대 그리스 시대를 살았던 사람들은 재산 소유의 격차 문제를 어떻게 생각했을까? 플라톤을 비롯해서 많은 철학자나 정치가들이 정체에 중요한 영향을 끼치는 재산 소유에 대한 의견을 내놓았는데, 그 가운데 대표적인 인물이 칼케돈의 팔레아스(기원전 4세기 초엽의 아테네 정치가)이다.

그는 "모든 시민의 재산은 균등해야 한다"라고 주장했다. 그는 균등한 재산 소유가 신생 폴리스에서는 어렵지 않게 실현될 수 있다고 보았다.

폴리스가 만들어질 때 모든 시민들에게 토지를 균등하게 배분하면 되었기 때문이다. 기존 폴리스에서도 불가능한 일은 아니라고 보았다.

팔레아스의 주장에 따르면 부자들은 신랑 신부의 지참금을 받지 않고 가난한 사람들은 받을 수 있도록 허용하면 오래지 않아 재산이 균등해질 수 있다고 보았다.

빈부격차 문제 해결을 위한 재산의 평준화?

플라톤은 『법률』에서 재산의 평준화로 빈부 격차 문제를 해결하기 위한 구체적인 방안을 제시함과 아울러 재산 소유의 상한선과 하한선, 즉 부의 상한선(the limit of wealth)과 가난의 하한선(the limit of poverty)을 법률로 제정해서 강제해야 한다고 했다. 어떤 나라라도 극심한 불화나 내란에 말려들지 않으려면 극심한 가난과 부를 막아야 하기 때문이다.

그의 주장은 아테네의 식민지로 새로이 건설되는 국가를 대상으로 했는데, 기존의 국가에서는 어떻게 한다는 것인지 구체적인 안이 없다.

새로운 국가로 이주하는 이주민들은 추첨에 의해 할당된 토지를 갖게 되는데 이때의 토지 가치가 가난의 하한선에 기준을 제시한다. 가난의 하한선은 추첨에 의해 할당된 토지 가격을 기준으로 그 이하로 떨어지는 것을 말한다.

새로운 부의 상한선으로는 추첨으로 할당된 토지의 가격을 기준으로 그 2~4배까지는 획득하는 걸 허용하지만 어떤 시민도 5배 이상의 재산을 소유하는 것을 허용해서는 안 된다고 했다. 이를 넘어설 때는 자진해서 신들에게 바쳐야 하고 이를 어길 때는 처벌을 받아야 한다고 주장한다.

흥미로운 점은 누군가가 재산의 상한선을 넘어서는 경우, 그 부자를 고소하는 시민에게 몰수한 것의 절반을 가질 수 있도록 한 점이다. 나머지 절반은 신들의 몫이 된다.

고대 그리스 시대에도 빈부 격차가 컸고 이 문제를 두고 고심했다. 팔레아스의 주장을 언급하는 아리스토텔레스에게서 우리는 재산 분배에 대한 당시의 분위기와 그의 생각을 엿볼 수 있다.

설령 재산을 똑같이 분배하는 데 성공하더라도 분배받은 이후에 소유자들이 이를 팔면서 재산의 균등 분배는 다시 깨지는 상황이 종종 발생했다. 이에 몇몇 국가에서는 재산 매도를 금지하거나 허락을 받고 재산을 처분할 수 있도록 했다.

살다 보면 재산을 모으는 일은 개인의 노력도 중요하지만 행운이란 요소의 돌발성을 무시할 수 없다. 어떤 사람은 재산을 처분해야 할 일이 생기고, 어떤 사람은 큰 재산을 모으기도 한다.

이재에 밝은 사람들은 하루가 다르게 재산을 불려갈 수도 있고 그 반대 경우도 있을 수 있다. 몇십 년을 열심히 일해서 받은 퇴직금을 사기당해 하루아침에 날린다거나, 큰 재산 없이 그저 평범하게 살아가던 사람이 갖고 있던 별 볼일 없던 땅이 하루아침에 신도시 건설 용지가 되어 큰돈을 만지기도 한다. 이 모든 것을 어떻게 관리할 수 있겠는가?

따라서 재산을 공평하게 나누어주는 일은 실행하기도 어렵지만 그것을 유지하기도 거의 불가능하다. 인간의 재능과 삶의 우연성 등을 모두 고려하면 재산의 평등화는 실현 가능성이 없는 주장이다.

"가난은 나라도 구제하지 못한다"라는 말에 대해서 사람마다 의견이 다를 수 있지만 나는 크게 공감하는 편이다. 물론 나라가 일정 부분 노력을 해야 한다는 것을 인정하지만 재산과 관련해서는 우연이란 변수가 정말 큰 역할을 한다.

그렇다고 해서 노력이 필요하지 않다는 말은 아니다. 성실하게 노력해야 하지만 운이 따라주어야 제법 큰 재산을 모을 수 있다는 말이다. 성실하면 웬만큼 재산을 모을 수는 있지만 큰 재산을 모으는 데는 노력이나 성실만으로 충분하지 않다.

그래서 아리스토텔레스가 대안으로 제시하는 것이 '재산의 평준화'가 아니라 '욕구의 평준화'이다. 그리고 욕구를 평준화하는 방법으로 교육을 드는데, 사실 이 또한 문제가 있다.

어떻게 욕망을 조절할 것인가

과연 교육을 많이 받으면 욕구를 제어하는 데 도움이 될까? 제대로 배우면 욕망을 다루는 능력을 키우는 데 어느 정도 도움이 될 것이다. 하지만 일반적인 교육만으로 욕망을 다스리는 데는 한계가 있다. 왜냐하면 오랫동안 교육을 받았음에도 욕구가 더 강한 사람들이 있고 범죄자가 나오는 경우도 있기 때문이다.

이에 대해 아리스토텔레스는 "천편일률적인 교육은 돈이나 공직을 탐하거나 또는 이 두 가지를 모두 탐하는 인간을 양산하는 교육이 될 수 있기 때문에 오히려 쓸모가 없다"라고 말한다.

사람들에게 재산에 대한 욕망만 있는 것이 아니다. 재산보다는 오히려 공직에 대한 욕망이 더 강한 사람들도 많다. 이런 경우는 어떻게 해야 하는가?

이에 대해 아리스토텔레스는 "사람들 사이의 다툼이 일어나는 원인은 서로 다른데, 대중은 재산 분배가 불평등할 때 불평하고, 배운 사람은 공직 분배가 평등할 때 불평하기 때문이다"라고 했다. 다시 말하면 다양한 인간의 욕구를 평준화하는 일은 재산의 평준화 못지않게 어렵다.

재산의 평준화를 주장했던 팔레아스가 놓쳤던 부분은 인간이 단순한 존재가 아니라는 점이다. 만약 인간이 단지 필요의 충족에 따라 움직인다면 재산의 평준화로 문제를 해결할 수도 있겠지만 인간은 욕망에 따라 움직이기도 하기 때문에 재산의 평준화는 아주 작은 해결책에 불과하다.

따라서 아리스토텔레스는 "팔레아스가 제안한 것과 같은 정체는 작은 범죄에 대해서만 대책이 될 수 있는 셈"이라고 결론짓는다. 문제는 재산이건 다른 욕구이건 간에 그것이 완전히 충족될 수 있는가 하는 점이다. 아리스토텔레스는 구조적으로 재산의 평준화나 욕망의 평준화가 어려운 이유를 이렇게 설명한다.

"모든 시민들의 재산을 평준화시킨 법률은 시민들 간의 파쟁을 막아준다는 이점이 있기는 하지만, 불화를 방지하는 효과는 크지 않다. 첫째, 배운 자는 자신들이 당연히 더 받아야 한다고 생각하고는 이런 평등에 불만을 느낄 것이고, 그것이 가끔은 혁명과 파쟁의 원인이 되기도 하기 때문이다. 둘째, 인간의 욕구는 충족될 수 없기 때문이다. 처음에 사람들은 배심원이나 수병 등과 같이 공직 수행의 일당으로 2오볼로스(obolos, 고대 그리스의 화폐 단위, 기원전 425년 민중 선동가 클레온은 일당을 1오볼로스에서 3오볼로스로 인상하여 아테네 시민들의 지지를 얻었음)만 받아도 만족하지만, 이 금액이 습관화되면 더 많은 것을 요구하게 되고, 그들의 요구는 한계가 없다. 욕구는 본래 한계가 없고, 대부분의 사람들은 욕구의 충족을 위해 살기 때문이다." 제2권 7장 1267a37~1267b4

1953년 8월, 휴전협정에 조인한 지 한 달이 조금 지난 어느 날, '8·15

광복절 및 이승만 대통령 재취임 1주년 기념 행사'가 중앙청 광장에서 열렸다. 6·25전란 속에서 나라를 구한 사람들이 모여 애국가를 부르고 한국군의 시가 행진이 이어졌다. 흑백의 대한뉴스를 보던 내 눈에서는 눈물이 흘러내렸다. 부모 세대의 고단한 삶의 모습과 남루한 행색이 그곳에 고스란히 담겨 있었기 때문이다.

이제 한국인들의 삶은 참으로 좋아졌지만 지금 이 땅에서 사람들이 과연 행복을 느끼는가 하는 점에서 선뜻 '그렇다'라고 답하기가 망설여진다. 인간은 아무리 많은 것을 가져도 끊임없이 남과 비교하면서 스스로 불만을 만들어내는 성향이 강하기 때문이다.

그래서 욕망은 평준화 자체가 힘들다. 왜냐하면 인간의 선호가 너무 다르기 때문이다. 범죄라는 측면에서 욕망의 실체를 들여다보면 욕망의 평준화가 힘든 이유를 이해할 수 있다.

왜 인간은 범죄를 저지르는가? 대부분은 욕망 때문이다. 더 많이 갖고 싶고, 더 많이 경험하고 싶고, 더 많이 보고 싶고, 더 많이 맛보고 싶어 하는 욕망을 어떻게 평준화할 수 있을까?

아리스토텔레스는 인간이 범죄를 저지르는 경우를 세 가지로 나누어서 설명한다. 첫째, 생활필수품이 부족해서 범죄를 저지르는 경우, 둘째, 즐기기 위해서 혹은 욕망이 가져다주는 고통에서 벗어나기 위해 범죄를 저지르는 경우, 셋째, 고통이 수반되지 않는 쾌락을 즐기기 위해 범죄를 저지르는 경우이다.

그는 범죄의 세 가지 원인에 대해 각각 그 해결책을 제시하는데, 첫째 범죄에 대해서는 약간의 재산과 노동, 둘째 범죄에 대해서는 절제, 그리고 셋째 범죄에 대해서는 철학이다.

쾌락을 위해 저지르는 셋째 범죄의 유일한 해결책이 철학이라는 점이 흥미롭다. 어떻게 범죄의 해결책으로 철학이 도움이 될 수 있을까? 철학은 쾌락을 추구하는 자기 자신에 대한 이해를 돕고 쾌락의 본질에 대한 이해를 깊게 하여 스스로를 보호하는 데 도움이 되기 때문이다. 꼭 철학이 아니더라도 내적인 성찰을 통해서 자신이 느끼는 욕구의 본질을 이해하는 것도 도움 되는 방법이다.

그렇다면 이들 중에서 가장 큰 범죄인 둘째 범죄의 원인에 해당하는 욕구 과잉을 억제할 수 있는 방법은 무엇일까?

여기서 아리스토텔레스는 욕구 과잉을 다루는 방법에 대해 의미 있는 제안을 하는데, 공동체 전체의 욕구 과잉을 줄이는 방법으로 새겨볼 만하다. 그는 국가의 구성원들이 제 몫 이상을 갖지 않도록 유도해야 한다고 말한다.

"욕구 과잉 문제를 해결하는 방법은 재산을 평준화하기보다는 먼저 본성이 고귀한 자들은 제 몫 이상을 바라지 않도록 하고, 본성이 열등한 자들은 제 몫 이상을 가질 수 없도록 훈련시키는 것이 더 바람직하다. 본성이 열등한 자들이 제 몫 이상을 갖지 못하게 하려면 그들이 열등한 위치에 놓이면서도 부당한 대우를 받지 않게 해야 한다." 제2권 7장 1267b5~8

욕구 과잉 문제에서 국가의 구성원들 가운데 우선 솔선수범해야 할 사람은 '고귀한 자들'이다. 이들이 자기 자신이 당연히 가져야 할 몫 이상을 갖지 않도록 하는 일이 우선되어야 한다. 그래야 '열등한 자들'에게도 그것을 요구할 수 있다.

아리스토텔레스의 마지막 문장은 오늘의 한국인들도 새겨들어야 한다. 여기서 열등한 위치는 현대적 의미로 부족한 위치 혹은 어려운 상황에 놓인 사람들을 뜻한다. 특히 '그들(열등한 자들)이 열등한 위치에 놓이면서도 부당한 대우를 받지 않게 해야 한다'는 점이 중요하다.

예를 들어, 노동시장에는 현대판 신분제라고 부를 수 있을 정도로 정규직과 비정규직 사이의 차별 문제가 존재한다. 어떤 사람은 모든 비정규직을 당장 정규직화해야 한다고 주장하고 또다른 사람은 노동시장의 경직성이 존재하는 한 불가피한 조치라고 주장한다.

어떤 주장을 내세우더라도 정규직에 대한 과보호와 비정규직에 대한 차별 대우는 정의로운 일이 아니다. 각자가 가져야 할 마땅한 몫을 각자가 갖는 것과는 거리가 멀기 때문이다. 한쪽의 과잉(過剩) 보호와 다른 한쪽의 과소(過小) 보호 상태를 해소해 나가는 타협점을 찾아야 한다. 그렇게 하는 것이 정의로운 일이고 효율적이기 때문이다.

현대는 과거보다는 욕망의 절제나 자제가 힘든 시대이다. 자본주의는 끊임없이 욕망을 부추기면서 물건을 사고팔 수 있어야 돌아가는 체제이다. 우리가 사는 체제에서 과거에 비해 욕망을 스스로 억제하기 더욱 힘든 것은 현대 자본주의의 이런 구조적인 특성 때문이다. 게다가 정보통신 기술의 발전은 실시간으로 욕망을 부추기는 것을 가능하게 해주었다.

이러한 시대에 내면의 성찰과 철학 공부를 통해서 욕망을 적절히 조절하는 일은 각자에게 맡겨진 또 하나의 도전 과제이다.

완벽하지는 않겠지만 그래도 우리에게 도움이 되는 것은 욕망을 다스리는 방법을 스스로 익혀서 실천하는 일이다. 인문학 공부의 가치 가운데 하나는 욕망의 실체를 이해하고 이를 다스리는 방법을 가르쳐준다는 점이다.

민중은 달콤한 정치 선동에
흔들림 없이 중심을 잡아야 한다

"어떤 사람들은 솔론(Solon)이 훌륭한 입법자라고 믿으며, 오래된 과두정체를 철폐했고, 민중을 노예 상태에서 해방했으며, 정체의 다른 요소들을 혼합함으로써 아테네의 '전통적인 민주정체'를 확립했다고 말한다. 아레오파고스(Areopagos) 위원회는 과두정체의 요소이고, 공직자 선출 관행은 귀족정체의 요소이며, 배심재판 제도는 민주정체의 요소이기 때문이다. 사실은 아레오파고스 위원회와 공직자 선출 관행은 솔론 이전에 이미 존재해 왔던 것을 폐지하지 않고 존속시킨 것이다. 솔론이 한 일은 모든 시민들이 배심원이 될 자격을 부여함으로써 민중에게 권력을 주는 민주정체의 원칙(rule of the people)을 도입한 것이다." 제2권 12장 1273b35~1274a2

제2차 세계대전이 끝난 후, 이른바 냉전 시대에 미국과 러시아를 양축으로 하는 정치체제가 치열하게 경쟁했다. 베를린 장벽의 붕괴로 자본주의가 체제 경쟁에서 승리했음에도 불구하고 오늘날은 자본주의 내 체제 경쟁이 진행 중이다. 앞의 것이 '정치체제 간 경쟁'이었다면, 뒤의 것은 '자본주의 내 체제 경쟁'이라 할 수 있다.

우리 사회에서도 자주 등장하는 '제3의 길', '스웨덴식 복지국가' '사회적 시장경제' '따뜻한 시장경제' '창조적 자본주의' '신자유주의 비판' '복지국가의 실현' '중국의 국가자본주의' 등도 모두 자본주의 내 체제 경쟁을 드러내는 표현들이다. 이들의 공통점은 현행 체제를 고수한다거나 아니면 현행 체제에 만족할 수 없기 때문에 체제를 변형시켜야 한다는 주장들이다.

1,000여 개가 넘는 고대 그리스의 도시국가들은 서로 다른 정체로 경쟁하고 있었다. 『정치학』 제2권의 마지막 4개 장은 대표적인 4개의 도시국가, 즉 스파르타, 크레타, 카르타고, 그리고 아테네의 정치체제에 대해 설명하고 있다.

앞으로 다루게 될 제4권에서 다양한 정치체제에 대한 이야기가 자세히 다루어지기 때문에 여기서는 아테네의 정치체제 변천사를 중심으로 이야기를 풀어나가려 한다.

스파르타, 크레타, 카르타고는 귀족정을 채택하고 있었고, 아테네는 민주정을 채택하고 있었다. 그런데 이들 체제는 계속해서 변화해 갔는데 이런 맥락에서 아테네의 정체 변화를 살펴보는 일은 유익하다. 아테네의 정체 변화는 '훌륭한 국가란 무엇인가?' 하는 질문에 대한 답의 일부를 제공해 주기 때문이다.

대부분의 폴리스들과 마찬가지로 아테네 역시 초기에는 군주정이었다. 그러다가 기원전 8세기 무렵 왕정이 귀족정체로 바뀌게 된다. 귀족 출신인 아홉 명의 통령이 1년 임기로 행정·군사·제사를 담당했다. 그 밖의 귀족들로 구성된 장로회의가 이들을 보좌하는 형식이었다.

물론 시민들로 이루어진 민회가 있었지만 유명무실했고 시민의 발언권도 거의 없었다. 귀족정에서 귀족들만이 참정권을 가질 뿐 시민들에게는 그런 권리가 허용되지 않았다.

기원전 7세기가 되면 아테네에는 증가하는 인구와 이들을 먹여 살려야 하는 문제를 두고 사회적인 긴장감이 높아지고 이에 따라 귀족정치에 대한 불만이 터져 나온다. 토지 소유로 경제적 기반이 있던 귀족계급에 대항하여, 해외 식민지와 교역을 통해 부를 축적한 신흥 계급들이 등장하고 경제력을 갖게 된 시민들 또한 정치 참여를 요구하게 된다.

민중의 권한을 확대한 솔론의 개혁

솔론(기원전 640~기원전 560?)은 아테네의 정치가, 입법가, 시인으로 그리스 일곱 현인 가운데 한 사람이다. 아테네 시민들의 합의하에 정치 개혁을 위한 집행 조정자로 선출되어 배타적인 귀족정을 종식시키고 재산을 가진 자유민들에게 참정권을 허용하여 민주정의 초석을 놓은 인물이다.

아테네에서 빈부 격차가 커지자 빚에 시달리던 자작농 역시 귀족정치에 반발하게 된다. 이런 분위기를 반영하여 기원전 620년 무렵에 성문법이 만들어짐으로써 귀족계급은 전횡을 휘둘렀던 사법권을 상실하게

솔론 솔론의 흉상으로 알려진 고전적인 헤르메스 상. 고대 그리스인들을 위해 입법의 토대를 마련한 현자이다. 기원전 1세기, 피렌체, 우피치 미술관.

된다. 하지만 시민들은 여기에 만족하지 않고 더 많은 것을 요구한다.

이런 시대 상황에서 기원전 594년 기존 귀족들로부터도 인정받는 명문 귀족 출신인 솔론이 등장하여 아테네 역사에 획을 긋는 '솔론의 개혁'을 이뤄낸다. 솔론은 빚에 허덕이는 자작농을 구하기 위해 빚을 줄여주고, 빚을 갚지 못하면 그것을 갚을 동안 노예가 되어야 했던 '채무노예제'를 폐지했다.

그가 역점을 둔 것은 정치 개혁인데, 참정권을 행사할 수 있는 자격을 귀족에게 부여하던 것을 인구조사를 기초로 재산 정도에 따라 시민에게 차등해 부여했다. 왜냐하면 혈통은 어찌할 수 없지만 재산은 능력과 운에 따라 좌우되는 것이었기 때문이다.

솔론은 재산의 많고 적음에 따라 아테네 시민을 네 계급으로 나누었는데 수입이 많은 순서로 1계급, 2계급, 3계급, 그리고 무산자인 4계급으로 나누어 이들이 자신의 계급에 걸맞은 의무와 권리를 소유하도록 했다.

먼저 의무 면에서 으뜸은 군복무였다. 예를 들어, 1계급과 2계급은 자기 부담으로 군비와 군장을 맞추어 기병으로 병역에 종사할 의무를 졌다. 3계급은 중무장 보병으로 근무하고, 4계급은 경무장 보병이나 함대 승무원으로 병역 의무를 졌다.

그렇다면 권리는 무엇인가? 정부의 요직은 1계급과 2계급에게만 개방되었으며, 3계급은 행정 관료를 맡을 수 있었고, 4계급은 선거권이 있었지만 피선거권은 없었다.

아리스토텔레스는 아테네의 개혁을 주도한 솔론과 스파르타의 개혁을 주도한 리쿠르고스를 두고 이들이 모두 입법뿐만 아니라 정체의 틀을 짠 사람들이라고 언급한다.

그렇다면 솔론의 기여는 과연 어떤 것이었을까? 아리스토텔레스는 솔론이 민중에게 지나치게 많은 권리를 주었다고 불평하는 사람들에게 이렇게 이야기한다.

"솔론은 민중에게 최소한의 권한, 즉 공직자를 선출하고 공직자에게 책임을 묻는 권한만 주었던 것 같다. 그런 권한마저 없으면 민중은 노예나 다름없고, 그러면 국가에 적대적일 수밖에 없기 때문이다. 그러나 솔론은 공직자들을 모두 명망 있고 부유한 자들, 즉 1재산 계급과 3재산 계급과 2재산 계급에서 선출하게 했으며, 네 번째 등급인 제4계급에게는 공직을 개방하지 않았다." 제2권 12장 1274a13~21

결국 솔론 사후인 기원전 6세기 말엽에 이르면 그리스는 민주정체를 확립하게 된다. 어떤 국가든 구성원들을 몇 개의 계급으로 나누어서 부분적이더라도 참정권을 허용하지 않는다면 시민들은 폴리스에 적대감을 갖고 반란이나 역모를 도모할 가능성이 컸다. 특히 그들이 병역 의무를 수행하는데도 이에 상응하는 권리를 제공하지 않는다면 그들을 설득할 방법은 궁색해질 수밖에 없었다.

아리스토텔레스는 밀레토스의 히포다모스(정치에 실무 경험이 없는 사람으로 이상적인 정체에 관해 논한 최초의 인물)가 말한, 폴리스들 전반에 적용해야 할 공직 진출 원칙을 언급한다. 어떤 도시국가도 다수의 자유민들의 참정권을 보장하지 않는다면 유지되기 힘들다는 현실적인 필요성을 강조하기 위해서였다.

아리스토텔레스가 이상적인지 아닌지에 관계없이 다수에게 참정권을 허용할 때만이 정체가 유지될 수 있다는 점을 강조한 것은 그가 현실을 직시하는 현실주의자임을 말해 준다.

다수의 자유민에게 참정권을 허용하는 민주정은 역사 발전에서 불가피한 조치이다. 예를 들어, 1만 명 정도로 구성되는 폴리스 내에 시민을 세 개의 계급, 이를 테면 농민, 기술자, 전사로 나눈다고 가정해 보자. 이들 중에서 오로지 전사들만이 주요 공직에 참여할 수 있고 농민과 기술자들은 원천적으로 공직 진출 가능성이 봉쇄되었다고 하면 어떤 일이 벌어지게 될까?

아리스토텔레스는 히포다모스의 의견, 즉 "국정에 참여하지 못한 다른 두 계급이 어떻게 정체에 우호적일 수 있겠는가?"라는 말을 언급하면서 그의 의견에 동의한다. 국정에서 배제된 계급에 속한 사람들이 "나라를 위한 부담은 똑같은데 어떻게 너희들만 나라 일을 맡을 수 있는가?" 하는 불만을 터뜨리는 것은 자연스럽다.

세금과 병역을 부담한다면 당연히 참정권도 보장되어야 한다. 솔론의 개혁을 비롯해서 모든 정체 개혁의 핵심은 병역 의무에 걸맞은 공직자 진출 기회라는 권리를 주는 것이었다.

그러나 솔론의 개혁은 예기치 않은 세력의 출현을 가능하게 하는데, 이는 현대 민주정에서도 별다르지 않다. 권한을 가진 대중들에게 아첨하는 정치가들의 등장이다. 역사의 전면에 민중 선동가(데마고고스)가 등장하기 시작한다.

> "어떤 사람들은 솔론을 비난하는데, 그 이유는 솔론이 모든 사건에 대한 최종 결정권을 추첨으로 뽑힌 배심법정에 부여함으로써 현재의 정체가 가진 다른 요인들을 파괴했기 때문이다. 배심법정의 권한이 막강해지자 사람들은 참주정에서 참주에게 아첨했듯이 민주정에서 민중에게 아첨하기 시작했으며 정체를 지금과 같은 민주정체로 변경시켰기 때문이다. 아레오파고스 위원회의 권한을 축소시킨 것은 에피알테스와 페리클레스였으며, 페리클레스는 배심원에게 일당을 지불하는 제도(기원전 460)를 도입했다. 이렇듯 민중 선동가(dēmagōgos, demagogues, popular leaders)마다 지금의 형태와 같은 민주정을 갖추도록 민중의 권한을 강화했다." 제2권 12장 1274a3~1274a10

솔론 이후의 개혁

솔론이 공직에서 물러난 이후 아테네는 무정부 상태에 버금갈 정도의 혼란이 생겨나는데 이때 등장하는 명문 귀족 출신이 페이시스트라토스(기원전 600~기원전 527)이다.

그는 기원전 561년에 정권을 잡았지만 반대 세력에 의해 곧바로 추방되고 만다. 15년의 망명 생활 끝에 기원전 546년에 무력을 사용하여 아테네로 복귀한 이후 죽을 때까지 20년간 독재 정치를 했다.

그러나 기원전 510년 아테네의 귀족들은 스파르타의 후원을 얻어 독재 정권을 타도하게 된다. 당시 모든 사람들은 귀족정치가 부활할 것으로 예상했지만 독재 정권을 타도하는 데 앞장섰던 클레이스테네스(기원전 570~기원전 508)는 아테네의 귀족정치를 부활시키는 것은 올바른 선택이 아니라고 생각했다.

아리스토텔레스의 말을 빌리자면 그는 '보다 민주적인 방향으로 정치 체제를 개혁'했다. 민회의 강화, 500인 협의회의 창설에 덧붙여 민중들에게 상당한 권력을 쥐여주는 '도편추방제'를 도입하게 된다. 이 제도는 아테네에서 더 이상 독재가 불가능하도록 하기 위해 도입된 제도로서 민회에서 과반수 찬성만 얻으면 특정인을 10년 동안 해외로 추방할 수 있었다.

클레이스테네스가 행한 민회의 개혁으로 20세 이상의 아테네 시민이라면 누구나 참석해서 한 표를 행사할 수 있었다.

앞의 인용문에는 아테네 역사에서 매우 중요한 인물인 에피알테스가 등장한다. 그리스사 연구자들은 에피알테스가 행한 기원전 462/461년의 개혁을 아테네 민주정이 '온건한 민주정'에서 '급진적 민주정'으로 전환한 결정적 개혁으로 본다.

이 개혁은 귀족 세력의 보루였던 아레오파고스 위원회의 권력을 대폭 박탈하고 그 권력을 민회와 500인 협의회, 그리고 배심법정(시민법정)으로 분산하는 조치였다. 그의 개혁으로 말미암아 아레오파고스 위원회는 고의적인 살인 사건에 대해서만 재판권을 갖게 되었다.

이는 권력이 귀족으로부터 자유민에게 옮겨진 대표적인 사건이며, 솔론으로부터 시작된 민주정을 향한 체제 개혁이 실질적으로 자리를 잡게 되었음을 뜻한다. 그러나 에피알테스는 자신의 개혁 성과를 지켜볼 수 없었는데, 이유는 분노한 귀족들이 그를 살해했기 때문이다.

그의 개혁은 그를 이어 등장하는 페리클레스에 의해 수용되고 완성된다. 페리클레스(기원전 495~기원전 429)는 관직 추첨제의 확대, 관직과 배심원에 대한 수당 지불, 연극 수당 지급 등의 조치로 하층 시민들에게까지 완전한 참정권을 부여하게 된다.

'온건한 민주정'과 '급진적 민주정'을 가르는 기준은 참정권으로, 전자는 중간층 시민들까지 참정권이 보장되는 것을 말하며, 후자는 하층 시민들까지 정치 참여가 제도적으로 확고해지는 것을 말한다.

그때까지만 하더라도 정부 관리와 행정 및 군사 담당자는 민회에서 선거로 뽑았지만 페리클레스는 재능과 경험이 중요한 군사와 재정 담당자를 제외한 모든 공직을 추첨으로 뽑기로 했다.

또한 이 모든 공직자에게는 일정한 보수(기원전 460년 1오볼로스를 지불하지만 기원전 327년에는 6오볼로스까지 증가함)를 지불하게 했다. 보수 지불과 추첨에 의한 선택은 대단히 파격적인 조치로 역사상 처음 있는 일이었다.

당시만 하더라도 모든 시민이 공직을 맡을 수 있다는 것을 인정했음에도 스스로 생계를 꾸릴 만한 재산을 갖지 못한 사람은 공직을 맡기 힘들었다.

아테네의 정체 변천사, 즉 '왕정-귀족정-참주정-온건한 민주정-급격한 민주정'은 한 나라의 정체 개혁이 험난한 과정임을 말해준다. 먼 나라 이야기를 들 것 없이 1945년의 대한민국 건국부터 시작해서 1960년의 5·16군사정변, 1980년의 짧은 민주화의 봄, 그리고 1987년 직선제 쟁취를 위한 격렬한 민주화 시위로 이어진 것은 더 나은 정체를 위한 한국인의 진통이었다.

민주정을 확립할 때까지 피를 흘리는 과정도 불가피한데 이는 특정 체제, 즉 귀족정이나 과두정에서 이익을 누리는 사람들이 이익을 쉽게 포기하지 않기 때문이다. 누리던 이익은, 그것의 옳고 그름을 떠나서 권리가 되어버리기 때문에 이를 포기하기는 어렵다.

데마고고스의 출현

민주정체에서 불가피하게 등장하는 정치가는 민중 선동가인 '데마고고스'이다. 이들은 민중들의 눈치를 보고 그들의 비위를 맞추는 정치가들로 흔히 중상배(sukophantēs) 혹은 아첨꾼(ho kolakeuēn)으로 불리기도 한다.

이들이 고대 그리스 역사에서 처음으로 등장하는 시점은 페리클레스 사후인 5세기 초엽이며 본격적으로 아테네에 등장하는 시점은 5세기 말엽이다. 이들은 민중들이 원하는 정책에 손을 들어줌으로써 후대 사람들에게서 '데마고고스=저급 정치가=선동 정치가'라는 오명을 듣게 되었다.

페리클레스를 존경했던 역사가 투키디데스는 페리클레스 사후 그의 지도력을 계승할 만한 정치가가 없어서 아테네의 몰락이 시작되었다고 본다. 그 공백을 기회로 삼아 새로운 유형의 정치가의 등장하는데 이들이 민중 선동가이다.

예를 들어, 아테네의 전성기를 이끌었던 페리클레스는 무려 30년 동안 거의 해마다 10명으로 구성되는 아테네의 정무 담당 기구인 스트라테고스에 선출되어 의장직을 수행했다.

그가 도편추방제 아래서도 추방되지 않고 계속 재임할 수 있었던 것은 그만큼 민중들의 동향에 촉각을 세우고 비위를 잘 맞추었기 때문이라고 비판하는 사람들도 있다. 그래서 그를 '민중파'의 우두머리이자 효시라고 부르기도 한다.

페리클레스 시대까지 정치가는 유력 가문 출신들이 많았다. 그들은 군사적 능력을 비롯해서 국정 운영 능력이 있었으며 좋은 교육을 받고 고상한 품위나 예의범절을 익히고 있었다.

새롭게 등장한 민중 선동가들은 주로 상공업으로 부를 축적한 사람들로 재력이 있고 달변이었다. 하지만 그들에게 국가 운영 능력이 있는지는 의문이었다. 예를 들어, 피혁업자 클레온, 램프 상인 히페르볼로스, 방패 제조업자 리시아스, 광산업자 니키아스, 고물상인 에우크라테스 등이었다.

이들 가운데 대표적인 인물인 피혁업자 클레온(?~기원전 422)은 말년의 페리클레스를 공격하여 '민중파'의 거두가 된 인물이다. 그는 인격에는 다소 문제가 있었지만 달변으로 민중을 움직이는 뛰어난 능력이 있었다. 투키디데스는 그에 대해 "아테네 시민 가운데 성격이 가장 난폭했으며, 그 무렵에는 민중에게 가장 큰 영향력을 행사하고 있었다"라고 했다.

클레온이 죽고 난 다음 민중 선동가로 그를 대신해서 떠오른 사람은 소크라테스의 제자인 알키비아데스라는 젊은이다. 그는 클레온과 같이 민중파에 속했으나 부유한 명문가문 출신인 점에서 차이가 있다.

아테네인이 알키비아데스의 화려한 언변에 놀아난 사건은 시칠리아 원정(기원전 414~기원전 413)이다. 시라쿠사를 정복하기 위한 대규모 파병에 대해 노회한 니키아스와 젊고 패기만만한 알키비아데스가 민회에서 반대와 찬성으로 격렬한 논쟁을 벌인다.

그러나 어리석은 아테네 민중은 알키비아데스의 선동에 넘어가 파병을 결정하고 그 결정이 낳은 패배로 인해서 니키아스를 비롯하여 포로

알키비아데스의 흉상 아테네 민중은 알키비아데스의 선동에 넘어가 시라쿠사 정복을 위한 파병을 결정한다.

가 된 7,000명의 병사들이 죽었다. 또한 그 병력 손실은 펠로폰네소스 전쟁 패배에 원인을 제공하기도 했다.

민중 선동가의 특징은 달변이다. 이들은 자신의 주장에 대한 지식(epistēmē)이 없으며 단순히 의견(doxa)임에도 불구하고 그것을 지식으로 둔갑시키는 재주가 뛰어난 사람들이다.

이들은 닳고 닳은 사람들이라서 민중 앞에서 자신이 나라 일에 해박한 지식이 있는 것처럼 속이는 능력이 뛰어났다. 의견을 지식으로 둔갑시키는 '의견에 의한 모방술(doxomimētikē)', 즉 '지식 없이 의견만으로 행하는 기술'이 뛰어나기 때문에 사람들이 이들에게 "당신이 틀렸소"라고 말하기를 주저하게 만든다.

현대판 민중 선동가

현대판 민중 선동가들은 나라의 미래가 어떻게 될지에 대해서는 도통 관심이 없다. 오로지 권력을 쥘 수 있다면 모든 것을 지금 당장 다 해줄 수 있다고 약속하고 이를 무리하게 밀어붙인다. 그들은 유권자들에게 늘 누릴 수 있는 혜택만 열거할 뿐 지불해야 할 비용은 전혀 언급하지 않는다.

한국인들은 이미 과거와는 격이 다른 대단한 민중 선동가들의 활약을 생생하게 목격하고 있으며 앞으로 계속 그럴 것이다.

김봉철 교수는 『이소크라테스』라는 저서에서 이소크라테스가 민중 선동가를 나무라고 있지만 정작 나무랄 대상은 민중 선동가에게 잘못된 정책을 요구하는 시민들이어야 한다고 했다.

> "이소크라테스는 그러한 비난을 민주주의의 핵심 세력인 민중에게 돌리지 않고 민중의 지도자인 데마고고스에게 비난의 화살을 돌렸다. 그러나 그가 비난한 데마고고스들은 사실 '급진적' 민주주의의 상징적인 현상이었을 뿐이다. 그들의 존립은 철저히 민중의 지지로 좌우되는 것이어서, 그들이 행한 해악이 있다면 그것은 마땅히 그들을 지지한 민중 탓으로 돌려야 했다. 그러나 이소크라테스는 민중의 잘못을 부각시키지 않았다. 그의 이런 태도가 민중의 역할에 대한 경시에서 비롯된 것인지 아니면 당시 민주정하에서의 민중의 위력을 두려워한 탓이었는지는 논란의 여지가 있다. 그러나 후자의 경우가 더 타당한 것으로 보인다." — 김봉철, 『이소크라테스』, pp. 212~213

오늘날도 마찬가지라고 생각한다. 민주정체는 필연적으로 민중 선동가의 활동에 멋진 무대를 제공한다. 나라 일에 대해 모든 시민들이 사리를 분별해 판단하고 행동하는 것은 아니다. 따라서 당장의 이익과 편안함을 제공해 줄 수 있는 약속에 손을 들어주는 시민들이 많을 수밖에 없다.

그러니 방만하게 통화를 공급하고 빚을 내서라도 경기를 부양하고 누군가에게 혜택을 제공하는 정책을 계속 확장하는 일은 언제 어디서나 인기를 끌 수밖에 없다.

우리는 흔히 동네북처럼 정치가를 두들기고 나무라고 비난한다. 그러나 그들을 선택하는 시민들 역시 면죄부를 받을 수 없다. 고대 그리스 시대나 지금의 대한민국이나 정치가들은 시민들의 입장을 반영하려는 모습을 보여주려 하고, 때로는 자신의 정치적 목적을 위해 민중에게 턱없는 약속을 내놓기도 한다. 그런 정치가에게 넘어가 표를 준다면 어느 경우든 시민들이 비난으로부터 자유로울 수 없다.

민중 선동가들의 주장에 고개를 갸우뚱하게 되는데도 불구하고 일부 시민들이 쉽게 그들의 유혹이나 선동에 넘어가게 되는 이유는 무엇일까? 사람은 대체로 먼 미래의 이익과 비용을 생각하기보다 눈앞의 이익을 앞세우는 경향이 강하기 때문이다.

또한 사람들이 본성적으로 지닌 부족적 사고도 한몫한다. 민중 선동가라도 우리 편이라면 그가 하는 모든 말은 설득력을 갖게 된다. 일단 '우리'와 '그들'이라는 필터를 통과하고 나면 사실이든 거짓이든 신경 쓰지 않는 사람들이 많다.

우리 편이라도 틀린 것은 틀린 것인데, 이렇게 생각하고 행동하는 사람들이 다수는 아니다. 민중 선동가의 주장이 옳고 그름은 지연, 학연 등과 같은 인연의 망에 따라 결정되는 경우가 흔하다.

무지함도 그 이유이다. 생계가 달린 일이라면 기를 쓰고 알아야 하고 알지 못하면 상대방에게 당한다고 여기지만, 나라 일에 대해서는 일일이 정확하게 알기가 어려울 뿐만 아니라 알아야 할 동기도 약하다. 자신이 잘 알든 모르든 자신이 치러야 할 몫이 크지 않기 때문이다.

그런데 합리주의로 무장한 시민들이 다수를 차지하지 않는 한 민주정에서 민중 선동가의 활동을 완전히 배제할 수는 없다. 우리가 노력해야 할 일은 그들의 활동 폭을 제한하는 것이다. 이를 통해서 한 나라의 방향이나 정책이 엉뚱한 쪽으로 흘러가 버리지 않도록 예방해야 한다.

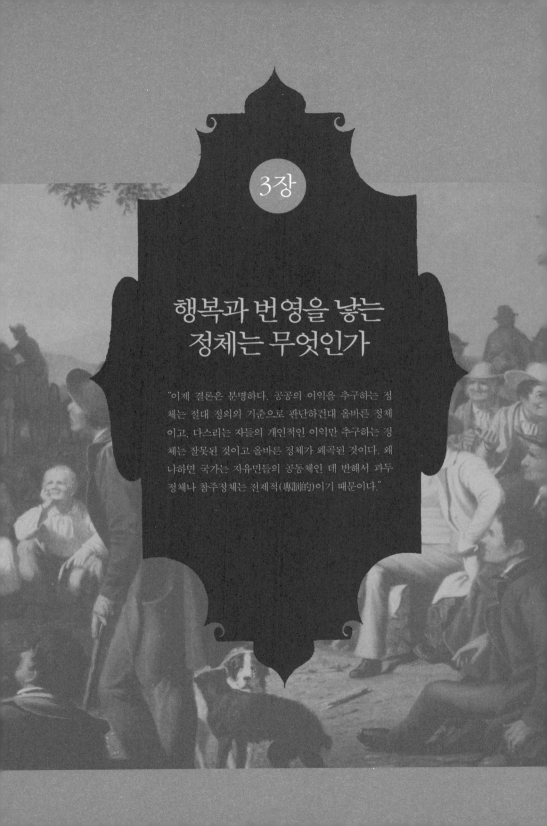

3장

행복과 번영을 낳는
정체는 무엇인가

"이제 결론은 분명하다. 공공의 이익을 추구하는 정체는 절대 정의의 기준으로 판단하건대 올바른 정체이고, 다스리는 자들의 개인적인 이익만 추구하는 정체는 잘못된 것이고 올바른 정체가 왜곡된 것이다. 왜냐하면 국가는 자유민들의 공동체인 데 반해서 과두정체나 참주정체는 전제적(專制的)이기 때문이다."

시민의 훌륭함과 국가의 훌륭함

"우리가 잘되는 것이 나라가 잘되는 것이고, 나라가 잘되는 것이 우리가 잘되는 것이다."

울산 현대중공업의 해양사업본부 벽면에 큼직하게 적힌 문장인데, 그것을 볼 때마다 가슴이 뭉클해진다. 어느 시대든 나라가 잘되는 것은 그곳에 사는 개인들의 행복과 성공, 그리고 안전에 지대한 영향을 미친다.

어느 국가를 보더라도 국가를 일으키기 위해 노력할 때는 시민이 나라를 위해 무엇을 할 것인지를 생각하는데, 국가의 초석이 어느 정도 닦이고 나면 국가가 시민을 위해 무엇을 해야 하는지에 대한 목소리가 높아진다.

우리는 시민으로서 시민 각자의 훌륭함이 국가의 훌륭함을 이루는 데 중요한 부분을 차지한다는 점을 기억해야 한다. 일찍이 미국의 케네디 대통령은 "국가가 나를 위해 무엇을 해줄 수 있을지를 묻지 말고, 내가 국가를 위해 무엇을 할 수 있을지를 물어라"라고 말한 적이 있는데, 이역시 시민의 역할을 강조한 말이다.

국가 또한 역할이 있는데, 그것은 좋은 정책을 펼치고 이상적인 정체(정치체제)를 갖추는 것이다. 아리스토텔레스는 이 두 가지 중에서 특히 이상적인 정체에 관심을 두었다. 국가가 잘되기 위해서 우선 최선의 정체를 갖추는 것이 중요한데, 세상 만물이 모두 불완전한 것처럼 정체도 예외가 아니다.

『정치학』의 제3권과 제4권은 각각 '시민과 정체에 관한 이론'과 '실재 정체와 변형된 정체들'을 다룬다.

제3권은 훌륭한 시민은 어떤 사람이고 훌륭한 사람은 무엇을 해야 하는지를 다룬다. 아리스토텔레스는 훌륭한 사람은 반드시 훌륭한 시민이어야 하지만 훌륭한 시민이 반드시 훌륭한 사람이어야 할 필요는 없다고 말한다. 다만 다스리는 자의 경우엔 더 엄격한 기준을 만족시켜야 하는데 두 가지 면에서 모두 훌륭해야 한다고 했다.

시민과 정체는 서로 영향을 미친다. 시민이 정체 선택에 영향력을 미치는 것처럼 정체 또한 시민의 행복과 성공뿐만 아니라 기질과 심성, 그리고 사고에 영향을 끼친다.

제4권은 이상적인 정체들은 무엇이며, 이로부터 변형된 정체들에는 어떤 것들이 있는지를 상세히 다룬다. 정체는 정치권력을 장악한 자가 한 사람인 경우, 소수인 경우, 다수인 경우에 따라 구체적으로 군주정(군주정체 혹은 군주제), 귀족정, 혼합정과 같은 유형으로 구분된다.

아리스토텔레스에 따르면 이들은 모두 올바른 정체에 속한다. 이들 각각이 왜곡된 것이 참주정, 과두정, 민주정이다. 참주정이 가장 나쁘고, 그다음으로 나쁜 것은 과두정이고 그다음이 민주정이다.

	올바른 정치체제	왜곡된 정치체제
일인 지배	군주정	참주정
소수 지배	귀족정	과두정
다수 지배	혼합정	민주정

　그런데 이것 외에도 다양한 변형들이 등장하는데 그 이유는 모든 국가가 다양하게 구성되기 때문이다. 특히 재산을 기준으로 보아 다양한 계층이 존재한다는 점이 중요하다. 정체가 다양하지만 기본은 과두정과 민주정이기 때문에 이 두 가지를 주로 다룬다.

　정체의 변형에 대한 충분한 논의를 바탕으로 아리스토텔레스는 "최선의 정체는 중산계급에게 결정권이 있는 정체"라는 점을 분명히 한다. 중산계급이 줄어들고 부자 계급과 빈자 계급이 정권을 쥐는 경우, 그들은 각각 자기들 이익에 맞도록 정체를 변질시키고 이는 참주정의 등장과 민주정의 몰락으로 연결된다고 본다.

　현대 국가들이 채택한 정체는 아리스토텔레스가 말하는 민주정과 비슷하다. 여기서 역사상 존재했던 정체의 다양한 유형들을 살펴봄으로써 민주정의 장점과 단점을 이해할 수 있고 앞으로 더욱 이상적인 정체를 만드는 데 도움을 얻을 수 있을 것이다.

정체, 국가, 시민의 관계를
정확히 파악하라

"국가는 여러 다른 부분들로 구성된 하나의 복합체다. 마치 복합체가 여러 다른 부분들로 구성된 하나의 전체인 것처럼 말이다. 따라서 국가는 시민들로 구성된 복합체이기 때문에 우리는 누구를 시민으로 부를 수 있을지, 시민이란 대체 무엇인지를 우선 고찰할 필요가 있다. (……) 의결권과 재판권이 있는 사람은 누구나 그 나라의 시민이다. 그리고 국가는 간단히 말하자면 자족한 삶을 살기에 충분할 만한 수의 시민들로 구성된 단체다." 제3권 1장 1274b38~1275a1, 1275b18~20

"어떻게 하면 더 번영한 나라가 될 수 있을까?"

지난 20여 년 간 내 곁을 떠나지 않았던 한 문장이다. 책을 읽고, 사람을 만나고, 관찰하고, 생각을 다듬어가는 지금도 여전히 내가 소중히 여기는 단어는 '국가의 번영'이다. 따라서 나는 늘 나라의 성공에 결정적인 영향을 미치는 정치체제의 선택에도 깊은 관심을 두었다.

정치체제의 선택은 대충 넘길 수 있는 문제가 아니다. 그것은 모든 시민을 자유인의 길로 이끌 수도 있지만 반대로 노예의 길로 이끌 수도 있다. 또한 번영의 길로 이끌 수도 있지만 가난의 길로도 이끌 수 있다. 그러므로 우리가 후손들에게 줄 물적 자산보다도 훨씬 중요한 유산이 바로 올바른 정체이다.

"한 국가에서 법, 연설가, 그리고 일반 사람들은 부득이 정체와 닮을 수밖에 없고 그들이 어떤 정체를 갖는지에 따라 각각의 사정이 그에 맞게 될 수밖에 없습니다."

고대 아테네에서 인기 있는 수사학 교사이자 정치 평론가였던 이소크라테스가 정체와 시민의 관계에 대해 한 말이다. 이처럼 정체는 한 사회 전반에 걸쳐 영향을 미칠 뿐만 아니라 시민들의 마음과 태도에도 영향을 준다.

오늘날도 억압적인 정치체제에서 살아가는 사람들은 자신도 모르게 더 높은 곳에 있는 권력을 의식할 수밖에 없고, 억눌려 살아간다. 반면에 자유로운 정치체제에서 살아가는 사람들은 자신의 생각이나 의견, 감정을 표현하는 것이 자연스럽다. 이들은 타인에게 작은 선의와 호감을 표현하는 일이 자연스럽다.

이처럼 정치체제는 개인의 모든 면에 지대한 영향을 미치는데, 마치 물과 공기처럼 당사자들이 의식하지 못할 뿐이다. 관찰자의 눈으로 지켜보면 정치체제의 영향력이 얼마나 큰지를 뼈저리게 느낄 수 있다.

이러한 연관성을 제대로 이해하기 위해서는 먼저 세 가지 개념, 즉 정체, 국가, 시민에 대해 정확히 알아야 한다.

정체란 무엇인가

우선 아리스토텔레스가 정체에 대해 내린 다양한 정의를 정리해 보자. '정체란 무엇인가?'에 대한 그의 답은 아래와 같은데, 『정치학』에서 가장 많이 등장하는 용어이기에 자세히 살펴보자.

> **첫째,** 정체는 한 국가의 시민들을 조직화하는 방법이다 (1274b37).
>
> **둘째,** 정체는 여러 공직, 특히 모든 일에 최고 결정권이 있는 공직에 관한 국가의 편제(編制, taxis)이다 (1278b9).
>
> **셋째,** 어느 국가에서나 정부(politeuma)가 최고 권력을 가지기 때문에 정부가 실제로는 정체이다 (1279b10).
>
> **넷째,** 정체와 정부는 같은 뜻이며, 정부는 국가의 최고 권력 기구(to kyrion)인데 최고 권력 기구는 필연적으로 한 사람, 소수자 또는 다수자에 의해 대표된다 (1279a25~26).
>
> **다섯째,** 정체는 공직이 어떻게 배분되며 국가의 최고 권력은 누가 가지며 각각의 공동체가 추구하는 목표가 무엇인지를 결정하는 국가의 제도이다 (1289a15).

아리스토텔레스의 정체에 대한 정의 가운데서 다섯째 정의가 가장 포괄적인데, 정체는 누가 국가의 최고 권력을 갖는지, 국가의 최고 권력 기구는 어떻게 구성되는지, 국가가 추구하는 목표는 무엇인지 등에 관한 제도이다. 다시 말하면 최고 권력의 소유자(대통령제 혹은 내각제), 시민의 참정권(선거권 및 피선거권), 행정부, 사법부, 입법부의 구성과 선출 방법, 재산 소유권의 형태 등이다.

한편 정부는 정체에 의해 배분된 권력을 가진 사람들의 모임을 뜻하는데, 일반적으로 정부와 정체는 같은 의미로 쓰인다.

정체의 정의를 단적으로 표현하기 위해 아리스토텔레스는 "누가 국가에서 최고 권력을 가져야 하는가? 대중인가, 부자들인가, 유능한 자들인가, 가장 훌륭한 사람인가, 아니면 참주인가?"라고 묻는데, 이 질문에 정체와 그 기초의 핵심 내용이 들어 있다.

대중인 경우 민주정, 부자인 경우 과두정, 유능한 자들인 경우 귀족정, 가장 훌륭한 사람인 경우 군주정, 그리고 가장 사악한 사람이 국가의 최고 권력을 갖는 경우가 참주정이다.

"국가의 궁극적인 목표는 훌륭한 삶이다"

한편 '국가란 무엇인가?'라는 질문에 대한 아리스토텔레스의 답은 "국가는 자족한 삶을 살기에 충분한 만큼의 시민들로 구성된 단체"이며 "시민들로 구성된 복합체"이다.

그러면 국가의 목적은 무엇인가? 역사 속의 많은 국가들은 경제와 안전 보장이라는 과제를 두고 고심해 왔다. 백성을 먹여 살리는 문제와 외부의 침입으로부터 자국을 보호하는 일이다. 두 가지 모두 생존 문제이다. 그러나 우리가 잘 먹고 잘살기 위해서만 태어난 것이 아닌 것처럼 국가의 목적을 생존이라는 한 단어로 한정할 수는 없다.

그렇다면 국가의 궁극적인 목적은 무엇일까? 단순히 살아남는 것, 적의 침범을 방지하기 위해 다른 나라와 방어 동맹을 맺는 것, 아니면 이웃 국가와 교환이나 상호 교류하는 것이 국가의 목적인가? 아리스토텔레스는 이런 것들이 국가의 존재에 필수적인 조건들이지만 국가의 목적이 될 수 없음을 상세히 설명한다.

아리스토텔레스는 튀르레니아(에트루리아)인과 카르케돈(카르타고)인들이 상호통상조약, 수출입에 관한 협정과 부당 행위 방지 조약, 그리고 상호방위조약을 맺고 있지만 그들을 국가라고 생각하는 사람들은 없다고 단언한다. 그들의 유일한 관심은 서로 부당한 행위를 하지 않는 것일 뿐, 상대방이 어떠한 도덕적 탁월함을 갖추거나 정의롭게 되는 일에는 관심이 없기 때문이다.

또한 그는 코린토스와 인접 국가 메가라가 성벽을 서로 이어 교역과 상호 원조를 활성화하더라도 그들을 국가라고 부르지 않는다고 했다. 왜냐하면 공동체들이 교역과 상호 원조에 자신들의 기능을 국한시키는 한 그런 공동체는 국가가 아니라고 보았기 때문이다.

이런 것들이 국가의 목적이 아니라면 도대체 무엇이 국가의 목적일까? 국가의 목적에 대한 탐구는 국가에서 정치가 무엇인지, 그리고 정치가 무엇을 해야 하는지를 담고 있다.

아리스토텔레스는 단호하게 "국가의 목적은 훌륭한 삶이다"라고 결론짓는다. 국가의 목적은 시민들이 저마다 탁월성을 발휘하게 만드는 것이며, 또한 시민들이 훌륭한 삶을 살아갈 수 있도록 해주는 것이다. 이에 대해 아리스토텔레스는 "국가는 구성원들의 가족들과 씨족들이 훌륭하게 살아갈 수 있게 해주기 위한 공동체이며, 그 목적은 완전하고 자족적인 삶이다"라고 말한다. 매우 이상적인 국가관이라고 할 수 있다.

국가를 구성하는 시민들이 저마다 탁월성을 발휘하도록 만들고 훌륭한 삶을 살아갈 수 있게 해주는 것이 국가의 목적이라면 정치가 무엇을 해야 하는지 답을 얻을 수 있다. 또한 시민들이 저마다 완전하고 자족적인 삶을 살아갈 수 있도록 해주는 것이 국가의 목적이기 때문에 앞에서 소개된 생존, 상호 방위, 교역, 부당한 거래 금지 등은 모두 국가의 목적을 달성하기 위한 수단이 된다.

그렇다면 "국가의 궁극적인 목표는 훌륭한 삶이다"라는 주장의 현대적 의미는 무엇일까? 절대 빈곤을 벗어나서 중진국으로 성장한 나라들 가운데 많은 국가들이 경제성장률이 떨어지고, 사회적 갈등이 커진다. 중진국에 진입한 국가들 중에서도 선진국이 된 나라는 손에 꼽을 정도이며, 선진국이 된 국가들 중에도 많은 나라들이 활력을 잃고 과거의 영광을 회상하면서 살아간다.

사람이 밥만으로 살아갈 수 없듯이 어떤 나라도 물질적인 성장만으로 존립할 수 없다. 높은 생활수준을 유지할 수 있는 경제적인 힘, 나라를 지킬 수 있는 군사적인 힘 외에 훌륭한 나라가 되기 위해서 추가되어야 할 것이 있다. 바로 백범 김구 선생이 〈나의 소원〉에서 언급한 '높은 문화의 힘'이다.

문화의 힘은 물질이나 군사력과 마찬가지로 한계가 없다. 완성의 경지가 없기 때문에 노력하면 할수록 더 커질 수 있다. 이렇게 갖게 된 힘으로 자국만 유익하게 하는 것이 아니라 그보다 못한 처지에 있는 나라들을 적극적으로 돕는다면 그 나라는 계속해서 성장할 수 있다. 개인이 남을 돕는 것이 자신을 돕는 일인 것처럼 국가 역시 타국을 돕는 것이 자국을 돕는 것이다.

나는 우리나라가 그런 나라로 성장해 가기를 바란다. 국민소득 4만~5만 달러에 만족하지 않고 다른 나라에 성공과 행복의 지혜를 전해줄 수 있는 나라가 되기를 바란다.

국가의 지도자가 이러한 원대한 국가 목표를 제시하고, 시민들로 하여금 각자가 자신의 분야에서 예리함을 갈고닦도록 독려하고, 나라 곳곳의 부정의하고 불합리한 것들을 고쳐나가야 한다.

물질적인 풍요는 삶의 편안함과 안정감을 주지만 개인이나 국가에 정신의 빈곤을 낳기도 한다. 이미 선진국이 된 국가들도 자살, 이혼, 무기력 등으로 인한 고통으로부터 자유롭지 않다. 한 인간이 고결한 삶에 대한 열망을 포기하는 순간 어려움에 맞닥뜨리는 것처럼 국가 역시 평범한 목표에 안주하기 시작할 때 평범한 국가로 전락하고 만다.

시민은 누구인가

여성들과 노예, 거류 외인을 제외하고 20세 이상의 성인 남자들에게만 참정권이 보장되었던 아테네에서 시민은 "의결권과 재판권이 있는 사람"을 말한다. 오늘날의 의미로 보면 시민은 좁은 의미의 참정권(參政權, political rights)인 공무원선거권과 공무담임권이 있는 사람이다.

하지만 시민에 대한 정의는 정체에 따라 다를 수 있다. 아테네처럼 민주정체를 선택한 국가에서는 시민이 참석할 수 있는 재판이나 민회가 열렸지만 다른 정체를 선택한 폴리스에는 정기적으로 개최되는 민회도 없었으며 이따금 비상소집만 할 뿐이었다. 또한 소송도 사건의 종류에 따라서 여러 법정에서 진행했다.

예를 들어, 스파르타에서는 계약에 관한 사건은 감독관들이, 살인 사건은 원로원 의원들이, 그리고 기타 사건들은 다른 공직자들이 다뤘다.

한편 아테네에서는 "시민은 부모 가운데 어느 한쪽만 시민인 자가 아니라, 부모가 모두 시민인 자로 규정"되었는데, 어떤 사람들에게는 조건이 이보다 더 엄격했다. 이를테면 조부모와 증조부도 아테네 시민들일 때만이 시민권이 주어지는 경우인데, 아리스토텔레스는 이를 비판했다.

또한 폴리스에는 정체 변혁(metabolē)으로 시민권을 얻는 데 성공한 사람들도 생긴다. 예를 들어, 아테네의 정치가인 클레이스테네스는 참주들을 추방한 다음 거류 외인들과 노예들에게 시민권을 허용한 적이 있는데 이들 역시 정당한 시민이라는 점을 부인할 수 없다.

고대 아테네의 민주정과 현대의 민주주의

여기서 아테네와 같은 민주정체와 현대 민주주의의 차이점과 유사점을 알아보자. 세 가지 측면에서 고대와 현대를 명확히 구분할 필요가 있다.

첫째, 고대 아테네의 민주정은 민중이 최고 권력을 갖는 정치체제이다. 오늘날의 민주주의(democracy)라는 말의 어원은 '데모크라티아(demokratia)'이다. 아리스토텔레스는 '데모크라티아'를 "민중(dēmos)이 최고 권력을 가지는 정치체제"라고 말한다.

여기서 민중은 두 가지 의미가 있는데, 하나는, 부자와 빈자를 모두 포함하는 '많은 사람(the whole people)'이라는 뜻이다. 즉, 많은 사람들의 의견을 따르거나 많은 사람들에 의해 통치되는 정치체제를 말한다. 다른 하나는, '가난한 시민들(무산대중, the masses)'을 뜻한다.

아리스토텔레스는 두 가지를 동시에 사용하지만 후자에 더 주목했다. 그래서 그는 "민주정체(민중의 지배, the rule of the dēmos)는 재산을 갖지 못한 무산대중이 최고 권력을 가지는 정치체제"라고 말한다.

고대 아테네에서 '많은 사람'은 20세 이상의 성인 남자로, 양친이 모두 아테네인인 경우에 한정한다. 현대 민주주의에서 '많은 사람'은 부유한 사람과 가난한 사람을, 남자와 여자를 가리지 않으며, 일정한 나이를 넘긴 모든 성인들이자 시민들을 뜻한다.

그래서 '데모크라티아'를 현대의 민주주의와 구분해서 '민주정'이 아니라 '민중제'로 번역해야 한다고 주장하는 전문가도 있다. 여기서 민중은 시민들 가운데서도 특히 가난한 사람을 의미하는데, 시민들 가운데 다수는 무산대중이기 때문이다.

민중이 지배한 아테네의 직접민주주의는 폐해가 컸다. 분위기나 특정인의 달변에 따라 여론이 집단적으로 쏠리는 현상이 반복되었으며 정파 간 정치적 내분이 심했다. 더 큰 문제점은 정치 세력의 선동으로 말미암아 국가의 힘을 결집하는 데 실패하고 분열적인 상태를 유지한 것이었다.

아테네에서 민중 선동가들의 활동이 왕성해지면서 민중 지배의 폐해는 더욱 심해졌다. 역사적으로 아테네를 어려움에 처하게 한 굵직굵직한 판단 착오는 모두 달변인 정치가들이 민회나 배심원을 구성하는 민중을 선동한 탓이었다.

또한 민중 지배가 얼마나 분위기에 좌우될 수 있는지를 보여주는 단적인 사례가 있다. 바로 기원전 406년에 아르기누사이 제도에서 벌어진 해전이다. 이 전쟁에서 아테네는 스파르타에 승리를 거두었지만 폭풍우가 몰아치는 상황에서 수병들의 시신을 수습하지 못했다는 죄목으로 아테네 민회는 무려 6명의 장군에게 죽음을 선고했다. 민중들이 별안간 마음을 바꾸는 바람에 벌어진 일이다.

현대 민주주의에서는 다수가 원하더라도 헌법이나 법률에 의해 제약을 받는다. 현대 민주주의에서는 법원에 억울함을 호소할 수 있다. 그러나 당시 아테네에서는 배심원 다수가 기소된 부자의 재산 몰수형에 찬성하면 그 부자는 재산을 빼앗겼다. 이것이 민중 지배의 실상이다. 현대 민주주의는 '법의 지배'이지만 아테네 민주정은 '다수의 지배'라는 점이 다르다.

둘째, 아테네의 민주정은 직접민주주의였다. 반면 현대 민주주의는 대표자를 선출해서 국가 운영을 맡기는 대의민주주의, 즉 간접민주주의이다. 우리 헌법은 '통치기관의 구성권'은 국민에게 있으며 선출된 통치기관(대통령, 국회의원, 지방자치단체장 등)은 국민에게 책임을 진다고 규정한다.

그럼 어떻게 책임을 지는 것일까? 그 중간 매개 역할은 정당(政黨)이 담당한다. 그래서 정당을 중심으로 하는 정치가 정상화되는 것이 중요하다. 그러므로 우리가 한국 정치의 정상화를 이야기할 때는 최우선적으로 정당 정치의 회복에서 그 해법을 찾아야 한다.

현대 민주주의는 다수결의 원칙에 따라서 여당에서 야당으로 혹은 야당에서 여당으로 평화롭게 정권을 담당하는 정당(세력)을 교체할 수 있는 정치체제이기도 하다.

셋째, 아테네의 시민은 누구든지 추첨에 의해 공직자(민회, 평의회, 배심원)가 될 수 있었다. '주권은 국민에게 있다'(국민주권)는 의미에서 보면 아테네 시민은 개별 정책에 대한 결정권이 있었다. 그러나 현대 민주주의에서 시민은 정책 결정권을 행사하는 대신 대표자를 선출할 수 있는 권한, 즉 '통치기관 구성권'이 있을 뿐이다. 과거와 현대의 차이는 '국민에 의한 직접 결정'과 '선출된 대표자에 의한 결정'이라는 차이다.

오늘날 소셜 미디어 등이 활성화되면서 개별적인 정책에 대해서 전문가처럼 자신이 잘 알고 있다고 확신하는 시민들이 많다. 그들은 무능한 국회의원에게 정책을 맡겨두기보다 직접 나서서 힘을 모아야 한다고 주장한다. 하지만 국가 정책은 일반인들이 생각하는 것보다 복잡하고 전문적이고 기술적이다.

어떤 정책에 대한 찬성과 반대 주장, 의견을 내놓을 수는 있지만 복잡한 국가 정책일수록 시민이 시시비비를 해박하게 파악할 수 있을까 싶다. 그래서 고도로 기술적이고 전문적인 정책에 대한 여론이란 것이 얼마나 합리적일 수 있을까 하는 회의감을 느낄 때가 있다.

천성산 도롱뇽을 살리기 위해 터널공사를 반대한 한 스님의 단식 농성 때문에 공사가 2년이나 지체된 적이 있다. 스님의 단식에 많은 사회단체들이 동조했고 수십만 명이 넘는 사람들이 공사 강행에 분노하고 시위를 했다.

그런데 자신이 오랫동안 종사해 온 생업이 아니라면 어떤 정책이든 시시비비를 가리기가 쉽지 않다. 이런 경우 10만 명, 20만 명이 반대하는 것이 얼마나 합리적이고 올바른 일일까? 이런 일들이 우리 사회에서 자주 일어나고 있다.

오늘날 참여 민주주의라는 말을 즐겨 사용하는데 이 역시 활동적인 소수의 사람들이 자신의 입지를 강화하기 위한 수단으로 다수를 이용하는 것일 수도 있다.

훌륭한 시민은
사회의 안정을 도모한다

"우선 시민의 탁월함이 무엇인지 대략적으로라도 알아야 할 것이다. 선원(船員)이 항해를 위한 단체의 구성원인 것처럼 시민도 공동체의 일원이다. 선원은 각자 역할이 다르다. 따라서 노 젓는 사람, 키잡이, 망꾼 등 이름도 다양하다. (……) 항해의 안전이라는 공통된 목표가 있기 때문에 선원을 포함해서 배를 탄 모든 사람은 항해의 안전을 위해 노력한다. 마찬가지로 시민도 역할이 서로 다르지만 모두에게는 공동체의 안정(safety)이라는 공통된 과제가 있는데, 여기서 공동체는 정체를 말한다. 따라서 시민의 탁월함은 반드시 정체와 관련이 있어야 한다. 또한 정체는 한 가지가 아니라 여러 가지이기 때문에 훌륭한 시민의 탁월함도 한 가지만 완벽할 것일 수 없다. 그러나 훌륭한 사람은 한 가지 완벽한 탁월함을 갖춘 사람이다. 따라서 훌륭한 사람의 탁월함을 갖추지 않아도 훌륭한 시민이 될 수 있다." 제3권 4장 1276b18~22, 26~35

우리 집의 두 아이 모두 대학 1년을 마치고 국방의 의무를 마무리했다. 자유로운 환경에서 성장한 아이들이기에 간혹 "아버지, 좀 미루면 어떨까요?"라는 말을 하기도 했지만, 그럴 때마다 나는 아버지로서 이렇게 이야기해 주었다.

"젊은 날부터 삶에 흠결이 없어야 하고, 대한민국에서 흠결 없는 인생의 기초는 국방의 의무를 마치는 일에서부터 시작된다. 깔끔하게 마무리하고 인생을 개척하는 것이 좋다. 꼭 해야 하는 일이라면 미루지 말고 일찍 마무리하자."

그 말 속에는 훌륭한 인간, 훌륭한 직업인이 되기 전에 훌륭한 시민의 조건을 완수해야 한다는 아버지로서의 바람과 계획이 담겨 있었다. 아리스토텔레스의 『정치학』에도 훌륭한 시민이 어떠한 사람이어야 하는가에 대해 핵심적인 내용이 들어 있다.

최근 우리 사회에서 훌륭한 시민이 갖추어야 할 자격을 가르치는 일은 드물고, 국가관이라는 단어도 고루하게 여겨진다. 그러나 공동체가 존속하고 성장하기 위해서는 훌륭한 시민의 자세가 어떠해야 하는지를 생각하고 배우는 일은 중요하다.

훌륭한 시민과 훌륭한 사람

아리스토텔레스는 훌륭한 시민은 '공동체의 안전' 혹은 '정체의 안전'을 위해 노력하는 사람이며, "모든 시민들은 훌륭한 시민의 탁월함을 갖춰야 한다"라고 했다. 정체의 기초인 헌법적 질서를 준수하고 수호하려는 사람이 훌륭한 시민이라는 말이다.

국가와 시민의 관계는, 국가는 시민들에게 안전하게 삶을 영위할 수 있는 환경을 제공하고 시민은 국가에 충성할 것을 약속하는 쌍방 간의 계약이 성립하는 것을 말한다. 만약에 어떤 시민이 공동체가 추구하는 이상적인 정체에 동의할 수 없다면 이민을 갈 수도 있다. 이따금 정체를 뒤엎기 위해 모반이나 역모를 꾀하는 사람들도 있는데 그런 사람들이 응당한 처벌을 받는 것은 당연한 일이다.

우리가 말하는 헌정 질서는 국가 공동체를 이루는 다수의 시민들이 동의하는 정체를 말한다. 자유민주주의와 자유시장경제는 대한민국이라는 국가 공동체의 구성원들이 합의한 이상적인 정체이다. 이를 적극적으로 지키는 데 동의하고 지키기 위해 노력하는 사람만이 시민 자격이 있다.

여전히 국가와 시민 사이에는 자발적인 충성 서약이 있음을 잊지 말아야 한다. 시민의 자유로움을 기준으로 하면 상위에 속하는 나라가 미국이다. 다양한 나라에서 모인 사람들로 구성된 이민 국가가 자국의 시민이 되기로 결정한 사람에게 무엇을 요구하는지를 들여다볼 필요가 있다. 미국 시민권 선서 내용은 국가와 시민 사이의 관계가 어떠해야 하는지를 보여주는 대표적인 사례이다.

"나는 지금까지 신민 또는 시민으로 속했던 국외의 모든 군주, 지배자,

국가 또는 주권에 대한 모든 충성과 신의를 절대적으로(absolutely) 완전하게(entirely) 포기(renounce)하며 부인함(abjure)을 이에 선서한다.

미합중국의 헌법과 제 법률을 지지하고 이를 국외와 국내의 모든 적에 대항하여 방어할 것이며, 그에 대한 진실한 믿음과 충성을 견지할 것을 선서한다.

법이 요구할 때는 미합중국을 위하여 국방의 의무를 수행할 것이며, 법이 요구할 때는 미국 군대에서의 비전투 임무를 기꺼이 수행할 것이며, 법이 요구할 때는 민간의 지휘 아래 진행되는 국가적 중대사에 동참할 것이며, 이러한 의무를 주저함이 없이 또한 회피할 의도 없이 본인의 자유의사로 선택할 것임을 서약한다. 그러니 신이여 나를 도와주소서." — 미국 시민권 신청서(N-400) 중에 실린 'Part 14. Oath of Allegiance' 중에서

그렇다면 '훌륭한 시민의 탁월성'과 '훌륭한 사람의 탁월성'은 같은 것인가? 일반적으로 두 가지는 다르다.

선원들이 항해의 안전이라는 공동 과제를 제대로 수행하기 위해 저마다 맡은 임무를 충실히 수행하듯이 훌륭한 시민들은 공동체(정체)의 안전이라는 공동 과제를 충실히 수행하는 사람이다.

시민의 탁월성은 정체와 관련이 있고, 훌륭한 시민의 탁월성은 정체를 따르고 지지하는 것과 관련이 있다. 다만 정체는 다양하기 때문에 훌륭한 시민의 탁월함은 정체에 따라 달라진다.

반면에 훌륭한 사람의 탁월함은 언제 어디서나 같다. 정체가 다르다고 해서 훌륭한 사람의 탁월함이 달라야 할 이유는 없다. 아리스토텔레스는 "훌륭한 사람의 탁월함을 지니지 않아도 훌륭한 시민이 될 수 있음이 명백하다"라고 말할 뿐만 아니라 "모든 시민이 훌륭한 사람의 탁월성을

지닌다는 것은 불가능하다"라고 했다. 이는 어떤 사람이 직업인으로 뛰어나지 않더라도 혹은 성품이 뛰어나지 않더라도 얼마든지 훌륭한 시민의 탁월성을 갖출 수 있다는 것이다.

그는 탁월성을 직업인으로서의 탁월성(지적 탁월성), 인간으로서의 탁월성(성격적 탁월성), 시민으로서의 탁월성(시민의 탁월성)으로 구분한다. 모두 갖출 수 있다면 좋겠지만 정체의 안전을 유지하는 데 필요한 의무를 제대로 수행하는 것만으로도 훌륭한 시민이다.

예를 들어, 국방의 의무를 수행하고, 세금을 납부하고, 투표에 참여하고, 헌정 질서에 동의하는 사람은 훌륭한 시민의 탁월성을 갖춘 사람이다. 설령 그 사람이 성격이 좀 고약하고 일터에서 이따금 게으름을 피워도 말이다.

이와 관련해 관심을 두게 되는 것은 어떻게 하면 최선의 국가를 만들 수 있는가이다. 모두가 인품이 탁월하고 직업인으로서 뛰어날 수는 없기 때문이다. 최선의 국가에서 시민은 어떠해야 하는가에 대해서도 아리스토텔레스는 현실적인 의견을 제시한다. "모든 시민이 훌륭한 사람의 탁월성을 지닌다는 것은 불가능하기 때문에 국가가 전적으로 훌륭한 사람들로 구성될 수는 없다"라고 말한다.

한 국가에는 인간으로서 탁월한 사람도 있고, 보통 사람도 있고, 열등한 사람도 있다. 이런 면에서 국가는 다양한 구성원으로 이루어진 복합체이다. 다만 예외적으로 시민의 탁월함과 사람의 탁월함이 일치해야 하는 경우가 있다. 바로 다스리는 사람일 경우이다.

훌륭한 시민은 어떠해야 하는가

훌륭한 시민(혹은 시민의 탁월성)은 어떠해야 하는가? 아리스토텔레스에 따르면 훌륭한 시민은 "사람들을 지배할 줄도 알고 복종할 줄도 아는 능력이 있는 사람"이다.

아테네 시민(자유민)들은 투표에 의해 민회와 배심원 등과 같은 공직을 번갈아가면서 맡기 때문에 훌륭한 시민은 한편으로는 다스리는 자의 탁월성이 있어야 하고 다른 한편으로는 다스림을 받는 자의 탁월성이 있어야 한다는 말이다.

우선 시민이 갖추어야 할 다스리는 자의 탁월함은 무엇을 말하는가? 가사 관리에서 필요한 노예 노동과 관련이 있다. 주인은 노예들을 제대로 다스려 일을 시킬 수 있어야 한다.

아리스토텔레스는 순수 노예 노동은 주인이 직접 해서는 안 되고 노예가 제대로 하도록 시킬 수 있어야 한다고 말한다. 이런 노예에는 품팔이나 허드렛일을 하면서 손으로 일해 먹고사는 수공인(手工人, chernēs), 직공 기술자들이 포함된다.

아리스토텔레스는 "훌륭한 정치가나 훌륭한 시민이 개인적으로 필요한 경우를 제외하고는 노동을 배울 필요가 없다"라고 말할 정도로 당시 사람들은 정치나 철학을 고상한 것으로, 그리고 모든 노동을 비천한 것으로 여겼음을 알 수 있다.

그 이유는 무엇일까? 주인이 노동을 하면 노예와 구별이 없어져 버리기 때문이다. 그리스인들은 주인은 주인의 일을, 노예는 노예의 일을 담당해야 한다고 믿었다.

다스리는 자의 탁월성이 갖는 현대적 의미는 무엇일까? 주인이 노예에게 업무 수행을 명령하고 지시하는 것처럼 현대의 리더도 목표를 세우고, 적임자를 선택하고, 일을 맡기고, 동기를 부여해서 뛰어난 성과를 만들어내는 탁월한 리더십이 있어야 한다. 그러나 현장을 잘 알지 못한다면 리더십을 제대로 발휘하기가 쉽지 않을 것이다.

아리스토텔레스가 살았던 시절에도 마찬가지라고 생각한다. 노예가 수행하는 일을 속속들이 알고 있는 주인만이 노예를 제대로 부릴 수 있었을 것이다.

아테네 시민들은 추첨에 의해 민회에 참가하거나 배심원이 될 수 있었다. 하지만 현대 민주주의에서는 소수를 제외하고는 공직에 취임하지는 않기 때문에 대다수 시민들이 다스리는 자의 탁월함을 갖출 필요는 없을 것 같아 보인다.

그러나 우리는 직장 생활을 하든 가정을 이끌든 사업을 하든 공직에 취임하든 리더로서의 역할을 맡아야 한다. 어느 분야건 사람을 이끄는 데 필요한 리더십은 비슷비슷하기 때문에 다스리는 자의 탁월성이 필요하다.

다음으로 탁월한 시민이 지녀야 할 다스림을 받는 자의 탁월성은 무엇을 말하는가? 다스림을 받는 자가 탁월한 인물의 지배를 받고 복종함으로써 배울 수 있는 능력이다.

어떤 시민이 곧바로 기병대장이 될 수는 없다. 만일 그가 기병대장이 되기를 원한다면 처음에는 기병대장 밑에서 지배받는 기간이 필요하다. 누군가를 지배하는 위치에 서고자 한다면 반드시 지배를 받는 자리에서 일을 해봐야 한다. 이에 대해 아리스토텔레스는 "지배를 받아보지 않은 사람은 좋은 지배자가 될 수 없다"라는 말에 동감을 표한다.

이와 관련해 자식들에게 밑바닥의 현장을 경험하도록 한 동원그룹의 창업자 김재철 회장의 이야기는 귀감이 된다. 그는 "사람은 자기가 경험한 것을 중심으로 세상을 이해하고 살아갑니다. 세상은 더불어 살아가야 한다는 것, 사회는 잘사는 사람과 못사는 사람, 좋은 환경과 나쁜 환경이 어우러져 있다는 것을 몸으로 가르치려고 했습니다"라고 말한다. 두뇌로 배울 수 있는 것이 있는 반면에 체험으로만 배울 수 있는 것이 있다.

끝으로, 다스리는 자의 탁월성이 다스림을 받는 자의 탁월성과 뚜렷하게 구분되는 것은 무엇일까? 다스리는 자나 다스림을 받는 자나 모두 절제, 정의, 용기 등과 같은 탁월성을 갖춰야 하지만 유독 다스리는 자에게 필요한 것이 있다. 그것은 바로 앞을 내다보는 능력, 선견지명이다.

예를 들어, 아리스토텔레스는 "다스림을 받는 자는 피리 제작자와 같고, 다스리는 자는 피리를 사용하는 피리 연주자와 같다"라고 말한다. 시민들이나 사람들은 피리가 어떤 목적으로 어디에 사용될지 크게 구애받지 않고 좋은 피리를 만들어내는 일을 한다. 반면에 다스리는 자는 이렇게 만들어진 피리를 좋은 목적에 사용해야 한다.

시민들이 각자의 몫을 제대로 수행함으로써 튼튼한 토대를 갖춘 국가를 만들어낼 수 있지만, 국가를 어떤 방향으로 이끌어야 할 사람은 바로 다스리는 자이다.

구성원들이 아무리 잘해도 리더가 판단을 잘못 내리면 모든 것이 허사가 되어버린다. 그 사례로 무일푼으로 일어선 세일즈맨의 성공 신화, 윤석금 회장을 들 수 있다. 그는 잘못된 선견력과 판단력 때문에 패장이 되고 말았다.

2007년부터 본격적으로 이루어진 건설업, 태양광, 저축은행 등의 사업 확장은 마치 밑 빠진 독에 물을 붓듯 자금을 빨아들였고 결국 그룹 해체를 재촉하고 말았다. 그는 "모두가 제 불찰입니다"라고 한탄하지만 버스가 지나가 버린 후 손들기가 되고 말았다.

나라나 조직, 가정 모두 이끄는 자의 역할이 무척 중요하다. 역사를 돌

마하티르 총리 동방정책을 통해 말레이시아가 빈곤에서 벗어나 성장의 토대를 구축할 수 있게 했다.

이켜봐도 나라 일을 맡은 지도자의 분별력 부족으로 백성들을 노예 상태에 빠뜨리는 사례가 수없이 등장한다. 반면에 훌륭한 지도자가 등장하여 국가를 반석 위에 세운 드문 사례도 있다.

1981년에 총리에 취임하여 2003년에 물러날 때까지 23년 동안 말레이시아가 빈곤에서 벗어나 성장의 토대를 구축하도록 한 사람이 마하티르 총리이다. 취임 초기 그가 일본과 한국을 주목하여 내린 결론은 아시아의 동쪽 나라들을 발전 모델로 삼아서 국가의 산업화를 조직적으로 추구하는 '동방정책(東方政策, Look East Policy)'을 실시한 것이었다.

그는 자서전 『마하티르』에서 당시 대부분의 공무원과 국민들은 "우리가 일본을 모델로 삼는다는 것은 어이가 없는 일이다"라는 반응을 보였다고 회상한다. 그들은 유럽을 모방한 국가에게 배우기보다는 기술의 원조인 유럽을 직접 배우는 것이 올바른 선택이라고 생각했기 때문이다.

하지만 마하티르 총리가 그린 큰 그림은 시대를 앞서 내린 판단이었고 조국 말레이시아에는 행운이었다.

질서의 파괴자 vs. 질서의 수호자

다시 한 번 강조해 두어야 할 점은 훌륭한 시민의 핵심 조건은 '정체의 안정'을 도모한다는 사실이다. 헌법적 기본 질서를 기꺼이 받아들이고 이를 수호하려는 의지를 가진 사람만이 시민 자격이 있다. 여기서 우리는 정체를 파괴하거나 파괴하려는 자들과 협력하는 시민들을 어떻게 대해야 하는지를 생각하게 된다.

우리는 아직도 남북한이 대치 상태에 있다. 대한민국의 시민으로서 이 체제가 제공하는 다양한 혜택을 누리면서도 적성 국가의 정체를 찬양하거나 고무하는 사람들의 활동을 종종 목격하게 된다. 표현의 자유는 당연히 보호해야 하지만 그것이 대한민국의 정체를 파괴하거나 파괴하려는 자들과 공모한 활동까지 허용하는 것은 아니다.

외견상 매우 자유로워 보이는 국가들조차도 정체에 대한 위협 세력을 헌법으로 엄격히 다룬다. 미 해군정보국에 근무하면서 북한 잠수함의 이동 경로와 관련된 미국 자료를 우방인 한국에 유출한 혐의로 구속 기소된 로버트 김 사건이 대표적인 사례이다.

심지어 미국에서 고위 공직에 취임하는 사람은 신원 조회를 위해서 15년간의 해외여행지와 그 목적을 꼼꼼히 보고해야 한다. 시민권을 취득하는 경우라도 미국과 대치하는 적성 국가를 여행한 경험이 있다면, 시민권을 받기 어렵다. 미국을 보면서 적의를 가진 세력과 휴전선을 맞대고 있는 우리는 시민과 공직자에게 무엇을 요구하고 있는지를 꼼꼼이 생각해 봐야 한다.

나는 세상을 낭만적으로 보지 않는다. 남북한의 대치 상황도 그렇지만 중국과 일본, 그리고 미국이라는 국가와의 관계도 국가 간 이익의 치열한 다툼으로 이해한다. 힘의 균형이 기울어지면 언제든지 위험할 수 있는 것이 국제 사회라 생각하며, 스스로 자국의 정체와 핵심 가치, 그리고 문화를 지킬 만한 군사력과 경제력, 기술력을 갖추지 못하면 언제든지 억울한 일을 당할 수 있다고 본다. 역사를 돌아보아도 그 사실은 자명하다.

나는 앞 세대가 만들어낸 대한민국에 큰 자부심을 느낀다. 그래서 이만한 국가를 가능하게 한 헌법 질서를 계속 유지하고 개선하기 위해 국가와 시민이 모두 노력하는 것은 당연한 일이라고 생각한다.

훌륭한 시민은 물론이고 훌륭한 지도자라면 우리가 지켜야 할 정치체제의 안정을 도모하고 이를 더욱 개선 발전시켜야 할 책임이 있다. 우리가 앞 세대들에게 물려받았던 것처럼 우리 역시 더 나은 정치체제를 다음 세대에 물려주어야 한다는 책임감을 느껴야 한다.

그런데 정치체제가 가장 중요한 시스템이라고 하면 이 시스템의 내부에는 하위 시스템으로 국방 시스템, 교육 시스템, 공직 시스템, 복지 시스템 등이 있다. 이 모두 합리성의 원칙이 따라 저비용 고효율로 운용되어야 하고 자원의 낭비가 없어야 한다. 개인이 아무리 노력해도 시스템이라는 제약 조건을 벗어날 수 없기 때문에 각 시스템의 효율성을 올리기 위해 노력해야 한다.

예를 들어, 국방 분야를 보자. 이스라엘은 우리보다 인구는 6분의 1도 되지 않는 730만(2010년 기준)이고, 군사비 지출은 4분 1에도 미치지 못하는 194억 달러(2009년 기준)에 불과하다. 그러나 적대적인 주변 중동 국가들이 두려워할 정도로 질적으로 우세한 군사력을 유지하고 있으며 경우에 따라서는 미국에게도 '노(NO)'라고 말하면서 독자 노선을 걸을 정도로 자주국방에 성공했다.

그럴 수 있는 비밀은 조국을 지키려는 열의가 있는 이스라엘 사람들의 정신력과 군대 시스템의 높은 경쟁력이다.

이스라엘 국민은 남자 3년, 여자 2년의 병역 의무를 지고 있다. 국방 경쟁력의 상당 부분은 잘 만들어진 국방 시스템에서 비롯된다. 군에 머무는 동안 젊은이들이 자신의 경력이 단절되지 않도록 자질과 능력을 최대한 발휘하도록 지원하는 시스템이 갖추어져 있다.

특히 치열한 경쟁을 거쳐 뽑는 탈피오트(Talpiot, 첨단 과학 기술을 활용해 이스라엘 최고의 엘리트를 육성하는 군복무 프로그램), 8200(비밀 사이버정보부대) 등과 같은 엘리트 군대 시스템은 전 세계 최강 수준이다.

채널 IT에서 〈청년, 후츠파(긍정적 의미의 뻔뻔함)로 일어서라〉라는 특집 프로그램을 통해서 이스라엘 시스템의 숨겨진 경쟁력의 원천을 진단한 적이 있다. IT 분야에서 괄목할 만한 성과를 내는 이스라엘 사람들은 이구동성으로 멋진 시스템으로 운영되는 군대 경험이 자신들을 성공으로 이끌었다고 했다.

전 세계의 주목을 받고 있는 전기자동차 분야의 선두 주자 'Better Place'사의 창업자 샤이 아가시(Shai Agassi) 대표는 이렇게 말한다.

"군대 시절은 저의 성장에서 매우 중요한 시절이었고 사회 기여를 할 수 있는 기회였습니다. 군대에 대한 여러 의견이 있지만 제 생각에 젊은 시절에 군 생활을 하면서 큰 책임감 속에 사회에서 접하지 못하는 업무를 수행했습니다. 결과적으로 군대는 혁신적인 사고를 배양할 수 있는 곳입니다." — 〈청년, 후츠파로 일어서라〉, www.channelit.co.kr

프로그램을 보면서 내가 놀랐던 것은 단위 부대에 자율성을 주면서 개인의 자질과 능력을 극대화하는 시스템 때문이었다.

이스라엘의 교육 시스템 역시 이 시대의 교육이 무엇을 지향해야 하는지를 정확하게 겨냥하는 것이었다. 자유로운 토론과 질문을 통해서 끊임없이 사고할 수 있는 힘을 만들어내는 시스템이었다.

우리가 훌륭한 나라를 만들고자 한다면 정체라는 기초 위에 모든 시스템을 정예화하는 데 힘을 모아야 한다. 정치체제의 개혁뿐 아니라 국방개혁, 교육 개혁, 노동 개혁 등을 모두 합리성과 효율성의 관점에서 접근해 이뤄내야 한다.

올바른 정체는
공공의 이익을 추구한다

"정체는 여러 공직, 특히 모든 일에 최고 결정권이 있는 공직에 관한 국가의 편제(taxis, organization)이다. 어느 국가에서나 정부(politeuma, civic body)가 최고 권력을 가지는 만큼, 정부가 사실상 정체이다. 예를 들어, 민주정체서는 민중이 최고 권력을 가지며, 과두정체서는 소수자(oligioi)가 최고 권력을 가진다. 바로 이러한 최고 권력을 가진 정부의 차이가 두 정체가 다른 이유이다. (……) 이제 결론은 분명하다. 공공의 이익을 추구하는 정체는 절대 정의의 기준으로 판단하건대 올바른 정체이고, 다스리는 자들의 개인적인 이익만 추구하는 정체는 잘못된 것이고 올바른 정체가 왜곡된 것이다. 왜냐하면 국가는 자유민들의 공동체인 데 반해서 과두정체나 참주정체

는 전제적(專制的)이기 때문이다." 제2권 6장, 1278b8~14, 1279a16~21

미하일 로마노프(재위: 1613~1645)가 로마노프 왕조를 열고 초대 차르(러시아 황제)에 즉위하며, 이후 차르가 300년간 구소련(러시아)을 다스렸다. 1917년 볼셰비키 혁명 이후에는 74년간 공산당이 지배하는 체제였다. 1991년 페레스트로이카 이후 구소련이 해체되고 러시아연방 시대가 열린다. 이처럼 소련의 정치체제는 '왕의 지배-일당의 지배-민중의 지배'로 변화해 왔다.

구소련 외에도 대부분의 국가는 이처럼 독재적인 체제로부터 민주적인 체제로 이행해 왔다. 결국 국가마다 최고 권력을 누가, 어떤 방법으로 얻는지, 그리고 그것을 누구를 위해 행사하는지에 따라 그것에 걸맞은 정체를 갖게 된다.

본성적으로 국가 공동체를 구성하는 인간은 공동체에 대해 무엇을 원할까? 이에 대해 아리스토텔레스는 "훌륭한 삶이 공동체 전체에도 개인에게도 주요한 목적이다"라고 했다.

그러나 훌륭한 삶도 물리적 생존, 즉 먹고사는 문제가 해결되고 나서야 비로소 가능하다. 이 점에 대해 아리스토텔레스는 "인간은 단순히 물리적 생존을 위해서도 함께 모여 국가 공동체를 유지한다"라고 말한다.

따라서 올바른 정체와 잘못된 정체에 대한 판단은 사람의 물리적 생존과 훌륭한 삶을 얼마나 지켜줄 수 있느냐의 여부에 달려 있다고 볼 수 있다.

물리적 생존과 정체

물리적 생존와 관련해서 정체를 살펴보자. 물리적 생존에서 중요한 것은 사적 소유권을 어느 정도 허용할 것인가 하는 점이다.

구소련을 비롯한 공산주의의 특성은 모든 생산 자원을 국가가 소유하고 분배 역시 공동 분배 방식을 선택한 정체라는 점이다. 구소련은 거대한 관료제 사회였으며, 지배계층은 노멘클라투라로 불리는 '새로운 계급', 즉 특권층이 모든 권력과 이권을 독점하는 체제였다.

이들의 수는 대략 40만 명 정도였는데 가족까지 포함하면 약 280만 명 정도 되었으며, 이들이 구소련의 물적 생산에서 차지하는 비중은 86퍼센트나 되었다.

구소련은 형식적으로 생산수단의 사적 소유를 폐지했지만 잉여가치의 대부분은 노멘클라투라의 이익과 특권을 위해 배분했다. 노멘클라투라는 자본주의 사회에서처럼 사적 소유권을 갖지 않았지만 국가의 생산수단과 땅을 사용하는 물질적 특권을 누렸다. 이들의 보수는 일반 근로자의 4~5배가 되었고 그 밖에도 많은 특권이 있었다.

구소련은 사적 소유권이 인정되지 않는 정치체제로도 얼마든지 국가를 발전시킬 수 있다고 생각했다. 아리스토텔레스의 용어를 빌리자면 통일성을 극도로 추구한 사회였다.

이론적으로나 경험적으로 사적 소유권이 인정되지 않는 체제는 국가 공동체의 구성원들을 먹여 살릴 수 없다. 물론 처음에는 가능하게 보이지만 점점 관료제의 폐해와 공유의 비극이 사회 곳곳에서 발생하기 때문이다.

오늘날 사회적 선택의 폭을 줄이고 개인적 선택의 폭을 넓히자는 자유주의가 심한 비난을 받기도 하지만 수많은 사람들의 물리적 생존을 가능하게 하는 대안을 찾기 어렵다. 자유주의나 자유시장경제가 훌륭한 삶을 얼마나 보장할 수 있는지에 대해서는 논란의 여지가 있지만 물리적 생존의 보장이라는 면에서는 대단한 성과를 내는 것이 사실이다.

지배자와 피지배자, 누구의 이익에 더 비중을 두느냐

국가 공동체에는 다스리는 자와 다스림을 받는 자가 존재하는데 지배와 피지배 관계에서는 누구의 이익에 더 큰 비중을 두는지가 문제가 된다. 권력이 누구를 위해 행사되는지는 최고 권력의 배분에서 중요한 부분을 차지한다.

예를 들어, 가정에서 주인이 노예를 지배하는 경우, 주인이 노예를 보살피지만 이는 다스리는 자의 이익을 위한 활동이다. 만일 다스리는 자가 제대로 보살피지 않아서 노예가 죽기라도 하면 다스리는 자신에게 큰 손실이 발생하기 때문이다.

또한 가장이 아이들에게 의술이나 체육을 가르치는 것은 다스림을 받는 그들의 이익을 위함이다. 이익을 따져보면 자식에게도 이익이 되지만 가장 자신에게도 제대로 성장한 자식에 대해 자긍심과 기쁨을 느끼니 도움이 된다. 그러니 아이들의 장래를 위해 다스리는 자인 가장이 돈과 시간을 투입해서 아이들을 가르치게 된다.

비슷한 논리를 정치에도 적용할 수 있다. 평등과 동등의 원칙에 입각해서 국가를 운영하는 시민들은 관직을 돌아가면서 맡음으로써 다스리는 자일 때는 지배하고 다스림을 받을 때는 복종한다. 다스리는 자일 때는 다른 사람들의 이익을 보살피고, 다스림을 받을 때는 보살핌의 대상이 된다. 자신이 그렇게 했듯이 다스리는 자가 된 다른 사람도 자신의 이익을 보살펴주리라 기대한다.

하지만 공직이 제공하는 이익 때문에 그 자리를 내놓지 않고 계속 머물러 있으려고 하는 사람들이 있다. 오늘날도 고대 그리스 시대 사람들과 크게 다를 바가 없는데, 아리스토텔레스는 계속 공직에 머물러 있기를 소망하는 사람들을 이렇게 꼬집는다.

"오늘날 국고와 공직에서 얻는 이익 때문에 사람들은 공직을 계속 맡기를 원한다. 계속해서 공직만 맡으면 병약한 공직자라도 계속 건강을 유지할 수 있기나 한 것처럼 말이다. 그렇지 않다면 공직을 맡으려고 그렇게 열을 올릴 리가 있겠는가." 제3권 6장 1279a13~15

혼합정체와 민주정체

훌륭한 정체인가 아닌가를 판단하는 기준은 다스림을 받는 자의 이익을 추구하는가, 아니면 다스리는 자 자신의 이익을 추구하는가에 좌우된다.

한 사람이 통치하는 정부 가운데서 공동의 이익을 고려하는 정부는 왕정이고, 통치자 자신의 이익만을 고려하는 정부는 참주정체이다. 참주정체는 참주 1인의 사적인 이익을 추구하는 1인 지배 정체이다.

한 사람 이상의 소수가 통치하는 정부 가운데서 공동의 이익을 고려하는 정부는 귀족정체이고, 소수의 이익을 고려하는 정부는 과두정체이다. 과두정체는 부자들이 권력을 쥐고 자신들의 이익을 추구하는 정체이다.

끝으로 다수가 통치하는 정부 가운데서 공동의 이익을 고려하는 정부는 혼합정체이고 특정 그룹의 이익을 고려하는 정부는 민주정체이다.

혼합정체와 민주정체에 대해 좀더 자세히 살펴보자. 아리스토텔레스는 통치자의 수가 얼마나 되는지에 관심을 두었다. 그는 한 사람이나 소수가 통치하면 탁월함을 발휘하기가 쉬운 반면 다수가 모든 면에서 탁월함에 도달하기는 쉽지 않다고 생각했다.

따라서 그는 왕정이나 귀족정체에 상대적으로 우호적이었고, 혼합정체와 민주정체에 부정적이었다. 특히 그는 민주정을 민중제와 같은 것으로 보아, 다수의 가난한 사람이 그들의 이익만을 추구하는 올바르지 않은 정체로 정의한다.

하지만 현실적으로 각국의 정체는 혼합정체와 민주정체로 나아갈 수밖에 없었다. 왜냐하면 폴리스들은 생존을 위해 전쟁을 치러야 했고, 전쟁에 참가했던 이들이 대가로 정치적 권리를 요구했기 때문에 다수가 지배하는 정체의 출현은 불가피했다. 군사적 탁월함 면에서는 다수가 지배하는 혼합정체와 민주정체가 단연 두각을 나타내었다.

역사적으로 볼 때도 군주정체든 과두정체든 간에 장기적으로는 민주정체로 수렴될 수밖에 없다. 오늘날 중국 공산당 역시 일종의 공산당 소속 고위직에 의한 과두정체로 이해할 수 있다. 이런 정체들도 한시적으로 존재하다가 서서히 민주정체로 수렴될 것이다. 중동의 민주화 시위를 보더라도 소수에 의한 지배는 장기간 지속될 수 없다.

소수의 사람들이 권력을 장악하는 정체가 장시간에 걸쳐 유지될 수 없는 이유는 무엇일까? 소수의 지배층에 부가 집중될 수밖에 없기 때문이다. 또한 부의 분배와 관련해 투명성과 공정함을 잃어 대중이 분노하게 되고 국가 전체적으로 비효율성이 증가할 가능성이 커지기 때문이다.

그러나 귀족정처럼 소수의 지배층이 권력을 장악하더라도 다수의 이익을 위한 정체를 유지할 수 있다면 정체의 존속 기간을 어느 정도 연장할 수는 있다.

반면에 수많은 전쟁으로 인해 폴리스의 정체 변화를 경험한 아리스토 텔레스는 현실주의자답게 다수가 지배하는 정체도 어느 정도 인정한다. 그 가운데 그가 으뜸으로 꼽는 것은 민주정과 과두정이 혼합된 혼합정 체이다.

　혼합정체는 바로 가난한 사람이 아니라 일정한 재산을 가진 중산층이 권력을 잡고 그들의 이익만이 아니라 국가 공동체의 공동 이익을 위하 는 정치체제이다.

　'혼합정체'에 대해서는 뒤에서 좀더 자세히 다루도록 한다.

부와 자유가
정치체제를 좌우한다

"과두정체와 민주정체 사이의 진정한 차이점은 가난과 부(富)의 문제에 있다. 따라서 그들이 수가 많건 적건 간에 재산이 많은 사람이 지배하면 과두정체이고, 빈민이 지배하면 민주정체다. 그러나 앞서 말했듯이 부자는 소수이고 빈민은 다수다. 부유한 자들은 수가 적기 때문이다. 반면에 자유는 모두 다 누린다. 그리고 부와 자유는 과두정체의 지지자들과 민주정체의 지지자들이 정체에 대한 통제권을 두고 다투는 진정한 이유이다." 제3권 8장, 1279b38~1280a5

어느 국가를 가더라도 부자는 소수이고 빈자는 다수를 차지한다. 그들 사이의 갈등은 어느 시대나 불가피한 면이 있기에 정체에서도 뚜렷하게 대비된다.

이런 면에서 보면 현대 민주주의라고 해서 크게 달라질 것은 없다. 정치는 국가와 구성원들에게 최고의 선을 추구하게 만드는 것이라고 하더라도 현실 세계에서는 이익의 배분과 깊은 관련이 있다.

어떤 계층이나 계급에게 어느 정도의 이익을 배분하고 그런 배분 과정의 비용을 누구에게 부담시킬 것인가 하는 문제와 연결되어 있다. 권력을 쥔다는 것은 합법적으로 이익 배분의 권한을 갖는다는 것을 뜻한다.

여기서 소수의 이익을 위한 정부 혹은 다수의 이익을 위한 정부가 등장하게 된다. 여기서 이익은 단순히 눈에 보이는 부만이 아니라 자리, 명예 등을 모두 포함하는 정치적 이익을 말한다.

이러한 소수 부자들의 이익을 위한 과두정체와 다수 빈민(대중)을 위한 민주정체의 구분이 지나치게 정형화된 것이라고 받아들일 수 있다. 하지만 실제로 모든 정체의 차이는 계층 간에 이루어지는 부의 분배 문제에서 기인함을 주목할 수밖에 없다.

민주정체와 포퓰리즘

어느 사회를 보더라도 다수가 부자일 수 없다면, 민주정체 아래 다수 대중의 인기에 영합하거나 이익을 챙기기 위한 포퓰리즘은 불가피하다. 고대 아테네의 민주정이든 현대 민주주의든 '다수결의 원리'에 따라 부자나 가난한 사람 모두 1인 1표를 행사하지만 수적으로 우세한 사람들이 승리하기 때문이다.

따라서 옳고 그름을 떠나 다수에게 아부하는 정치가들이 나오게 되는 것은 자연스럽다. 정치가의 존재 목표가 권력을 장악하는 것이라면 당연히 다수가 원하는 것을 제공하려 노력할 것이고, 다수가 좋아할 법한 것을 적극적으로 내놓게 된다.

흥미로운 사실은 대다수 민주주의 국가들에서 대중 영합적인 정책들은 시간을 두고 서서히 그 나라의 주류를 차지하고 그 부작용이 본격화되면서 경제 위기에 버금가는 상황을 맞게 된다는 점이다. 그때가 되어서야 비로소 그 정책을 바로잡기 위해 정치가들이 나선다.

그런데 문제는 이런 과정이 한 번으로 그치지 않고 반복된다는 점이다. 위기가 지나가고 나면 또다시 대중에 영합하는 정책이 도입되고, 이로 말미암아 그 부작용으로 경제 위기가 닥치면 또다른 정책이 반복된다.

현대 민주주의 국가에서는 구조적으로 통화를 팽창시키거나 미래 소득을 끌어다 사용함으로써 경기를 인위적으로 부양하는 정책을 지속하는 경향이 있다. 금본위제도가 폐지된 이후에는 모든 정부가 인플레이션을 동반하는 발권력이나 저금리 정책을 통해 시중에 통화량을 자유롭게 증가시킬 수 있기 때문이다.

대표적인 포퓰리즘 정책으로 인한 결과가 2008년 글로벌 금융 위기이다. 이는 이듬해 9월 리먼 브러더스의 파산으로 이어졌다. 위기의 진앙지는 결국 인간의 탐욕이겠지만 근본적인 원인은 정책의 실패이다.

미국의 부동산 거품을 일으킨 주요 요인들로 꼽히는 방만한 통화 공급과 저금리, 그리고 무자격자에 대한 관대한 부동산 대출 정책은 모두 대

벤 버냉키 불황 극복을 위해 막대한 양의 달러를 공급해 온 미국 연방준비은행(FRB) 의장. 불황 타개책으로 헬리콥터로 돈을 뿌려야 한다고 주장해 '헬리콥터 벤'으로 불린다.

중에게 영합한 정책이다. 정치가의 잘못을 비난하는 사람들도 많지만 정치가로 하여금 그런 선택을 할 수밖에 없도록 만든 주체는 다수의 유권자들이다.

로체스터 대학교의 경제학과 교수인 스티븐 랜즈버그는 "정부에서 돈을 찍어내면 모든 사람이 일시적으로 조금 더 행복해진다. 그러나 많은 사람들이 속고 있다. 결국 이전에 '행운'이라 생각했던 것을 나중에 후회하게 된다"라고 말한다.

다수의 사람들은 훗날 후회하는 일이 있더라도 당장의 행복을 원한다. 포퓰리즘 정책들은 거의 대부분이 훗날 상당한 고통을 치르더라도 당장의 편안함을 제공하는 것들이다. 민주정체에서 다수의 대중들은 당장의 편안함을 원하는데, 유권자들의 표를 얻어야 하는 정치가들이 대중의 욕구를 외면할 수 있을까? 쉽지 않은 일이다.

민주정체와 과두정체

사람은 매사를 자기중심으로 바라본다. 특히 이해관계가 걸려 있을 때는 더욱 그렇다. 아리스토텔레스의 시대에도 민주정체와 과두정체를 옹호하는 사람들은 하나같이 정의라는 면에서 자신이 옹호하는 정체만이 올바른 정체라고 주장했다.

민주정체의 지지자들은 불평등을 정당화하는 판단 기준으로 자유민이라는 신분을 내세운 데 반해 과두정체의 지지자들은 불평등을 정당화하는 판단 기준으로 부(富)의 소유를 내세웠다.

아리스토텔레스는 민주정체 지지자들과 과두정체 지지자들이 평등에 대해 근본적으로 생각이 다름을 이렇게 지적한다. 민주정체 지지자들에게 정의는 평등이다. 여기서 평등은 만인이 아니라 평등한 자들, 즉 자유민만을 위한 평등이다. 그들은 자유민으로 평등하게 태어났거나 후천적으로 시민 자격을 취득한 자유민이라면 모든 면에서 평등할 자격이 있다고 생각한다.

반면에 과두정체의 지지자들은 공직을 배분하는 데서 불평등이 정당하다고 생각한다. 이때 불평등은 부(富)를 가진 사람들과 그렇지 않은 사람들 사이의 불평등이다.

그러면 왜 민주정체 지지자들과 과두정체 지지자들 사이에 정의에 대한 해석이 이처럼 다를까? 그들이 말하는 정의는 절대적 의미의 정의가 아니라 제한된 의미의 부분적인 정의이기 때문이다.

제한된 의미의 부분적인 정의가 지닌 문제점을 손쉽게 확인할 수 있는 사례를 들어보자. 과두정체 지지자들은 갑이란 사람이 총세금 가운데 99퍼센트를 낸 경우와 을이란 사람이 단지 1퍼센트를 낸 경우라면 이들을 불평등하게 대우하는 것은 당연하다고 주장한다. 또한 공직 임명부터 시작해서 모든 부분에서 갑과 을을 불평등하게 대우하는 것은 정의로운 일이라고 생각한다.

예를 들어, 우리나라의 소득세도 상위 1퍼센트가 전체의 45퍼센트 이상을 부담하고 있으며 국민의 40퍼센트 정도는 소득세를 한 푼도 내지 않는다. 또한 법인세는 상위 1퍼센트의 기업이 70~80퍼센트를 내고 있다. 현대 민주주의 국가에서도 세금의 대부분을 내는 사람들은 세금을 한 푼도 내지 않고 늘 사회에 대해 이런저런 불만을 내놓는 사람을 탐탁지 않게 여길 수 있다.

민주정체에서는 그런 불만을 마음속에 품을 수 있을지는 모르지만 그 자체가 정당성을 얻기는 힘들다. 모든 사람은 재산이나 성별, 출신 등에 관계없이 참정권 행사에서 1인 1표를 갖는다는 원칙을 공유하기 때문이다. 한 나라에서 재산에 비례해서 혹은 소득세 납부액에 비례해서 선거권을 더 주자는 이야기가 나온다면 아마도 폭동이 일어날 것이다. 세상에는 양보할 수 없는 원칙이라는 것이 있는데, 그것은 바로 '1인 1표의 원리'이다.

여기서 아리스토텔레스는 중요한 지적을 한다. "만약 사람들이 재산을 위해 함께 모여 공동체를 구성하는 것이라면, 국정의 참여 정도는 재산에 비례해야 한다"라고 한 것이다. 하지만 국가의 시민들은 재산을 위해 공동체를 결성한 것이 아니라는 점에서 부의 소유 여부에 따라 공직배분에서 불평등을 정당화하는 과두정체는 올바른 정체가 아니다.

현대 민주주의에서 수적으로 열세인 부자들은 자신들의 이익을 보호하기 위해 각종 이익단체를 만들어서 활용하기도 하고, 정치인을 후원하기도 하고, 언론을 통해서 자신들의 주장을 확산하기도 한다. 때로 일부 부자들은 정치가로 변신을 시도하기도 한다.

이익을 지키려는 이런 시도들이 합법의 테두리 안에서 이루어진다면 나무랄 수 있는 일은 아니다. 그러나 이따금 금력을 이용해서 국가의 정책을 좌지우지하려는 사례가 발생하면서 정치 권력과 경제 권력 사이에 갈등이 빚어지기도 한다.

구소련의 개방 이후 러시아에서는 기업가들이 국영 기업을 인수해서 큰 부를 만지게 되었다.

보리스 옐친 대통령(재임 1991년 6월~1999년 12월)이 집권하고 있을 당시 소련은 형식적으로 민주주의를 채택하고 있었지만 실질적인 막후의 힘은 올리가르히(러시아 신흥 재벌, 과두정)가 갖고 있었다. 과두정의 최고 권력을 쥔 사람이 바로 로고바지그룹의 회장이었던 보리스 베레조프스키(Boris Berezovsky)였다.

그는 1996년 대선 때 옐친 대통령을 위해 수억 달러를 후원함으로써 막후 실세로 떠오른다. 거미줄 같은 정·재계 인맥을 형성하는 데 성공했고 같은 해에 장관급 자리인 독립국가연합(CIS) 사무총장 자리까지 얻게 된다.

한때 그는 '킹 메이커'로 불렸으며 옐친 대통령 일가에 대한 도청을 시도할 정도로 막강한 권력을 휘둘렀다.

그러나 그는 1998년 8월 신흥 재벌들에 대한 정경 유착성 대출로 부실화한 은행들을 퇴출시키려 한 개혁파 총리 세르게이 키리옌코를 실각시키기도 하고, 자신의 사금고 역할을 하던 부실 은행들의 파산을 막기 위해 러시아 정부에 영향력을 행사하기도 했다.

그의 행운은 오래가지 못했다. 2000년에 권력을 쥔 블라디미르 푸틴

재판정으로 들어가는 러시아 신흥 재벌 베레조프스키
불법적인 방식으로 자신의 이해관계를 도모했던
그는 '킹 메이커'로 불리며 막후 실세로 군림했지
만 결국 푸틴에게 숙청당했다.

은 크렘린이 베레조프스키를 비롯하여 권력을 사유화한 일부 재벌들에
의해 좌지우지되고 있다고 판단하여 그들을 무자비하게 숙청했다.

결국 베레조프스키는 2000년 10월 영국으로 망명했다. 이후 푸틴의
권력에 고개를 숙였던 재벌들은 살아남았지만 맞섰던 재벌들은 철저하
게 해체되었다.

오늘날도 외관은 민주주의를 채택하고 있지만 실질적인 영향력은 금
력에 있는 경우가 많다. 어디서나 돈의 힘은 세기 때문이다. 미국 역시
선거에 돈이 많이 들어가기 때문에 돈과 결탁된 정치권력에 대한 비판이
증가하고 있다. '돈과 미디어 선거 복합체'라는 용어가 등장할 정도이다.

미국 역사에서 소수의 지배에 동조했던 인물이 있는데 그는 미국 건국
의 아버지 가운데 한 사람이자 대법관이었던 존 제이이다. 그는 "나라를

소유한 자가 나라를 다스려야 한다"라는 주장, 즉 "1인 1표가 아니라 1달러 1표에 기초한 정치체제가 필요하다"라고 즐겨 말하기도 했다.

그의 주장은 아마도 '미국 헌법의 아버지'로 불리는 제임스 매디슨이 느꼈던 '다수 지배'에 대한 불안감과 궤를 같이한다고 본다. 제임스 매디슨은 "다수로부터 소수의 부자를 보호해야 한다"라는 주장을 펼치기도 했는데, '다수의 지배'가 '다수의 폭정'으로 연결될 수 있음을 우려했던 것 같다.

누가 지배하느냐보다
어떻게 지배하느냐가 더 중요하다

"최고 권력 기구는 필연적으로 일인, 소수 또는 다수에 의해 대표된다. 일인, 소수 또는 다수가 공동 이익을 위하여 통치하는 정부는 올바른 정부다. 이와 달리 일인, 소수 또는 다수가 사적 이익을 위해 통치하는 정부는 잘못된 정부다. (……) 일인이 통치하는 정부들 가운데 공동 이익을 추구하는 정부는 군주정(basileia, kingship)이며, 소수가 통치하는 정부는 귀족정(aristokratia, aristocracy)이라고 칭한다. 이 경우 가장 훌륭한 자들(最善者, hoi aristoi)이 국가와 구성원을 위해 최선의 것(to ariston)을 추구하기 때문에 그런 이름이 주어졌다. 마지막으로 다수가 공동의 이익을 위하여 통치할 경우, 정부는 정체 일반을 뜻하는 명칭인 '정체' 또는 '혼합정체(politeia, constitutional government)'라고 불린다. 이런 용어를 사용하는 데는 충분한 이유가 있다. 일인 혹은 소수가 탁월하기는 쉬워도 다수가 모든 면에서 탁월하고 완벽하기는 어렵기 때문이다. 그러나 다수는 군사적 탁월함에서는 뛰어나기 때문에 '혼합정체'에서는 전사들이 최고 권력을 가지며, 중무장할 재력이 있는 자들이 시민권을 갖는다. 앞서 말한 정체들 중 왕정이 왜곡된 것이 참주정체, 귀족정체가 왜곡된 것이 과두정체, 혼합정체가 왜곡된 것이 민주정체이다. 참주정체는 독재자의 이익을 추구하는 일인 지배 체제이고, 과두정체는 부자들의 이익을 추구하는 소수 지배 체제이며, 민주정체는 빈민의 이익을 추구하는 다수 지배 체제인데, 그 어느 정체도 시민 전체의 이익을 추구하지 않는 정체들이다." 제3권 7장 1279a27~1279b1, 1279b4~10

국가에서 권력을 행사하는 주체는 누구여야 하는가? 정체는 권력을 쥔 사람에 따라 좌우되기 때문에 누가 권력을 쥐는가 하는 문제가 중요하다.

아리스토텔레스는 『정치학』 제3권 7장에서 다수보다도 일인이나 소수의 지배, 즉 왕정이나 귀족정이 더 나은 정체라고 했다. 그 이유로서 "일인 혹은 소수가 탁월하기는 쉬워도 다수가 모든 면에서 탁월하고 완벽하기는 어렵기 때문이다"라고 말한다. 왕정이나 귀족정체에 비해서 혼합정체는 권력을 나눠 갖는 사람들의 수가 증가하기 때문에 탁월함에서 문제가 있을 수밖에 없음을 강조한다.

그런데 제10장 '국가의 최고 권력'에서는 앞의 주장을 뒤집는 이야기가 나온다. 혼합정이 군주정이나 귀족정보다 더 나은 정치체제라는 주장이다. 그의 주장은 다음과 같다.

"누가 최고 권력을 가져야 하는가? 대중인가, 부자들인가, 유능한 자들인가, 가장 훌륭한 사람인가, 아니면 참주인가? (……) 소수인 가장 훌륭한 자들보다 대중이 최고 권력을 가져야 한다는 견해는 받아들일 만하며, 다소 문제점이 있더라도 일리가 있는 것 같다. 다수는 비록 그중 한 명 한 명은 훌륭한 사람이 아니더라도 함께 모였을 때는 개개인으로서가 아니라 전체로서 소수인 가장 훌륭한 사람들보다 더 훌륭할 수 있기 때문이다. 그것은 여러 사람이 비용을 갹출한 잔치가 한 사람이 비용을 전부 부담한 잔치보다 더 나은 것과 같다. (……) 올바르게 제정된 법(nomos)이 최고 권력을 가져야 한다." 제3권 10장 1281a11, 1281a29~33, 1282b2

이처럼 올바른 정치체제에 대해 아리스토텔레스의 주장이 오락가락하는 이유는 무엇일까? 그는 혼합정체를 중산층, 즉 중간계급이 지배하는 정치체제라고 말한다. 그러나 당시의 도시국가들에서 중산층이 다수를 차지하는 나라가 존재하지 않았거나 설령 존재했더라도 소수에 지나지 않았다.

혼합정체가 이상적이긴 하지만 현실 세계에서 실현 가능성이 떨어지는 체제였기 때문에 아리스토텔레스는 자신 있게 혼합정체가 으뜸이라고 하기가 쉽지 않았을 것이다. 어떤 국가에서 중산층의 지배가 가능하더라도 수적으로 적기 때문에 혼합정체는 언제든지 빈민이 지배하는 민주정이나 부자가 지배하는 과두정으로 변질될 수 있다.

이러한 혼란에도 불구하고 아리스토텔레스는 올바른 정치체제와 잘못된 정치체제를 명확하게 구분했다. 즉, 공동 이익을 추구하는 정치체제는 올바른 체제이며 사익을 추구하는 정치체제는 잘못된 체제라고 했다.

그러나 올바른 정치체제 가운데서 우열을 가리는 일은 쉽지 않으며 정치 상황에 따라 달라질 수 있다. 여기서 그는 지배하는 사람의 수는 별로 중요하지 않다고 말한다. 한 사람에 의한 지배든, 소수에 의한 지배든, 다수에 의한 지배든 모두가 정의롭지 않은 일이 발생할 가능성이 있기 때문이다.

이를 '극단적인 부정의(the extreme of injustice)'라고 표현하면서 세 가지 사례를 드는데, 형식은 다르지만 현대 국가에서도 얼마든지 일어날 수 있는 일들이다.

첫째, 수적으로 다수인 빈민들이 음모를 꾸민 다음 부자들의 재산을 빼앗아서 자기들끼리 나누는 경우를 들 수 있다. 누군가 이를 비판하면 다수의 빈민들은 최고 권력 기구의 정당한 결정이기 때문에 문제가 될 것이 없다고 뻔뻔스럽게 말할 것이다.

둘째, 다수가 소수자의 재산을 빼앗은 다음 마음대로 처분해 버리는 경우를 들 수 있다. 여기서 다수는 반드시 빈민이어야 할 필요는 없다. '재산몰수법'을 만들어서 합법을 가장해 이런 만행을 저지를 수 있다. 공산주의나 나치 치하에서 인종이나 출신 성분을 기준으로 특정 그룹에 대해 행해진 조직적인 폭력이 이 경우에 해당한다.

셋째, 참주들 역시 강자로서 폭력을 이용해 소수자의 재산을 자신의 것으로 만드는 경우를 들 수 있다.

국가의 목적은 시민들의 탁월함을 보호하는 것이기 때문에 세 가지 행위 모두 불법이고 불의이다. 올바른 정체에서 있어서는 안 될 일들이다.

장기 독재 체제의 비참한 종말

아리스토텔레스의 주장을 역사적 경험 속에서 살펴보자. 선진국은 중산층이 두텁고 중산층 지배가 가능한 국가들이기 때문에 정치 안정을 이루었다. 일인 혹은 소수가 장기 집권을 하는 국가라도 공동 이익을 추구하는 경우에는 정치체제가 상대적으로 안정적이었다. 반대로 지배자가 사익을 추구하는 나라의 정체는 크게 흔들릴 수밖에 없다.

26년간 나라를 이끌었던 싱가포르의 리콴유 총리의 경우를 보면, 그는 일인 혹은 소수 지배라 할 정도로 권력이 집중된 가운데 장기 집권을 했다. 그러나 그는 국익을 위해 헌신했고 집권 기간 동안 정치체제는 안정되었으며 국가를 반석 위에 올려놓는 데 성공했다.

그러나 오랜 기간에 걸친 일인 혹은 소수 지배가 이처럼 좋은 결실을 거두는 경우는 드물다. 중동의 경우 이라크의 사담 후세인 대통령(33년 집권), 무아마르 카다피 리비아 최고 지도자(42년 집권), 알리 압둘라 살레 예멘 대통령(22년 집권), 호스니 무바라크 이집트 대통령(30년 집권), 지네 엘 아비디네 벤 알리 튀니지 대통령(24년 집권) 등은 말년에 시민혁명으로 쫓겨나거나 죽음을 당했다.

아프리카의 경우 에티오피아의 하일레 셀라시에 1세(33년 재임), 그를 제거하고 권력을 잡았던 멩기스투 하일레 마리암 에티오피아 대통령(17년 집권), 케네스 카운다 잠비아 대통령(27년간 재임) 등도 쿠데타에 의해 실각했다.

이 밖에 독재자가 20~30년 이상이나 장기 집권하고 있는 나라는 가봉, 적도 기니, 앙골라, 짐바브웨, 카메룬, 우간다, 차드 등이 있다. 이들 정권의 말로도 좋지 않을 것으로 예상된다.

이 독재자들은 집권 초기에는 대중의 이익을 위한다는 명분으로 권력

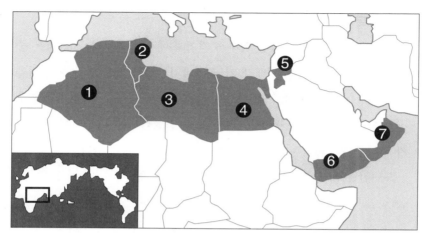

북아프리카 및 아랍 국가 주요 지도자들의 재임 기간

❶ **알제리**　13년－압델아지즈 부테플리카 대통령(1999~)
❷ **튀니지**　24년－지네 엘 아비디네 벤 알리 대통령(1987~2011)
❸ **리비아**　42년－무아마르 카다피 국가원수(1969~2011)
❹ **이집트**　30년－호스니 무바라크 대통령(1981~2011)
❺ **요르단**　13년－압둘라 2세 국왕(1999~)
❻ **예멘**　22년－알리 압둘라 살레 대통령(1990~2012)
❼ **오만**　42년－카부스 빈 사이드 알 사이드 국왕(1970~)

을 장악했지만 이를 유지한 사람은 손에 꼽을 정도로 드물다. 일인 혹은 소수가 절대 권력을 쥐는 경우 권력을 남용하지 않는 경우는 드물다.

　그렇다면 유능한 자들이 통치도 하고 모든 일에 최고 권력을 쥐는 것은 어떨까? 그것도 잠시 동안이 아니라 영원토록 공직을 차지하면 어떨까? 이 또한 심각한 문제를 낳는다.

　아리스토텔레스의 주장에 따르면 사람들은 "공직(archē)은 명예(timē)"라고 받아들이기 때문에 시민들이 공직에서 영원히 제외된다는 것은 영원히 명예를 박탈당하는 것을 뜻한다. 명예를 박탈당한 자가 다수를 차지하고 그들의 수가 점점 늘어난다면 그 정체가 안정될 수 있겠는가? 불만을 품은 사람들은 정체를 바꾸고 싶어 할 것이다.

그렇다면 왜 아리스토텔레스는 다수의 빈민이 지배하는 민주정과 다수의 중산층이 지배하는 혼합정체보다 소수의 유능한 사람들이 지배하는 군주정과 귀족정에 후한 점수를 주었을까?

당시 아테네를 구성하는 다수의 사람은 빈민이지 중산층이 아니었기 때문이다. 다수의 빈민들이 할 일 없이 민회나 배심법정에 몰려다니면서 국정을 마음대로 좌지우지했다. 이를 지켜보는 아리스토텔레스는 마음고생이 심했다. 그래서 그는 그 대안으로 군주정과 귀족정에 기대할 수밖에 없었을 것이다.

그런데 군주정과 귀족정은 그 당시에 실천되기가 쉽지 않았다. 빈민들이 수적으로 우세할 뿐만 아니라 그들은 군 복무를 대가로 참정권을 요구할 자격이 있었기 때문이다. 대안으로 등장하는 정체가 혼합정체인데 이 역시 중산층이 두텁지 않은 고대 그리스 도시국가의 상황에서는 위태로운 정체였다.

결국 아리스토텔레스는 그리 내키지는 않지만 고대 그리스 도시국가의 모든 정체는 궁극적으로 민주정으로 수렴될 수밖에 없을 것으로 내다보았다.

하지만 고대 아테네와 달리 현대 국가들은 물질적인 수준에서 나아졌고 중산층도 두터워졌다. 이런 면에서 보면 현대 국가에서 혼합정체는 실현 가능한 체제가 아닐까?

그럼에도 최고 권력은
민중 전체에게 있다

"권력을 갖는 것은 배심법정이나 평의회나 민회의 개별 구성원이 아니라 법정과 평의회와 민회 전체이며, 개별 구성원, 즉 평의회 회원과 민회 회원과 배심원은 이들의 부분에 지나지 않는다. 따라서 대중이 더 중요한 업무들에서 최고 권력을 가져야 하는데, 배심법정이나 평의회, 그리고 민회가 많은 사람들로 구성되어 있기 때문이다. (……) 법은 필연적으로 그것이 속하는 정체에 따라 좋거나 나쁘거나, 정당하거나 정당하지 못할 것이다. 확실한 것은 법은 정체에 맞아야 한다는 것이다. 만일 이것이 사실이라면 필연적으로 올바른 정체들에 맞게끔 제정된 법(올바르게 제정된 법)은 올바르고, 왜곡된 정체들에 맞게끔 제정된 법은 정당하지 않다." 제3권 11장 1282a34~38, 1282b8~12

아리스토텔레스는 대중 가운데서 누군가 개인 자격으로 최고 공직에 취임하는 것을 금지해야 한다고 했다. 그 이유는 충분한 지식과 자격을 갖추지 않은 사람이 공직을 수행함으로써 발생할 수 있는 위험을 줄이기 위해서다. 그는 집단으로서의 대중에 대한 믿음이 있었지만 이처럼 개인에 대해서는 의심의 눈초리를 거두지 않는다. 이는 민중 전체에 권력이 주어져야 하지만 대비책도 있어야 한다는 뜻이다.

그런데 여기서 대중(민중)이 구체적으로 누구인가에 대해 명확히 해둘 필요가 있다. 민중은 "자유민 또는 시민 대중"이며 더 구체적으로는 "부자도 아니고 탁월함에 근거해 무엇을 요구할 처지도 못 되는 자들"을 말한다.

아리스토텔레스는 대중 전체가 권력을 갖고 공직의 심의와 감사를 청구할 수 있도록 함으로써 민중의 공직 참여 배제로 인해 발생할 수 있는 위험과 동시에 개인이 공직에 직접 참여함으로써 발생할 수 있는 위험을 함께 제거해야 한다고 강조했다. 따라서 그는 국가 권력을 행사하는 실체를 민중 가운데 한 명이나 두 명이 아니라 법정과 민회 전체로 받아들인다.

여기서 아리스토텔레스의 현실주의적인 면모를 다시 확인할 수 있다. 현실적으로 대중들을 공직에서 배제하는 것은 국가 내부에 적들을 양산하는 부작용을 낳는다. 이런 상황에서 정체가 유지되기는 어렵다.

따라서 그는 대중의 심의와 재판 참여를 허용함으로써 정치 참여 기회를 제공하되 개인 자격으로 무자격자가 공직에 취임하는 것을 금지해야 한다고 강조한다. 양극단을 피하고 중용을 선택한 조치라 할 수 있다.

민중 전체가 참여해 만든 '올바르게 제정된 법'

인간은 변덕스러운 존재이기도 하고, 개인의 이익에 좌우되는 존재이기도 하고, 감정에 따라 일희일비하는 존재이기도 하기 때문에 아무리 현자라 하더라도 그 사람에게 전적으로 의존하는 것은 위험하다. 법도 과두정이나 민주정으로 기울어지면 특정 계층에 더 많은 이익을 배분하는 것으로 왜곡될 수 있다.

그래도 왕이나 귀족과 같은 특정한 사람들의 능력과 자비, 지혜에 의존하기보다는 법에 의존하는 편이 더 나을 것이다. 최선을 찾을 수 없다면 그나마 차선에라도 의존해야 하는데, 이 차선책은 바로 '법의 지배'이다. 이것이 아리스토텔레스의 주장이다.

법의 지배에 가장 가까운 정체는 혼합정체이다. 이는 '중산층의 지배'와 '법의 지배'가 함께 이루어지기 때문에 영어 번역본은 혼합정체를 흔히 '입헌정체(constitutional government)'라고 표현한다.

아리스토텔레스는 민회와 배심법정을 통해 만들어진 '올바르게 제정된 법'이 최고 권력을 가져야 한다고 주장한다. 다만 그런 법조차도 정체와 맞물리기 때문에 왜곡된 정체에서 만들어진 법은 올바르지 않다고 했다.

개인이 아니라 민중 전체가 권력 행사의 주체가 되어야 한다는 주장은 다음과 같이 정리할 수 있다. 첫째, 최고 권력은 민중 전체에 주어져야 한다. 둘째, 민중 전체는 법정과 민회이다. 셋째, 민중 가운데 유능하지 못한 개인이 최고 권력에 직접 참여하는 것을 막아야 한다. 넷째, 민중 전체가 참여해 만든 '올바르게 제정된 법'이 최고 권력을 가져야 한다.

현대적 의미로 "개인이 아니라 민중 전체가 권력 행사의 주체가 되어야 한다"라는 주장을 어떻게 받아들여야 할까? 어떤 정치체제를 선택하더라도 완벽한 체제는 없다. 인간의 불완전함이 전제되는 한 어떤 정치체제를 도입하더라도 불완전하다.

그럼에도 '민중 전체가 권력 행사의 주체'라는 것을 현실적으로 잘 구현할 수 있는 방법은 정당을 통해 국민 의사를 수렴하는 것이다.

정체성이 명확한 정당들이 상호 견제와 경쟁을 통해서 존립할 수 있다면 특정 인물에게 과도하게 의지하지 않을 수 있을 것이고, 정체의 안정성은 물론이고 정책의 예측 가능성도 크게 키울 수 있을 것이다. 또한 사람들은 자신의 정치적 성향이나 요구에 따라 정치적 욕구를 충족시킬 수 있을 것이다.

아리스토텔레스는 달변인 민중 선동가들이 민회나 배심법정의 분위기를 마음대로 휘젓는 것을 보면서 차선책으로 개인이 아니라 '민중 전체가 권력 행사의 주체'가 되어야 한다고 생각했을 것이다. 이는 현대 민주주의에서도 정체성이 명확한 정당 중심의 정치를 통해서 실천할 수 있다.

따라서 정당의 문제점을 핑계 삼아 정당 정치 자체를 부정하는 일은 '대의민주주의＝정당 민주주의' 자체를 부정하는 것이어서 바람직하지 않다.

정치 목적은
정의의 실현이다

"모든 학문과 기술의 목적은 선(善)이다. 궁극적인 목적은 최고의 선이며, 이 점은 모든 학문과 기술의 으뜸이라 할 정치에 특히 가장 많이 적용되는데, 정치의 선은 정의이며 그것은 곧 공동의 이익이다. 다들 정의는 일종의 평등이라고 생각한다. 그리고 그들은 『니코마코스 윤리학』에서 내가 설명한 정의의 철학에 어느 정도 동의한다. 말하자면 그들은 정의는 특정한 사물들을 특정한 사람들에게 배분하는 것을 조정하며, 평등한 사람들에게는 평등해야한다고 말한다. 여기서 우리가 간과해서는 안 될 점은, 무엇에 대해 평등 또는 불평등인가 하는 점이다." 제3권 12장 1282b14~22

정치의 궁극적인 목적으로서 정의는 어떤 의미일까? 아리스토텔레스는 『정치학』과 관련된 여러 가지 논점들을 소개하고 있는 『니코마코스 윤리학』 제5권 6장에서 '정치적 정의'에 대해 이야기한다.

이때 정치적 정의와 부정의는 국가 공동체를 이루는 동등한 구성원들 사이에 성립하는 것으로서 "부정의를 행한다는 것은 좋은 것들을 자신에게 너무 많이 배분하고, 나쁜 것들은 너무 적게 배분하는 것"을 말한다.

뿐만 아니라 그는 "다스리는 사람은 정의로운 것의 수호자이며, 정의로운 것의 수호자라면 동등함의 수호자이기도 하다"라고 말하기도 하고 "다스리는 사람은 그가 정의로운 사람인 한 자신이 조금이라도 더 많이 갖지 않는다"라고 말한다.

이런 이야기로 미루어볼 때 『니코마코스 윤리학』에서 말하고자 하는 정치적 정의는 "국가 공동체를 구성하는 동등한 구성원들에게 평등하게 배분하는 것", 즉 공동의 이익을 실현하는 것이다.

'피리'를 누구에게 주어야 하는가

"정의는 특정한 사물들을 특정한 사람들에게 배분하는 것을 조정하며, 평등한 사람들에게는 평등해야 한다"는 말 속에 정치의 궁극적인 목적이 들어 있다.

그러나 인간은 자신의 이익에 충실한 존재이기 때문에 최고 공직자에 오른 정치가들이 반드시 정치적 정의를 실천하는 데 앞장서는 것은 아니다.

『니코마코스 윤리학』에서 아리스토텔레스는 정치가에게는 자신의 일에 합당한 존경과 영예가 주어지긴 하지만 이런 것들에 만족할 수 없는 사람들이 더 많은 몫을 챙기기 위해 참주가 된다고 말하기도 한다. 그래서 더욱 평등하게 대우하는 것이 중요한데, 어떤 것에서 평등해야 하는가라는 과제가 남는다.

아리스토텔레스는 우선적으로 공직의 배분에서 불평등하지 않도록 해야 한다고 말한다. 반면에 어떤 사람들은 사람들 사이에 능력 차이가 있기 때문에 정의도 달라져야 한다며 공직의 배분에서 불평등한 것을 정당화한다.

이들의 주장은 과연 올바른 것일까? 공직 배분에서의 평등과 불평등 문제를 다루기에 앞서 아리스토텔레스는 피리 연주 기술이 뛰어난 사람을 예로 든다.

어떤 사람이 피리 부는 기술은 뛰어나지만 좋은 가문에서 태어나지도 않았고 용모가 뛰어나지도 않다고 해보자. 그때 좋은 피리를 누구에게 주어야 할 것인가라는 문제가 있다.

여기서 좋은 피리는 공직을 상징한다고 할 수 있다. 명문자제들이든 부유한 사람들이든 자유민들이든 각자가 부나 좋은 집안처럼 더 나은 것을 갖고 있음을 이유로 자신들에게 공직을 먼저 배분해야 한다고 주장할 수는 있다. 그러나 공직을 제대로 수행할 수 있는 판단 기준은 능력이지, 부와 좋은 집안 등의 배경이 아니다.

우리의 현실을 보자. 정권이 교체되고 나면 대중들은 청와대나 내각 등의 중요 직책 인사에 관심을 갖는다. 그런데 정치 경험이 별로 없는 권력자일수록 '사람만 좋으면 되지'라는 생각으로 자신이 잘 아는 사람들을 대거 등용할 때가 있다.

버락 오바마와 힐러리 클린턴
오바마 대통령은 국무장관
으로 민주당 대통령 후보 경
선에서 맞수였던 힐러리 클
린턴을 임명했다.

　정치인은 대중들에게 정의를 실현하는 인물이라는 이미지를 심어줄
수 있어야 한다. 설령 그런 움직임이 전시효과를 노리는 것처럼 여겨지
더라도 그렇게 행동해야 한다. 공직 배분과 관련해 정의의 실천은 인선
의 이익보다 훨씬 중요하게 고려되야 한다.

　대다수 시민들은 자신이 직접 공직에 참여할 수도 없고 참여할 자격도
없음을 잘 안다. 하지만 "그 양반은 그 자리에 적임자야"라고 평할 수 있
는 고위 공직자 인선이 이루어지기를 바란다. 정파를 뛰어넘어 적임자
라고 여겨지면 '정의로운 인선'이라고 판단한다.

　인사와 관련해서 시민들에게 정의로운 정부라는 믿음을 줄 수 있는 방
법은 다음 세 가지 기준에 합당한 인물을 선택하는 일이다.

　우선, 사소한 것이라 하더라도 도덕적인 흠결이 없는 인물을 고르는
것, 그다음으로는 누가 보더라도 맡은 일을 제대로 수행할 수 있는 객관
적인 업무 수행 능력을 갖춘 인물을 고르는 것, 마지막으로는 학연·지
연·혈연 등을 뛰어넘어 공평무사한 인물을 고르는 것이다.

버락 오바마 대통령은 취임 인선에서 민주당 후보 경선에서 치열하게 맞붙었던 힐러리 클린턴을 과감하게 등용했다. 오바마 대통령으로서는 정치적인 이익을 계산했겠지만 보통의 시민들에겐 정파를 초월한 정의로운 인선으로 받아들여진 것이 사실이다.

이처럼 반대편에 섰던 인물을 의도적으로 몇 명 정도 상징적으로 등용하는 방법도 고려할 만하다. 정권을 잡은 사람들이 공평무사하게 나라의 이익에 가장 합당한 사람들을 모아서 일을 해나가려 한다는 믿음을 심어줄 수 있기 때문이다.

권력자가 소탐대실하지 않는 지혜를 발휘해야 한다. 어떤 인물이 권력자와 가까운 사람이라는 평가를 받는다면, 오히려 당분간 한직에 머물도록 하는 것도 한 방법이다.

모든 정체는
민주정체로 나아간다

"절대왕정은 왕이 모든 일을 자의적으로 처리하는 것을 뜻한다. 하지만 어떤 사람들은 동등한 자들로 구성된 국가에서 한 사람이 모든 시민을 통제하는 것은 자연의 이치에 맞지 않는다고 생각한다. 그들의 주장은 자연적으로 동등한 자들에게는 동등한 권리와 동등한 가치가 부여하는 것이 자연의 이치에 맞는 만큼, 국가의 공직을 배분할 때도 동등하지 않은 자들에게 동등한 몫이 주어지거나, 동등한 자들에게 동등하지 않은 몫이 주어진다는 것은 마치 몸의 상태에 관계없이 같은 음식과 옷이 분배되는 것처럼 유해하다는 것이다. 이런 이유 때문에 동등한 사람들 사이에서는 각자가 지배받기도 하고 지배하기도 하는 것이, 그리하여 모두가 공직을 번갈아 맡는 것이 정의이다.

여기서 우리는 법과 만나게 된다. (……) 따라서 시민들 가운데 한 명이 지배하는 것보다는 법이 지배하는 것이 더 바람직하다." 제3권 16장 1287a8~17

백성이 그리는 이상적인 왕을 역사 속에서 찾아보기 힘들다. 일단 권좌에 앉게 되면 전혀 다른 사람이 되어버리는 경우가 많기 때문이다.

『사무엘서』 상 8장 11~18절에서 사무엘은 제어되지 않는 권력을 가진 왕정이 백성들에게 어떤 폐해를 낳게 될지를 이렇게 말한다. "왕은 제일 좋은 밭을 빼앗아 자기 신하들에게 줄 것이며, 너희의 남종 여종을 데려다가 일을 시키고 좋은 소와 나귀를 끌어다가 부려먹을 것이다."

그러나 백성들은 귀를 닫아버린다.

아리스토텔레스는 사람의 지배가 올바른지 아니면 법의 지배가 올바른지에 답을 구하기 위해서 절대왕정에 대해 언급한다. 예컨대 그는 가정의 가장처럼 단 한 사람이 국가의 모든 업무에서 최고 권력을 독점하는 것이 과연 올바른 일인지를 말한다.

절대왕정을 지지하는 사람들은 법조문은 대략적인 원칙을 제공할 뿐 상황에 맞는 규정을 제공할 수 없기 때문에 법조문에 얽매이는 정체는 최선의 정체가 아니라고 주장한다.

아리스토텔레스는 이런 주장에 반론을 제기한다. 그는 인간 마음의 변덕스러움을 어떻게 믿을 수 있겠느냐며 "인간의 마음은 언제나 감정의 지배를 받는다"라고 말한다.

물론 아리스토텔레스 역시 법이 만능이 될 수 없음을 강조한다. 법은 한 사람의 권력 행사에 일정한 지침을 제공하지만 모든 경우에 법이 그런 역할을 행할 수 없다는 것이다.

만일 법이 전혀 결정할 수 없거나 제대로 결정할 수 없는 경우에는 어떻게 해야 할까? 한 사람이 지배하는 것이 좋을까? 아니면 다수가 지배하는 것이 좋을까?

왕정이 올바른 정체라고 주장해 온 아리스토텔레스는 세 가지 이유를 들어 일인 지배보다 다수 지배에 손을 들어준다. 물론 그 다수는 현명한 다수를 이른다.

첫째, 군중은 개별적인 업무에 관련되어 그 어떤 개인보다 훌륭한 결정을 내린다. 개별 구성원들은 탁월한 한 사람보다 열등한 것이 사실이지만 그런 군중들이 함께 모여 내리는 결정은 탁월한 한 사람이 내린 결정보다 더 낫다.

둘째, 다수는 소수보다 덜 부패한다. 여기서 부패는 돈을 주고받는 것뿐만 아니라 감정에 압도되어 잘못된 결정을 내리는 것을 포함한다. 아리스토텔레스는 다수가 소수보다 덜 부패하는 경우를 많은 물이 적은 물보다 덜 오염되는 경우에 비유한다. 한 사람은 쉽게 감정에 압도되어 잘못된 결정을 내릴 수 있지만 다수가 그런 상황에 놓일 가능성은 많지 않기 때문이다.

셋째, 다수의 생각이 건전하다. 다수 지배를 비판하는 사람은 "다수는 파쟁을 벌이지만, 한 사람은 그렇지 않다"라고 주장하지만 아리스토텔레스는 "다수도 그 한 사람 못지않게 생각이 건전하다"라고 주장한다. 이처럼 훌륭한 다수의 통치로 이루어지는 정체의 대표 사례로 아리스토텔레스는 귀족정체를 제시한다.

하지만 다수가 모두 훌륭한 경우는 특수한 경우에 해당하기 때문에 그의 반론은 문제가 있다. 훌륭한 다수가 다스리는 상황을 이루기란 만만치 않기 때문이다. 귀족정체에서도 이는 정말 기대하기 힘든 일이다.

최선의 정체는 무엇인가

한편 특정 정체는 언제 어디서나 최선의 정체일까? 아니면 사람마다 더 잘 맞는 정체가 있는 것일까? 여기서 아리스토텔레스는 논쟁적인 주장을 펼친다. 사람마다 더 잘 어울리는 올바른 정체가 있다는 것이다. 어떤 사람들은 왕정에 맞고, 어떤 사람은 귀족정체에 맞고, 또 어떤 사람은 혼합정체에 맞는다는 말이다.

어떤 개인이나 가문의 경우 정치적으로 탁월할 수 있다. 집단으로서의 대중에 대한 믿음과 달리 대중 개인에 대해서는 경계를 하였던 아리스토텔레스는 정치적으로 탁월한 인물에 대해 강한 기대감이 있었다. 그는 "한 가문 전체나 한 사람이 탁월하여 나머지 사람들을 능가할 정도라면, 이 가문이 왕권과 국가의 권력을 장악하거나 이 한 사람이 왕이 되는 것은 정당하다"라고까지 말하기도 한다.

그가 그렇게 말한 이유는 아테네에서 빈민의 지배인 민주정의 폐해를 경험했기 때문이다. 고대 아테네만 하더라도 뛰어난 개인을 다수에 의한 비밀투표로 10년간 재산 몰수 없이 추방하곤 했다. 그럴수록 그는 훌륭한 인물이나 가문〔최선자(最善者)의 지배〕에 대해 아련한 향수가 깊어져 갔다. 철인정치를 주장한 플라톤에 비해서 아리스토텔레스가 훨씬 현실적인 시각을 지니고 있었음에도 그 역시 특정 인물이나 소수의 지배에 대해 우호적이었다.

한 사람 혹은 소수의 최선자를 만날 수 있다는 기대감과 아테네의 현실 정치에 대한 실망감이 그로 하여금 군주정이나 귀족정을 옹호하도록 만들었다.

나는 아무리 걸출한 인물이라 하더라도 특정 인물이나 특정 그룹이 주도하는 정치체제에 대해서는 의심이 든다. 사람이란 그가 훌륭하든 그렇지 않든 전적인 신뢰를 보내기에는 너무 변덕스러우며 더욱이 권력이 집중되었을 때는 더더욱 위험해지기 때문이다.

세월의 무게가 쌓일수록 정치가에게 감동하는 일이 줄어든다. 정권이 바뀔 때마다 겪어온 경험이 정치가에 대한 감동이나 열정이 얼마나 덧없는 것인지를 가르쳐주기 때문이다.

설령 다수의 훌륭한 사람에 의한 귀족정체나 훌륭한 한 사람에 의한 왕정이 훌륭한 정체라고 이야기할 수 있을지라도 우리는 그런 정체들이 정의로운 정체인가 하는 점에 대해서는 제대로 살펴야 한다. 한 명의 왕이 모든 일을 자의적으로 처리하는 절대왕정은 과연 정의로운 정체인가?

이런 정체를 반대하는 사람들의 논리는 명백하다. 동등한 자들에겐 동등한 권리가 주어지는 것이 자연의 이치에 맞는 일이라는 것이다. 이런 맥락에서 공직의 배분도 동등한 사람에게 동등하게 이뤄지는 것이 올바르다. 따라서 절대왕정은 자연스런 체제가 아닐 뿐만 아니라 올바른 체제도 아니다.

최선의 법인가, 최선의 인간인가를 다시 묻다

올바른 정체에 필요한 것은 공직을 번갈아서 맡도록 하는 제도이다. 아리스토텔레스는 절대왕정에 대한 이런 논의에서 "시민들 가운데 한 명이 지배하는 것보다는 법이 지배하는 것이 더 바람직하다"라는 결론을 이끌어낸다.

왕정과 같이 한 명이 아니라 귀족정체와 같이 여러 명이 지배한다고 하더라도 여러 명이 공직을 독점하고 모든 일들을 자의적으로 처리해서는 안 된다. 여러 명이 지배자의 위치에 앉더라도 이들은 법의 지배 아래 있어야 한다. 이를 두고 아리스토텔레스는 "이들은 법의 수호자 겸 하인들로 임명되어야 한다"라고 말한다.

법의 지배와 관련해서 아리스토텔레스는 흥미로운 사례를 한 가지 든다. 의사가 환자를 치료할 때 감정에 치우친 치료를 할 가능성은 희박하다. 의사가 오진할 가능성도 있지만 의도적으로 그렇게 하는 것은 아니다.

그런데 공직을 맡은 정치가들은 의도적으로 친인척에게 편의를 제공할 수 있다. 아리스토텔레스가 살던 당시에도 공직자들이 자신의 직위를 이용해서 적을 괴롭히고 친구들을 이롭게 하는 것이 관행으로 자리 잡고 있었다. 이때 법은 이런 행태를 견제하기 때문에 법 자체가 중용이라 할 수 있다.

아리스토텔레스가 살던 시절에는 관습법이 성문법보다 훨씬 우위에 있었다. 그래서 그는 법의 지배가 올바르다고 하면서도 모든 일이 법에 포함될 수 있는 것은 아니라고 했다. 법의 대상이 될 수 없는 일에 대해서는 한 사람보다 여러 사람이 민회나 배심법정을 통해서 결정해야 하기 때문이다.

반면 오늘날 우리나라와 같이 문서 형식으로 표기되고 일정한 법적 절차와 형식을 거쳐 공포된 법인 성문법 체계를 받아들인 국가에서는 모든 사람과 사안들은 '법의 지배'를 받는다.

한편 법의 지배가 꼭 필요한 이유 가운데 하나는 정에 끌린 인사와 관련 있다. 어떤 왕이라도 혼자서 모든 일을 처리할 수 없기 때문에 자기를 도와줄 공직자를 필요로 한다. 절대왕정에서는 왕에게 잘 보이려고 노력하는 사람이나 고분고분한 사람들만 공직자로 임명될 확률이 높다.

왕정을 반대하는 사람은 이를 걱정한다. 이런 사람들이 어떻게 처신해야 하는지에 대해 아리스토텔레스는 "이들이 독재자와 그 정권의 친구들이라면 친구는 대등하고 동등한지라, 그가 이들을 국정에 참여시킬 경우 동등하고 대등한 자로서 똑같이 통치하기를 바란다"라는 당부를 잊지 않는다.

과거에도 이러한 인사는 문제였던 것 같다. 법이 지배한다고 해도 공직자 임명에서 정에 끌린 인사를 완전히 피할 수는 없다. 다만 법에 의해 최소한의 대비책을 마련한다면 정실 인사의 빈도를 어느 정도는 줄일 수 있을 것이다.

귀족정·과두정·참주정·민주정으로의 변천

국가는 부족에서부터 시작된다. 부족의 구성원들 가운데 탁월한 사람은 금방 눈에 띌 정도로 소수에 불과하다. 이들은 경쟁자를 물리치거나 다른 부족의 영토를 확보함으로써 추대 형식으로 왕위에 오르게 된다.

이후 국가의 영토가 확장되고 탁월한 자들이 점점 늘어나다 보면 한 사람이 권력의 모든 것을 장악한 정체가 유지되기는 힘들다. 게다가 시민의 수가 늘어나면서 왕은 일정한 권력 기구나 기관을 만들어서 자신의 권한 가운데 일부를 넘겨줄 수밖에 없다.

이런 과정에서 법 제정을 통해 운영되는 입헌 국가가 등장한다. 입헌 국가는 대부분 귀족정체를 유지하게 되는데 귀족정체의 초기에는 탁월한 소수의 사람들이 지배하는 형태를 취하게 된다.

시간이 갈수록 점점 귀족정체의 상부를 장악한 사람들은 부와 권력의 분배를 놓고 다투게 된다. 권문세가도 등장한다. 이런 와중에 더 큰 부와 힘을 가진 가문이 정치에 큰 영향력을 행사하거나 직접 권력을 장악하면서 부를 지닌 사람들에 의해 국가가 운영되는 과두정체가 등장한다.

부를 가진 집단이 나라를 운영하는 과두정체가 단 한 사람이 통치하는 체제로 변질된 것이 참주정체이다. 참주정체는 왕정처럼 특정인이 권력을 장악하는 것을 말하지만 왕정과 큰 차이가 있다.

예를 들어, 왕정의 경우 친위대는 시민들로 구성했지만 참주정의 친위대는 시민들이 아니라 용병으로 구성했다. 참주는 시민에 맞서서 자신을 지켜야 하기 때문에 친위대로는 주로 외국인 용병을 고용했다.

왕정과 참주정이 모두 독재 정체이긴 하지만 왕정은 왕과 시민이 한 배를 탄 것이라 볼 수 있고, 참주정은 참주와 시민이 다른 배를 타고 있음을 뜻한다. 따라서 참주는 시민 전체의 이익이 아니라 자신의 이익을 위해 정치를 하게 된다.

하지만 참주 자신의 이익만을 추구하는 정체가 오래갈 수 없다. 결국 폭정으로 바뀔 수밖에 없고 이런 와중에 시민들은 들고일어나게 된다. 또한 전쟁을 수행하는 시민들은 전쟁 수행으로 국가 공동체를 유지하는 대신에 자신들에게 정치적 권리가 어느 정도 허용되어야 한다고 주장한다. 결국 모든 정체의 종착점은 민주정체가 될 수밖에 없다.

"국가를 구성하는 질(자유, 부, 교육, 좋은 태생)과 양(대중의 수적 우위)은 서로 비교되어야 한다. 가난한 사람의 수가 일정 비율을 넘어서는 곳에서는, 다시 말하면 양이 질을 압도하는 곳에서는 자연스럽게 민주정체가 등장한다. 어떤 종류의 민주정체가 등장하는가는 수적 우위를 차지하는 대중의 종류에 좌우된다." 제4권 12장 1296b24~27

고대 아테네의 경우에는 빈민이 다수를 차지하기 때문에 '빈민의 지배'인 민주정체가 출범할 수밖에 없었다. 오늘날 민주주의 체제를 선택하고 있는 나라 중에서도 중산층이 두터운 중진국 이상의 국가들에서는 '중산층의 지배'인 '혼합정체'가 출범하게 된다.

우리가 빈민의 수를 줄이고 중산층의 수를 늘리기 위해 노력해야 하는 것은, 국민에게 행복을 제공할 수 있는 최선의 정체를 이룰 수 있을 뿐만 아니라 정치체제의 안정을 위해서도 꼭 필요한 일이기 때문이다.

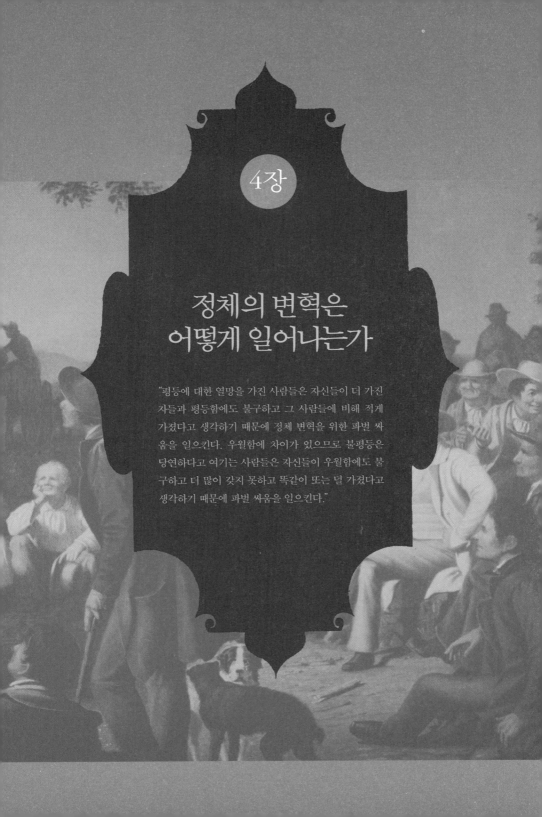

4장

정체의 변혁은
어떻게 일어나는가

"평등에 대한 열망을 가진 사람들은 자신들이 더 가진 자들과 평등함에도 불구하고 그 사람들에 비해 적게 가졌다고 생각하기 때문에 정체 변혁을 위한 파벌 싸움을 일으킨다. 우월함에 차이가 있으므로 불평등은 당연하다고 여기는 사람들은 자신들이 우월함에도 불구하고 더 많이 갖지 못하고 똑같이 또는 덜 가졌다고 생각하기 때문에 파벌 싸움을 일으킨다."

정체를 개혁하고 유지하는 방법

시민혁명, 정변(쿠데타), 내전, 하야, 망명. 이들은 큰 의미의 정체 개혁에 해당하지만, 현실에서 흔히 일어나는 일은 아니다. 반면에 정체에 영향을 미치는 크고 작은 선거, 정책을 둘러싼 논쟁과 다툼, 그리고 새로운 정책의 수립과 집행은 작은 의미의 정체 개혁으로 정체 변화에 속한다.

한 예로 얼마 전 우리 사회에서 도움이 필요한 사람들을 선별해서 도와주는 정책이 아니라 특정한 그룹에 속하는 사람 전부를 돕는 복지 정책이 등장하게 된 것은 우연한 계기에서였다. 야권의 단일 후보로 30퍼센트를 조금 웃도는 득표로 당선된 교육 수장의 파격적인 아이디어에서 시작되었다. 논란 끝에 이 정책을 주민투표에 부치게 되었는데 당시에 대다수 시민들은 "이런 정책이 뭐가 중요하다고 저렇게 싸울까?"라고 되묻는 사람도 많았다.

그러나 이후 우리 사회에서 이른바 선별적 복지가 아니라 보편적 복지는 거의 보통명사처럼 자리를 잡아가고 있다. 언젠가 사람들은 "그 결정이 대한민국의 정체 개혁에서 매우 중요한 사건이었구나" 하고 생각할 날이 올 것이다.

아리스토텔레스의 『정치학』 제5권과 제6권에서는 정체의 유형과 변형, 그리고 최선의 정체를 유지하는 방법에 대한 내용을 다루고 있다.

『정치학』 제5권은 정체의 변혁을 가져오는 원인을 분석하고 대처 방법을 다루는데, 모두 네 가지 질문에 대한 답을 찾는 내용이다. 첫째, 어떤 요인들이 정체를 파괴하는가? 둘째, 한 정체에서 다른 특정 정체로 어떻게 바뀌게 되는가? 셋째, 무엇이 정체의 안정성을 보호하는가? 넷째, 정체의 안정성을 얻기 위한 최선의 수단은 무엇인가?

정체를 변혁시키는 일반적 원인은 평등에 대한 사람들의 믿음이나 관점의 차이 때문이다. 민주정체에서는 자유민의 신분이라면 모든 면에서 평등해야 한다고 믿고, 과두정체 지지자들은 부의 불평등에 따라 다른 모든 부분도 불평등해야 한다고 믿는다. 자신의 믿음과 현실이 일치하지 않으면 사람들은 정체의 변혁을 꾀하게 된다.

그 밖에 아리스토텔레스는 정체 변혁의 개별적인 원인과 직접적 원인뿐만 아니라 민주정체, 과두정체, 귀족정체가 각각 전복되는 이유를 상세히 다룬다. 또한 정체를 보전하기 위한 방법으로 열두 가지를 소개한다.

그러면 각각의 정체가 안정성을 유지하기 위해서는 무엇을 어떻게 할 것인가? 이것이 이번 장에서 함께 다룰 『정치학』 제6권의 주제이다. 전체 8개 장 가운데 5개 장은 민주정체에 대해, 나머지 2개 장은 과두정체에 대해 다룬다.

민주정체의 열 가지 특성을 소개한 다음, 최선의 정체를 유지하기 위한 방법을 제시한다. 특히 최선의 민주정체는 부자들을 보호하고, 최선의 과두정체는 빈자들을 보호해야 한다는 주장이 인상적이다.

노벨 경제학상을 수상한 제임스 뷰캐넌(James Buchanan) 교수는 작은 의미의 정체 개혁에 대해 이렇게 지적했다. 대다수 현대 국가들은 정치권력의 임의적인 자원 배분에 제동을 걸 수 있는 '헌법적 제약'이 없기 때문에 자신에게 유리하게 자원 배분을 하려는 사람들의 다툼이 일상화될 수밖에 없다고 말한다. 특히 후세대에 부담을 안기는 만성적인 재정 적자, 즉 '적자 속의 민주주의'를 피할 수 없다는 사실을 지적한다.

우리가 『정치학』이 다루는 정체 개혁에 대한 심도 깊은 논의를 진지하게 생각해 볼 수 있다면, 오늘 우리 사회가 처한 문제를 이해하고 해결하는 데 도움을 받을 수 있을 것이다.

상대적 격차가
불안과 분노를 낳는다

"다양한 정체가 생겨난 이유는 모든 사람들이 정의는 비례적 평등(proport ionate equality)이라는 것에 동의하지만 실제로 그것을 성취하는 데 실패하고 있기 때문이다. 예를 들어, 민주정체는 어떤 한 가지 면에서 평등한 자들이 다른 모든 면에서도 절대적으로 평등하다는 생각에서 생겨난다. 말하자면 사람들은 자유민으로 평등하게 태어난 사실만으로 모든 면에서 평등하다고 생각하는 것이다. (……) 민주정체와 과두정체는 일종의 정의 위에 서 있지만 두 가지 모두 절대적인 정의(absolute justice)에 미치지 못한다. 그래서 어느 쪽이든 자신들의 정의에 걸맞게 국정에 참여하지 못하게 되면 파벌을 결성해서 싸움에 뛰어든다. (……) 어디서나 불평등이야말로 파벌 싸움

의 원인이다." 제5권 1장 1301a26~30, 1301a37~39, 1301b26

모하메드 부아지지(Mohamed Bouazizi), 튀니지의 수도에서 남쪽으로 300킬로미터 거리에 위치한 소도시 시디 부 지드에서 노점상을 하던 26세의 청년이었다. 그는 경찰 단속으로 청과물과 손수레를 빼앗기고 경찰에게 손찌검을 당하자 지방정부 청사 앞에서 분신자살을 했다.

그의 죽음이 24년간 지속되었던 튀니지의 철권통치를 종식시키고, '재스민 혁명'으로 불리는 민주화 혁명을 불러일으켰다. 광범위한 실업과 경제난, 그리고 집권 세력을 중심으로 한 부정부패를 경험하고 있던 튀니지 시민들이 정체 변혁을 위해 길거리로 나서게 된 것이다.

이는 이집트, 리비아, 예멘, 바레인, 알제리 등의 중동 국가의 과두제적 정체를 뒤흔들어버렸다. 부정의와 불평등에 대한 강력한 분노가 중동 민주화의 추진력이 되었다.

이렇듯 세계 곳곳에서는 여전히 정체 변혁을 위한 움직임이 그치질 않고 있다. 우리나라 역시 거쳐온 일이다.

평등에 대한 관점의 차이

그렇다면 기존 정체에 대한 변혁은 어떤 원인으로 일어나는 것일까? 주요 원인 가운데 하나는 사람들의 평등에 대한 생각 차이다. 사람들이 평등을 어떻게 해석하느냐에 따라 현존하는 정체에 대한 믿음이 생길 수도, 불만이 생길 수도 있다.

리비아 반군의 의기양양한 모습 이들은 42년간 장기 집권한 카다피 독재 정권을 무너뜨렸다. 현대에 일어난 정체 변혁의 대표적 사례이다.

나아가 평등관의 차이는 어떤 정체가 올바른 정체인지, 어떤 정체가 왜곡된 정체인지에 대한 의견 차이를 낳는다. 만일 차이가 분노를 넘어서는 수준이 된다면 정체를 뒤엎는 변혁의 강력한 원인이 된다.

사람마다 올바름과 불평등의 기준이 다를 수밖에 없다. 고대 그리스 시대만이 아니라 오늘날도 현존하는 정체에 대한 사람들의 불만은 역시 어떤 사안이 과연 올바른가 하는 문제와 연관된다. 무상 보육, 무상 급식, 무상 의료 등 정책뿐만 아니라 우리 사회에서 찬반을 둘러싸고 갈등을 빚는 대부분의 제도나 정책의 공통점은 평등에 대한 의견 차이와 깊이 관련 있다.

평등에 대한 해석 차이가 이토록 중요한 이유는 곧바로 정부 개입의 범위와 책임 수준을 결정하기 때문이다. 어떤 사람이 무상 보육과 무상 급식, 그리고 무상 의료는 당연히 사람들에게 공평하게 실시되어야 하는데도 그렇지 못하다고 판단한다면, 이 사람은 선거를 통해서 자신의 의사를 표현할 것이다.

타인의 떡이 더 커보이는 끝없는 욕구 불만

정체의 변혁을 가져오는 또다른 원인은 어떤 것이 있을까? 아리스토텔레스는 파벌 싸움과 정체 변혁을 불러일으키는 원인은 언제 어디서나 상대방보다 더 많이 가지려는 욕구라고 보았다. 이익과 명예는 더 많이, 그리고 불명예와 손실은 더 적게 가지려는 동기에서 파벌 싸움이 일어난다.

인간은 본능적으로 자신과 타인을 비교하는 존재이기에 늘 상대적 박탈감에 시달리게 된다. 자신과 타인이 평등해야 함에도 불구하고 다른 사람의 이익과 명예가 자기보다 월등하면 불만이 쌓인다.

이때 자신에게 얼마나 많은 이익과 얼마나 큰 명예가 있는지는 별로 중요하지 않다. 오로지 자신이 가진 것과 타인이 가진 것을 비교하는 것이 중요할 뿐이다. 우월성을 추구하는 사람들이라면 자신들이 우월함에도 불구하고 그렇지 못한 사람과 똑같은 대우를 받는다거나 때로는 열등한 대우를 받고 있다고 판단하여 불만을 느낄 수 있다.

마키아벨리의 『정략론』에서 "인간은 현재 갖고 있는 것에다가 다시 새로 가질 수 있다는 보장이 없으면 현재 갖고 있는 것조차 가졌다는 기분이 들지 않는 법이다"라는 문장은 정곡을 찌른다. 인간은 현재 상태에 만족하기 어렵고 끊임없이 무언가를 더 갈구하는 존재이다.

사실 상대적 격차는 어느 시대나 존재할 수밖에 없고 이를 줄이는 일은 만만치 않다. 예를 들어, 한 사회에서 절대 빈곤에 놓인 사람들을 구제하기 위한 정책이 효과를 내기도 어렵지만 상대적 격차를 줄이기 위한 공공 정책이 효과를 내기는 더욱 어렵다.

그럼에도 정치가들은 대중의 그런 요구에 반응해야 한다. 그들의 요구를 수렴하지 않으면 선거에서 패배할 수밖에 없기 때문이다.

현대 민주주의 국가에서도 상대적 박탈감이 정체 개혁의 원인이 될 수 있는지, 그리고 그런 시도가 정당한지는 생각해 볼 점이 많다. 『진보의 역설』의 저자 그레그 이스터브룩은 "미국인 대다수는 부자들만 잘살고 있다고 믿으려 하지만, 객관적인 자료를 살펴보면 이제까지 (지구상에) 살았던 모든 인간의 99퍼센트 이상과 비교해 보더라도 상당히 잘살고 있다"라고 말한다.

역사적인 시각에서 보면 현대인의 삶은 훨씬 더 나아졌지만 상대적 격차에 대한 불만이 생기는 이유는 무엇일까? 그는 '불평 숙달(불평은 자주 연습하지만 감사함은 훈련하지 않기 때문에 불평에 뛰어나게 됨)', '풍요 부정(부자는 모든 것을 갖고 있지만 자신과 같은 평범한 사람은 아무것도 갖지 못한다고 생각하는 태도를 조상으로부터 물려받음)', '불평 열망(어떤 면에서든 만족하지 못하고 바람직하지 않다고 생각함)'과 같은 인간의 세 가지 본성을 든다.

그리고는 여기에다 한 가지를 추가하는데, 대다수 사람들의 삶은 나아지고 있지만 누구도 그걸 인정하지 않으려는 사회적 환경이다.

정치가는 설득하고 교육하는 사람이 아니다. 그들은 표를 구하는 사람이기 때문에 자신이 불행하다고 믿고 싶어 하는 유권자들의 불만을 더욱 부추기거나 아부하게 된다. 이는 필요 이상으로 상대적 격차에 대한 분노를 낳고, 그 결과로 정체를 변질시키는 엉뚱한 정책들을 양산하게 된다.

정체 변혁과 분쟁의 원인도 따지고 보면 결국 사람의 문제이며, 그런 변혁과 분쟁을 주도하는 것도 사람의 심적 상태이다. 그런 심적 상태를 변화시킬 수 있을까?

물론 개인의 노력에 의해서 그 문제를 슬기롭게 넘길 수도 있지만 다수가 불리한 심적 상태를 벗어나기를 기대하기는 어렵고, 그에 기반을 둔 정체 변혁의 원인을 제거하는 일은 만만치 않다.

정치가나 입법가는 아무리 일을 잘하더라도 대중으로부터 끊임없이 욕을 먹을 수밖에 없다. 정권 획득을 위해 활동하는 정치가들에게 대중에게 아부하지 말고 '원칙의 정치'를 하라고 권할 수만은 없다.

그럼에도 정치가들에게 두 가지를 권하고 싶다. 하나는, 시민을 위해서나 자신을 위해서 평소 해야 할 일에 대해 자의적인 권력 행사를 제한하는 '헌법적 제약'을 스스로 만드는 일이다.

예를 들어, 적자 예산의 범위나 국가 부채에 대해 일정한 수준을 헌법으로 규정하는 '헌법적 제약'이 있다면 정치가도 무리한 요구를 하는 유권자들을 설득하는 명분으로 이를 제시할 수 있다.

다른 하나는, 권력의 획득이라는 정치적 목적을 추구하더라도, 이 땅에 사는 시민의 한 사람으로서 지나치게 민중 선동적인 주장이나 정책을 만드는 데 앞장서지 말아야 한다는 것이다. 더구나 누군가의 잘못된 판단으로 나라를 어렵게 만들었다는 기록이 영원히 남는 시대 아닌가. 역사의 죄인이 되지 않도록 양심과 양식에 따라 행동해야 한다.

불균형한 성장이
세상을 뒤바꾸는 이유

"정체 변혁은 국가 내 부분들 간의 불균형한 성장에서 비롯되기도 한다. 몸의 균형이 유지되기 위해서는 몸의 각 부분이 균형 있게 성장해야 한다. 그렇지 않고 발의 길이가 3.65미터인 데 반해서 몸이 0.3미터밖에 안 되어 몸이 망가져버리거나, 신체 부분들이 양적으로 질적으로 불균형한 성장을 한다면, 몸은 다른 동물의 모습으로 바뀔 수도 있다. 똑같은 현상이 국가에서도 일어날 수 있다. 국가도 여러 부분으로 구성되어 있기 때문에 국가를 구성하는 한 부분이 모르는 사이에 불균형한 성장을 할 수 있다. 예를 들어, 민주정체와 혼합정체에서 빈민의 수가 불균형하게 늘어날 수 있다." 제5권 3장 1302b33~1303a2

"페트로그라드(상트페테르부르크)는 빵과 나무가 부족했다. 오늘 아침 리트니에 있는 빵가게에서 나는, 대부분 밤새도록 거기에 줄지어 서 있던 가난한 사람들의 증오에 찬 얼굴로 인해 충격을 받았다." — 모리스 돕, 『소련경제사』, p.91

1917년 3월 초 프랑스 대사가 남긴, 굶주림으로 가득 찬 러시아의 거리 풍경이다. 제정 러시아 황제들은 차르 체제를 유지하기 위해 안간힘을 쏟았다.

1861년에는 농노를 해방하여 자작농을 육성하려는 개혁 조치를 취하고, 1906년 4월에는 새로운 헌법을 제정하고 '두마(제헌의회)'를 설치했다. 계급별로 차등이 있긴 했지만 국회의원 피선거권이 주어짐으로써 러시아 의회민주주의가 시작된다.

그러나 볼셰비키 혁명으로 권력을 장악한 레닌은 1918년 1월 6일 의회를 해산시키고 의회를 지지하는 평화 시위를 무력으로 진압한다. 이로써 헌법과 상관없이 모든 권력을 소수가 장악하는 공산당 일당 독재 체제가 구소련에 자리 잡게 되는데 이렇게 된 근본적인 이유는 무엇일까?

바로 러시아인들이 너무 가난했기 때문이다. 총인구의 5분의 4를 차지하는 농민들의 농업 생산성이 아주 낮았고, 특히 소농의 빈곤은 극심한 상황이었다. 도시의 공장노동자들 역시 임금 및 생활수준이 열악했다. 포로코포비치의 연구에 의하면 차르 치하의 러시아인의 1인당 국민소득은 연간 약 102루블 정도로 독일의 3분 1, 영국의 4분 1, 미국의 7분의 1 수준이었다.

게다가 제1차 세계대전은 농업 부문의 남성 노동력 가운데 3분 1을 잃게 만들었다. 혁명 직전인 1916년에는 화폐가 종이가 될 정도로 물가가 급등하는 상황이 계속되면서 그해 겨울은 농민이나 도시 노동자 모두 절망적인 상황이었다.

이는 의회 민주주의의 숨통을 끊게 되는 볼셰비키 혁명의 성공에 더할 나위 없이 좋은 환경이었다. 이처럼 민주정의 몰락은 극도의 가난과 불평등한 경제 상황 속에서도 생겨난다.

앞서 언급한 평등에 대한 관점의 차이와 끝없는 욕구라는 일반적인 원인 두 가지와 합쳐 정체 변혁의 원인은 모두 일곱 가지다. 정체 변혁을 가져오는 나머지 다섯 가지 원인은 국가 내 부분 간의 불균형한 성장, 경멸, 우월성, 교만과 이익 추구, 두려움이다.

이 밖에도 우발적인 원인 때문에 정체 변혁이 일어나기도 하는데, 부정 선거 음모, 부주의, 사소한 변화에 대한 무시, 부족 간의 동질성 부족이 바로 그것이다.

정체 변혁을 가져오는 다섯 가지 개별적인 원인

우선 정체 변혁의 원인이 되는 국가 내 부분 간의 불균형한 성장을 살펴보자. 국가도 생물과 같아서 특정 부분이 과도하게 성장하고 나머지 부분이 그렇지 않은 경우에 정체가 변할 수 있다.

오늘날의 의미로 재해석하면 지역 간 불균형 성장 혹은 계층 간 불균형 성장을 말하는데, 과거에는 특정 계층 간 인구의 불균형이 중요했다.

아테네에서 민주정체가 출현하게 된 배경을 살펴보자. 펠로폰네소스 전쟁 기간 중에 보병들이 계속해서 전쟁에 패배함에 따라 귀족의 수가 줄어들게 되고 지원자가 부족해짐에 따라 전쟁 수행에 어려움을 겪게 된다.

결과적으로 자유민 가운데 보병을 선발하게 되는데 이에 따라 자유민들이 전쟁에 참가한 대가로 참정권을 요구하면서 귀족정체 대신 민주정체가 성장할 수 있게 되었다.

스파르타 인근에 위치한 아르고스 왕국도 전투에서 스파르타 왕 클레오메네스에 맞서 싸우다가 수많은 전사들이 죽는다. 병력을 충원할 길이 막막해지자 결국 농노들을 시민으로 받아들여 전사로 싸우게 했고, 이들의 힘이 성장하게 되면서 그 결과는 정체의 변혁으로 이어졌다.

이러한 불균형한 성장으로 인한 현상은 현대 사회에서도 어렵지 않게 목격할 수 있다. 현재 미국의 전체 인구 중에서 히스패닉 인구는 흑인보다 많은 16.3퍼센트(2010년 기준)를 차지하고 있는데 2030년에는 20퍼센트를 넘어설 것으로 예상된다. 이러한 히스패닉 인구 비중의 증가도 미국 정치와 사회에 변화를 일으킬 것으로 보인다.

경제력의 불균형도 정체 변혁의 원인이 된다. 부자의 수가 많아지고 부자들이 소유하는 경제력이 현저하게 커지면 당연히 자신들의 이익을 보호하기 위해 노력하고 이런 과정에서 민주정체는 귀족정체나 과두정체로 변질된다.

다음으로 '경멸'이 원인이 되는 경우를 살펴보자. 과두정체에서 국정에 참가하지 못하는 사람들이 다수를 차지하는 상황에서 국정 참가자들인 소수가 다수를 분노하게 하는 상황이 계속되거나 국정에 참가하지 못하는 다수가 강한 힘을 갖고 있다고 믿을 때 정체 변혁이 일어날 수 있다.

민주정체에서는 부자들이 정부의 실정과 무질서, 무정부 상태를 경멸

해서 일부러 방조함으로써 민주정체의 붕괴에 일조할 수 있다. 붕괴 이후에는 부자들에게 더 유리한 정체를 만들 가능성이 있기 때문에 일부러 그 상태를 내버려두거나 부추길 수 있다.

또한 이것이 반드시 부자들만의 이야기는 아니다. 자신들이 미워하거나 싫어하는 정치가나 입법자들을 일상적으로 조롱하고 비아냥거리는 사람들이 있다. 이들은 발달된 소통 환경을 통해 그런 활동을 조직적으로 펼칠 수 있다.

물론 이런 행위가 정체 변혁의 직접적인 원인이 되기는 어렵겠지만 정권을 잡은 정치인들과 기존 정체에 대한 믿음을 떨어뜨리는 데는 어느 정도 역할을 한다.

한 사람 혹은 몇몇 사람들이 자신의 우월성을 이용해서 기존의 지배계급이 감당할 수 없을 정도로 권력을 행사할 경우, 파쟁과 정체 변혁의 원인이 되기도 한다. 민주정체는 그런 사람을 중심으로 독재 체제나 족벌 체제가 될 수도 있다.

이런 우려를 반영해서 아테네나 아르고스와 같은 폴리스에서는 도편추방제(고대 그리스 민주정 시대에 위험 인물을 전 시민에 의한 비밀투표로 10년간 국외로 추방한 제도)를 도입하기도 했다. 도편추방제에 단점도 있었지만 정체 변혁을 방지한다는 점에서 순기능도 있었다.

아리스토텔레스는 도편추방제와 정체 변혁과의 관계에 대해 "야심가들을 방치했다가 나중에 고치기보다는 아무도 그런 인물이 되지 않도록 하는 것이 더 나은 제도이다"라고 했다.

'우월성'이라는 단어는 특히 오늘날의 우리 사회에서도 중요한 의미가 있다. 다른 나라와 달리 우리나라에는 대규모 기업 집단, 즉 재벌이라 불리는 가족 지배적인 성격이 강한 기업군이 경제에서 차지하는 비중이 크다.

격차는 자연스럽게 사람들의 관심과 질투를 불러일으키게 되는데, 이런 상황에서 재벌들은 국가 정책에 지나치게 큰 영향력을 행사하고 있다는 인상을 주지 않도록 주의해야 한다.

재벌들과 관련된 사람들은 '우리의 언행이 일반 시민들에게 어떻게 비추어지는지'를 스스로 물어보고 더 낮은 자세로 세상과 시민을 대하고 절제해야 한다. 그러지 않으면 우월성 그 자체가 다수 대중들로 하여금 재벌 규제 정책에 표를 던지게 하고, 결국 정체의 부분적인 변혁을 가져올 수 있다.

또한 다수의 지배인 민주주의에서는 논리나 이성 못지않게 일반 국민들의 감정과 감성이란 부분을 소홀히 하지 않도록 해야 한다.

그 밖에 공직자의 교만과 탐욕이 파쟁이나 정체 변혁의 원인이 되는 경우도 있다. 공직자의 탐욕은 공직자 개인에 대한 분노를 일으킬 수도 있지만 그것을 허용한 정체에 대해서도 반발을 불러온다.

우리나라에서도 1960년 4·19혁명의 도화선이 된 것은 자유당 정권의 3·15부정선거 때문이었지만, 젊은 실직자들이 양산되는 경제 불황 속에 고관들의 호의호식과 부패가 분노를 촉발한 측면도 있다.

한편 두려움 때문에 파쟁을 일으키는 경우도 있다. 1973년 9월 11일, 아우구스토 피노체트 장군이 급격한 사회주의 정책을 실시해 왔던 아옌데 정부를 전복시킨 것은 군부의 정권욕도 있었다. 하지만 더 중요한 것은 칠레가 사회주의 국가로 가는 것을 두려워한 점도 컸을 것이다.

정체 변혁의 방법

그렇다면 정체의 변혁은 어떤 방법으로 이뤄지는가? 아리스토텔레스는 두 가지 방법이 가능하다고 말하는데, 하나는 과격한 방법이고 다른 하나는 점진적 방법이다.

우선 과격한 방법은 기존의 정체에 반대하여 정체의 성격 자체를 근본적으로 바꾸는 것이다. 민주정체를 과두정체로 혹은 과두정체를 민주정체로 바꾸는 것이다. 튀니지의 벤 알리, 이집트의 무바라크, 리비아의 카다피 등을 비롯한 장기 집권 주도 세력이 유지해 온 과두정체가 무너진 것을 예로 들 수 있다.

중동의 민주화 시위가 격화될 즈음 중동 문제 전문가인 이희수 교수는 "632년 칼리프 선출을 세계 최초의 민주적 투표라고 간주한다면 중동의 민주화 실험은 1,400년 만에 이루어지는 것이다"라고 했다. 이처럼 정체 자체를 바꾸는 일은 평화적인 방법보다는 격렬한 반정부 시위나 쿠데타 등으로 이뤄진다.

점진적 방법은 기존 정체를 그대로 둔 채 정권을 장악하는 사람이 바뀌는 것을 들 수 있다. 새로 정권을 장악한 사람들은 주로 정체의 일부를 자신들에게 유리하게 바꾼다. 예를 들어, 특정 제도를 폐지, 신설 혹은 변경하는 일은 모두 정체의 일부를 변경하는 것에 해당한다.

정체 그 자체를 바꾸는 것은 혁명에 해당하지만 오늘날 대선이나 총선에서 승리하기 위해 정당들이 치열하게 싸우는 것은 모두 정권을 장악하기 위해서이다. 정권 장악은 자신들이 원하는 방향으로 작은 의미에서 정체를 변화시키기 위해서이다. 정치의 매력이자 정치가들이 가진 힘은 사람들의 삶을 규율하는 경기의 규칙을 바꿀 수 있다는 데 있다.

한 기업의 의사 결정은 기업 내에 영향을 미칠 뿐이지만 작은 제도의 변경이라 할지라도 정치가의 힘은 영향을 미치는 범위나 기간 면에서 보다 넓고 길다.

본사가 지방으로 이전하게 되어 오랜 서울 생활을 마무리하고 이사를 해야 하는 한 공기업 직원을 만나서 대화를 나눈 적이 있다. 아이들 교육 때문에 당분간 서울과 지방을 오가는 생활을 계속해야 한다며 이런 이야기를 들려주었다.

"정치라는 것이 정말 힘이 세다는 것을 처음 느꼈습니다. 대학 시절 민주화 시위에 참가하기도 했지만 정치의 힘이 피부로 와 닿지는 않았습니다. 정권을 잡은 사람들이 공기업 본사를 모두 지방으로 이전하겠다고 해서 설마 했는데, 기정사실로 만들어버리더군요."

우리는 정치인의 뻔뻔한 언행이나 부패 때문에 정치에 무관심할 수 있지만 원칙적으로 시민으로서 선거권을 제대로 행사하는 데 막중한 책임감을 느껴야 한다. 각각 진보와 보수, 그리고 좌와 우를 지향하는 정당에 속한 정치인은 이상적인 정체에 대한 비전이 다른 사람들이기 때문이다. 즉 우리가 행사하는 한 표가 정체를 변화시키는 동력이 될 수 있다.

정치가들 가운데 "나는 이념으로부터 자유로운 사람이다"라고 말한다면 일찍이 버트런드 러셀의 "사람들은 가는 곳마다 마치 여름날의 파리들처럼 자신을 쫓아다니며 기운을 돋우어주는 신념의 구름에 둘러싸여 있다"라는 말을 상기해야 한다.

정치가는 복잡한 현실 속에서 모든 문제들에 대해 일일이 분석하고 판단할 수 없다. 그들도 시민들과 마찬가지로 복잡한 현실을 단순화시킨 지도에 따라 자신의 정책을 펼치는 존재이다.

서로 비전(세계관, 인간관)이 다른 사람들에 대해 토머스 소웰은 '비전의 충돌(The Conflict of Visions)'이라는 표현을 사용하기도 한다. 정치가마다 비전이 다른 것처럼 이상적인 정체도 다르고 정책도 다르다.

토머스 소웰은 그의 책 『비전의 충돌』에서 비전의 중요성에 대해 "사회에 대한 비전은 많은 방식에서 중요하다. 가장 분명한 것은 어떤 세계관에 기초한 정책들이 사회 전체에 퍼져 수년간에 걸쳐 혹은 심지어 수세대나 수 세기에 걸쳐 영향을 준다는 것이다"라고 말한다.

그래서 선거가 중요하다. 특정 정치가와 정당을 선택하는 것은 자신이 동의하는 정체의 비전과 미래를 선택하는 것이다. 그저 작은 이익을 가져다주는 데에 투표권을 행사해서는 안 된다. 같은 지역 출신이나 같은 학교 출신이라 해서 더더욱 우선순위를 차지할 수는 없다.

직접 정치에 뛰어들지 않는 보통 시민들, 그러한 유권자들의 선택이 얼마나 중요한지를 강조하지 않을 수 없다.

그 어느 정체도
영원할 수 없다

"민주정체에서 변혁이 일어나는 이유는 주로 민중 선동가들의 '무절제' 때문이다. 이런 방종은 두 가지 형태를 보인다. 첫째, 민중 선동가들은 때때로 부자들을 개별적으로 무고함으로써 그들로 하여금 공동의 적에 대응하여 단결하도록 만든다. 둘째, 민중 선동가들은 대중들로 하여금 부자들에게 맞서도록 선동함으로써 부자들을 하나의 계급으로 공격한다. 민중 선동가에 의한 이런 행동은 자주 발견되는 사례이다. (……) 때때로 민중 선동가들은 '민중의 환심'을 얻기 위해 귀족들을 박해함으로써 그들이 단결하게 만든다. 또한 귀족들에게 과도한 공적 의무를 지우고 그들의 재산을 빼앗아서 나눠 가지거나 그들의 수입에 타격을 가할 의도로 피해를 입힘으로써 귀족들이 단결하도록 만들기도 한다. 때때로 민중 선동가들은 부유한 시민들의 재산을 몰수할 목적으로 무고하기도 한다." 제5권 5장 1304b20~24, 1305a2~6

흔히 정체 변혁에는 '남을 그럴듯하게 속여 넘기는' 기만(欺瞞)이 무력 못지않게 자주 사용된다. 정체를 변혁하려는 자들이 감언이설로 사람들을 꾀어 일단 정권을 쥔 다음 자신의 의도에 맞는 정체를 만들어내기 때문이다.

이러한 일은 아리스토텔레스의 시대나 지금이나 별반 다를 바가 없다. 정치가들은 일단 정권을 잡는 일이 눈앞의 목표이기 때문에 번드레한 정책으로 시민들을 기만하는 경우가 많다. 민중을 설득하는 일은 그다음 일이라 할 수 있다. 그러니 선거가 끝나고 나면 "왜 공약을 지키지 않느냐" "당신은 거짓말쟁이다"라는 말이 수없이 터져 나올 수밖에 없다.

수많은 사람들로 구성된 사회에는 다수 시민들의 생각과 다른 사람들이 있게 마련이다. 이들은 끊임없이 불평을 털어놓기도 하고 주변 사람들을 은밀히 부추겨 체제 전복을 꿈꾸기도 한다. 여기서 민주정체가 흔들리게 되는 원인을 살펴보자. 민주정체에서는 왜 정체 변혁이 일어나게 되는 것일까?

민주정체에서 정체의 왜곡이 일어나는 이유

고대 그리스 시대 이래로 빈자와 부자 사이의 갈등은 끊임없이 계속되어 왔다. 민주정체에서 자신의 이익을 위해 움직이는 민중 선동가들은 수많은 빈자들에게 손을 내밀었다.

애덤 스미스는 『도덕감정론』에서 인간은 지진으로 지구촌 저 멀리 중국에서 수십만 혹은 수백만 명의 인구가 죽어도 잠시 동안 우울함에 젖겠지만 언제 그런 사건이 일어났느냐는 듯 편안하게 자기 일을 다시 시작하거나 쾌락을 추구할 수 있는 존재라고 했다. 인간의 도덕적 한계와 자기중심주의는 결코 변할 수 없는 본성이기 때문이다.

정권을 쥘 수 있다면 무슨 일이라도 하고 싶어 할 것이라는 점에서 고대의 민중 선동가나 현대의 민중 선동가는 마찬가지가 아닐까 싶다.

민중 선동가들은 끊임없이 빈자들에게 "부자들이 더 많은 비용을 부담해야 한다"라고 호소하고 부자들에 대한 적대감을 드러냈다. 이에 대해 아리스토텔레스는 "민중의 신뢰를 얻는 민중 선동가의 공통점은 부자들에 대한 적대감"이라고 표현한다.

이런 일이 어디 고대 그리스 시대만의 일이겠는가? 지금도 모양만 달리할 뿐 정권이 부자들에게 더 많은 세금을 거둬서 빈자를 돕도록 해야 한다는 이야기가 흘러나오고 실제로 그런 이야기는 실천되기도 한다.

고대 그리스 시대에는 참주들 중에도 장군 출신들이 다수를 차지했다. 장군 출신이 정체를 변혁하기가 쉬웠던 이유는, 도시국가가 크지 않고, 민중은 생활을 위해 일을 하느라 여념이 없었으며, 군사적인 재능이 있는 자가 참주가 되려는 야심을 품으면 이를 실천하기도 쉬웠기 때문이다.

기원전 405년, 장군 출신이었던 디오니시오스는 권력을 장악한 다음 민중들을 선동하고, 정당성을 확보하기 위해 디프나이오스와 다른 부자들을 고발함으로써 귀족들의 힘을 무력화하고 시라쿠사의 참주가 되었다. 기원전 561년, 페이시스트라토스는 당시 대지주들에 반기를 들어서 아테네의 참주가 되었다.

시라쿠사 대성당 내부 기원전 5세기에 세워진 아테네 신전을 토대로 한 대성당. 고대 도시국가들의 세력 싸움에서 아테네와 견줄 정도로 번성했던 시라쿠사를 짐작할 수 있다.

그들은 귀족이나 부자들에게 반감을 표하고 공격함으로써 민중의 환심을 사고 이를 기초로 일인 독재 체제인 참주정체를 수립했다. 이들은 무력이라는 힘도 있었지만 이를 바탕으로 민중들이 품고 있던 부자들에 대한 질투와 시기심을 적절히 잘 활용했다.

아리스토텔레스가 살던 시대처럼 민주정이 자리를 잡고 난 다음에는 민중 선동을 위한 수사학이 중요했다. 이 시기의 민중 선동가는 장군보다는 언변에 능한 자들이 주류를 이루었다.

오늘날에도 민중 선동가는 군사적 재능보다는 언변이 뛰어난 자들이라 할 수 있다. 민중 선동가들의 집권에 대한 욕망과 대중들의 단기적인 이익이 결합함으로써 민주정체는 본래 평등이라는 정의를 실천하기보다 특정 집단들에게 이익을 나누어주는 기구처럼 바뀌게 된다.

아리스토텔레스에게 민주정체의 변혁은 부자나 귀족들이 자신들에 대한 집요한 공격 앞에 단결해 민주정체를 귀족정체 혹은 과두정체로 바꾸는 것을 뜻한다. 그러나 현대적 의미의 민주주의의 왜곡은 민주정체가 본래의 의미를 잃어버리고 힘이 센 집단에 더 많은 이익을 나누어주는 일종의 이익 단체처럼 변질되는 것을 뜻한다. 그 대표적인 사례가 그리스 재정 위기 사태이다.

그리스의 포퓰리즘이 주는 교훈

오늘날 그리스를 비롯해서 남부 유럽 국가들이 경험하고 있는 재정 위기는 민주주의가 민중 선동가들에 의해 휘둘릴 때 어떤 상황이 벌어질 수 있는지를 보여준다. 이는 그리스만의 문제가 아니라 민주주의 정체를 가진 어떤 나라에서도 일어날 수 있는 일이다. 그리스 문제의 실상을 생생하게 전하는 작가의 글을 읽어보자.

"그리스 공무원의 평균 임금은 민간 부문의 거의 3배나 된다. 가령 국영철도는 연간 임금이 4억 유로에 기타 지출이 3억 유로인 데 비해 연간 수익은 1억 유로다. 재무장관을 지낸 스테파노스 마노스가 그리스의 철도 승객 전체를 택시에 태우는 것이 더 싸게 먹힐 것이라고 지적했을 정도다. (……) 그리스에서 중노동으로 분류된 직종에 속한 남성은 55세, 여성은 50세부터 은퇴할 수 있다. 이때부터 국가에서는 연금을 넉넉히 퍼주기 시작하며 600개 이상의 직업이 소위 '중노동'으로 분류되어 있다. 그중에는 미용사, 라디오 아나운서, 웨이터, 음악인 등이 포함되어 있다. 여기에다 그리스의 공공의료제도는 물품 공급을 위한 지출이 유럽 평균보다 훨씬 많다. 많은 그리스 사람들이 간호사나 의사들이 퇴근할 때마다 종이 수건, 기저귀 등 물품 보관실에서 꺼내 갈 수 있는 것은 무엇이든 한 아름씩 안고 가는 것을 흔히 볼 수 있다고 말했다." — 마이클 루이스, 『부메랑』, pp.93~94

안드레아스 파판드레우 전 그리스 총리(오른
쪽) 그는 그리스 최초로 사회주의 정당을
이끌어 집권에 성공했으나 과도한 사회주
의적 정책으로 그리스를 위기에 빠뜨렸다.
그의 아버지(왼쪽)와 아들(왼쪽 아래)도 그
리스 총리를 지냈다.

　원래 그리스는 1929년부터 1980년까지 50년 동안 연평균 경제성장률
이 5.2퍼센트를 기록함으로써 실질 1인당 국민소득 세계 1위, 그리고 평
균 경제성장률 2위를 기록했던 경제 우등생이었다. 더구나 이는 제2차 세
계대전, 1932년의 국가 채무 부도, 전후의 극심한 인플레이션, 1968년에
시작되어 1974년까지 계속된 군부독재 정권 등과 같은 비정상적인 상황
에서 얻은 결과이다.

　그리스는 1981년 열 번째 유럽공동체(EU) 회원국으로 가입할 때만 하
더라도 국가 부채는 국내총생산(GDP) 대비 28퍼센트, 재정 적자는 일
인당 국민소득(GNP)의 3퍼센트, 실업률도 3퍼센트에 지나지 않았다.

　그해 10월, 하버드 대학교 경제학과 교수 출신인 안드레아스 파판드
레우는 급진 좌파 성향의 정당 '범그리스 사회주의 운동(PASOK:
Panhellenic Socialist Movement, 파속)당'을 결성하여 선거에서 승리를 거

둔다.

그는 보편적 복지 강화, 공공 부문 확대, 정부 개입 강화, 보호와 온정주의 정책으로 그리스의 정치체제를 바꾸었다. 이는 그리스만의 특별한 것이 아니라 대중 선동가들이라면 누구든지 유혹을 느낄 수 있는 정책들이며, 일반 시민들도 즐거워할 만한 정책들이다.

그리스 문제를 극명하게 드러내는 실상은 공공 부문의 비중이다. 1960년대 후반기부터 1970년대 전반기까지 그리스의 GDP에서 공공 부문이 차지하는 비중은 25퍼센트 정도였다. 이 비중이 1970년대 중반 이후부터 서서히 증가하기 시작하는데, 마침내 2009년에는 53.1퍼센트나 된다. 결국 나랏돈으로 먹고사는 사람들이 그리스 전체의 50퍼센트 이상을 차지하게 되었다.

점점 그리스는 다양한 지출 프로그램을 유지하기 위해서 외국에서 돈을 빌려서 계속 지출하게 되지만, 국가 부채 규모가 점점 커지면서 원금 상황은 고사하고 이자 지불을 위해 다시 국가 채무를 져야 하는 악순환에 빠지게 된다.

1980~1990년대 안드레아스 정부에서 일했던 테오도르 스타리스는 한 인터뷰에서 "국민에게 더 많은 월급과 서비스를 제공하려 했지만 결국 돈은 국민이 아닌 관료들 손에 들어갔다"라며 "우리는 지출을 감당하기 위해 계속해서 돈을 빌려야만 했고 이는 끔찍한 실수였다"라고 전한다.

그런데 우리가 눈여겨봐야 할 부분은 좌파 정권의 등장 이후에 전개되는 정치 상황이다. 정책 선명성 경쟁이 일어나면서 정부의 재정 지출과 관련해서 보수와 진보, 그리고 좌와 우 정당이 실종되었다는 사실이다.

이에 대해 아테네 대학교 아리스티데스 하치스 교수는 "좌파 정권인 파속당과 명목상 우파 정권인 '새로운 민주주의당(ND: New Democracy

Party)'의 포퓰리즘 경쟁으로 현재의 참담한 결과가 발생했다. 당시 두 당을 대체할 정당은 '공산당'과 '극좌당'밖에 없었지만 이 당들도 극단적인 포퓰리즘을 표방했다"라고 지적한다. 의도하지 않은 정치적 결과는 전통적인 보수당이었던 '새로운 민주주의당'도 오히려 사회당 정책보다 더 사회주의적인 정책을 쏟아내게 된다.

파판드레우 집권 기간 동안 그리스의 경제성장률은 뚝 떨어져 유럽연합의 평균보다 낮은 1.5퍼센트 수준에 머물고 만다. 엄격한 해고 제한과 각종 조세 및 준조세 부담이 늘어나면서 기업에 의한 고용자 수는 내리막길을 걷게 된다. 결국 늘어나는 것은 공무원 수이고 그리스는 거대한 관료 국가가 되어버렸다.

그렇다면 처음에 기대한 대로 복지의 질은 좋아졌는가? 의료 서비스 수준만 하더라도 전 세계 하위 두 번째로 평가된다.

의료 부문에서와 비슷한 상황이 교육 부문에서도 일어나고 있다. 그리스는 엄격한 자격시험에 의해 교사를 뽑기보다는 '정치적 연고'에 의해 많은 교사들을 뽑아왔다. 또한 선거를 앞두고 선심성 정책으로 임시직 교사를 뽑았다가 이후 정규직으로 전환하는 방법으로 교사를 임용했다.

이런 일들이 반복적으로 일어나면서 그리스 학생 1인당 교사 수는 유럽에서 최고 수준인 핀란드보다 4배나 많다. 교사가 많으면 많을수록 질 높은 교육을 기대하는 것이 당연한데 공립학교에 학생을 보내는 대부분의 학부모는 부실한 교육 때문에 과외 교사를 별도로 채용하는 것을 당연하게 여긴다.

이는 그리스에서 벌어진 일이지만 어디서나 일어날 수 있는 일이다. 일단 지출 경쟁에 들어가면 멀쩡한 정책을 내놓은 정당은 살아남을 수 없다. 대중은 점점 더 요구할 것이고 이를 만족시켜 주는 정당만이 정권을 창출할 수 있기 때문이다. 정당 간 포퓰리즘 경쟁이 위험한 이유가 바로 여기에 있다.

복지가 필요 없다는 이야기는 결코 아니다. 그러나 무엇이든 극단으로 치닫게 되면 난관에 부딪히게 된다. 민중 선동가들의 활동이 위험한 것은 이렇게 극단으로 치닫게 할 가능성이 크기 때문이다. 그리스인들이나 한국인들이나 본질적으로 인간은 비슷비슷하기 때문에 우리 모두 깊이 새겨야 할 교훈이다.

과두정체가 몰락하는 이유

우리는 이미 현대 민주주의 정체에서 살아가고 있는데 군이 과두정까지 탐구할 필요가 있을까?

이는 주변에 여전히 과두정 성격의 주요 국가들이 있기 때문이다. 특히 이러한 나라들이 우리의 정치·경제·사회에 긴밀히 영향을 미칠 수 있기 때문에, 이들이 보여주는 정체의 특성을 제대로 아는 일은 그만큼 중요하다. 북한은 참주정에 아주 가까운 정체이지만 공산당과 군부의 최측근 그룹에 의한 통치라는 면에서 과두정 성격을 띤다. 중국은 귀족정과 과두정 성격을 동시에 갖고 있는 정체인데, 지배하는 소수의 능력이라는 면에서는 귀족정에 가깝고 지배의 목표에서는 과두정에 가깝다.

예를 들어, 중국을 움직이는 세 개의 권력 집단은 태자당(전·현직 고위층 자녀들로 이루어진 정파), 공청단(공산당 청년 조직 출신들의 정파), 상하이방(상하이 출신의 인사들의 정파)이며, 이들이 돌아가면서 최고 권력을 맡고 핵심 멤버 7~9명으로 구성되는 중앙정치국 상무의원들의 협의체로 운영되고 있다.

그럼 과두정체가 몰락하는 이유는 무엇일까? 그 이유는 다양하지만,

크게 세 가지 원인이 있다. 첫째, 지배계급 밖에서 발생하는 원인, 둘째, 지배계급 내부의 원인, 셋째, 우발적인 사고 때문이다. 우연은 어떻게 해 볼 수 없는 것이어서 앞의 두 가지 원인을 살펴본다.

첫째는, 과두정체를 맡고 있는 사람들이 자신들의 힘을 과신한 나머지 대중들을 부당하게 억압할 때 발생한다. 대중의 반정부 시위로 지배계급이 권력을 내놓지 않을 수 없는 경우이다.

둘째는, 지배계급 내부의 알력이나 모반 때문에 과두정체가 무너질 수 있다. 과두 정권을 구성하는 모든 사람들에게 그들이 원하는 공직을 줄 수는 없다. 그렇다면 공직에서 배제된 사람들이 모반을 일으키게 될 가능성은 늘 존재한다. 그 사람들은 과두 정권에서 상대적으로 소홀한 대접을 받는 사람일 수도 있고 그 정권 밖의 대중들이 협조할 수도 있다. 한자리를 차지하고 싶어 하는 마음은 누구에게나 강렬하다.

한편 과두정체의 구성원이 방종한 생활로 자산을 탕진하게 된 경우처럼 스스로 처한 곤경을 벗어나기 위해 모반을 꾀할 수도 있다. 본래 인간은 자신의 이익을 앞세우는 경향이 있지만 곤경에 처한 경우는 더욱 그렇게 행동할 가능성이 크다.

아무튼 과두정체의 구성원들이 똘똘 뭉친 상태라면 과두정체가 쉽게 무너지지 않겠지만 그것이 쉬운 일은 아니다. 왜냐하면 과두정체에 소수의 구성원들이 참여하고 있다 하더라도 그들 사이에 권력을 쥐고 있는 핵심층이 생길 수밖에 없기 때문이다.

앞으로 북한에 정변이 일어난다면 가능성이 가장 높은 경우가 이러한 핵심층 내부의 자중지란(自中之亂)일 것이다. 절대 권력을 쥔 참주가 정교하게 권력을 배분하고 감시하고 통제하는 능력이 있더라도 지배계층에 속하는 노회한 사람들을 통제하기란 쉽지 않다. 하물며 젊고 경험이 일천한 참주가 등장한다면 내부 균열이 생길 가능성은 더 커진다. 참주들의 정권 운영 능력에서 경험과 연륜이 차지하는 몫이 제법 크다.

고대 그리스에서도 참주정은 대체로 3대를 넘어서지 못했는데 북한은 스스로 권력을 창출해 내는 데 성공한 김일성, 그런 아버지에게서 철저히 통치술을 훈련받은 김정일, 유복하게 성장해서 젊은 나이에 쉽게 권력을 이양받은 김정은으로 3대째 세습이 이뤄졌다. 하지만 이들의 통치 능력에서는 편차를 보일 것이다.

이런 시각에서 북한의 앞날을 조심스럽게 점쳐 볼 수 있다. 통치 능력은 타고난 것, 글로 배울 수 있는 것, 그리고 세월과 함께 시행착오를 통해 체득하는 것으로 구성되는데, 첫째와 셋째의 비중이 상대적으로 크다. 특히 셋째는 아버지가 권력을 쥐고 있는 오랜 시간 동안 현장 체험이 필수적인데, 이런 기회를 놓친 후계자는 매우 불리한 위치에 있는 셈이다.

"과두정체는 원래의 과두정체 내부에 또 하나의 과두정체가 만들어질 때도 해체된다. 이것은 과두 정부의 구성원 전체의 수가 적을지라도 이들마저 최고위 공직에 참여할 수 없을 때도 해체된다." 제5권 6장 1306a13~15

귀족정체가 전복되는 이유

『정치학』에서 정체 변혁의 원인을 규명한 내용은 제7장 '귀족정체가 전복되는 이유'에서 끝을 맺는다. 귀족정체나 과두정체 모두 소수가 지배한다. 그렇다면 다수의 대중은 '우리도 그들에 비해 똑똑함에서 뒤지지 않는데 그들만 공직을 차지해야 하는 이유가 뭔가?' 하는 의문을 품을 수 있다.

이런 반감에서 생기는 정체의 변혁에는 몇 가지의 생생한 사례를 들수 있다. 탁월함이라는 면에서 고위 공직자에 비해 조금도 뒤떨어지지 않는 사람이 고위 공직자로부터 치욕스런 대우를 받을 때, 용감한 사람이 공직에서 배제될 때, 부자들과 빈자들 사이에 부의 불균형이 심화될 때, 위대한 자가 다른 귀족들을 제쳐놓고 혼자서 통치하고 싶어 할 때 귀족정체가 흔들리게 된다.

예를 들어, 펠로폰네소스 전쟁 말기와 종전 직후에 활약했던 스파르타의 장군 리산드로스가 있다. 그는 스파르타 역사상 가장 유능한 전략가이자 전술가로서 기원전 405년, 아이고스포타미 전투에서 아테네 해군을 대패시킴으로써 27년간 계속되었던 펠로폰네소스 전쟁을 종결시킨 인물이다.

당시의 나우아르코스(해군 총사령관)는 스파르타의 왕에 견줄 만한 권력을 가지게 되는데 리산드로스는 그 자리를 충분히 활용하여 권력을 휘두르게 되지만 그의 약점은 결정적인 패를 쥘 수 없다는 점이었다. 왜냐하면 스파르타의 권력 구조상 여전히 두 명의 왕에게 최종 결정 권한이 있었기 때문이다.

그는 스파르타 왕들로부터 치욕스런 대우를 받게 되자 스파르타 왕들을 투표로 선출하는 안을 제출하여 정체의 변혁을 꾀하게 된다. 그의 생각은 아기아드와 에우리폰티드 두 왕가에서만 세습적으로 왕위를 물려받는 관행을 중단시키고 왕위 계승권의 문을 활짝 여는 것이었지만 그는 이른 죽음으로 뜻을 이루지 못한다.

아리스토텔레스가 올바른 정체라고 말하는 귀족정체와 혼합정체는 결국 변질되어 과두정체와 민주정체로 탈바꿈하게 된다. 그런데 혼합정체와 귀족정체를 비교하면 안정성 면에서 귀족정체가 훨씬 불안정하다.

이와 관련하여 아리스토텔레스는 "대중은 같은 몫만 받아도 만족하지만, 부자들은 정체가 특권을 보장해 주면 교만해지기 쉽고 더 많이 가지려 한다"라는 언급에 더하여 "모든 귀족정체는 과두정체의 성격이 강해 귀족들이 쉽게 욕심을 부릴 수 있다"라고 강조한다.

이런 특성 때문에 귀족정체가 절제와 자제를 통해서 체제의 안정을 유지하기란 쉽지 않다. 소수가 지배하는 귀족정체나 과두정체 모두 다수가 지배하는 혼합정과 민주정에 비해 불안정한 정체임을 확인할 수 있다.

귀족정과 과두정에 대한 생각을 할 때면, 나는 중국의 정체를 생각하게 된다. '권력은 국민으로부터 나온다'는 국민주권론을 깊이 신봉하는 현대인들이 중국의 소수 지배를 받아들이기는 쉽지 않다.

그러나 10년마다 권력 이양을 둘러싸고 내부에서 치열한 암투가 벌어지고 그런 암투가 바깥으로 드러나는 중국만의 독특한 권력 교체 방법은 역사적으로 뿌리가 깊다. 중국의 정체가 대중의 이익을 추구하는 데서 크게 벗어나지 않고 세 계파 사이의 견제와 균형을 유지하고 있기에 약탈적인 성격으로 흐를 가능성은 낮다.

서구 언론과 지식인들은 현대 민주주의를 이상적으로 생각하는 시각에서 중국의 정체를 바라보기 때문에 현 정체의 단명을 바라지만 나는 현 정체가 오래 지속될 것으로 본다. 중요한 점은 소수 권력층 내부에 어느 정도의 견제와 균형을 유지할 수 있는 권력 구조가 갖춰져 있다는 점이다.

중국 공산당의 지배를 두고, 소수 지배가 중국 인민 전체를 위하는 것인가 아니면 소수 지배 권력층을 위한 것인가라는 질문에 대해서는 중국 인민 전체를 위한 지배라는 쪽에 무게중심이 실린다. 그러나 고위 관리들의 부정부패가 빈번히 드러나는 것을 보면 명목상 인민을 위한 지배를 내세우지만 실제로는 공산당원들을 위한 지배처럼 보인다. 그래서 중국의 정체는 과두정과 귀족정의 혼합이라 할 수 있다.

점차 중국 역시 선거권과 피선거권을 시민이 갖는 명실상부한 국민주권 국가로 나아갈 것이다. 그러나 중국의 역사를 볼 때 시민으로부터 권력이 나온 경우는 한 번도 없었기에 긴 시간이 필요할 것이다.

끝으로 우리가 상대적으로 과두정과 민주정에 많은 지면을 할애하는 데는 고대 그리스의 맹주국들인 아테네와 스파르타가 자국의 정치체제에 대한 우월감의 표시로 주변의 폴리스들에 대해 자국 정체를 강요함으로써 다양한 폴리스들의 정체가 두 체제로 수렴되었기 때문이다.

이제까지 우리는 민주정과 과두정, 그리고 귀족정이 흔들리게 되는 원인을 충분히 살펴보았다. 이제 남은 과제는 어떻게 하면 정체의 안정성을 높일 수 있는가 하는 점이다.

정체를 올바르게 보전하기 위한
열두 가지 방법

"잘 혼합된 정체에는 다른 무엇보다 결정적으로 중요한 것이 한 가지 있다. 시민들이 모든 불법 행위를 하지 않도록 주의해야 하며, 특히 사소한 범법 행위를 경계해야 한다. 불법 행위는 살며시 기어들어 와 국가를 망쳐버리게 되는데, 이는 마치 사소한 지출이 계속해서 반복되다 보면 서서히 재산 전부를 날리게 되는 것과 같다. 이런 일은 한꺼번에 일어나지 않기 때문에 눈치 채지 못한다." 제5권 8장 1307b30~35

국가는 존속해야 하고, 계속해서 더 나은 국가로 성장할 수 있어야 하며, 훌륭한 국가가 될 수 있어야 한다. 이 세 가지에는 모두 한 가지 공통점이 있는데, 그것은 바로 좋은 정체가 바탕이 되어야 한다는 점이다.

아리스토텔레스는 『정치학』에서 이처럼 중요한 정체를 보전하는 방법 열두 가지를 소개한다.

시민들이 불법을 저지르지 않도록 해야 한다

특히 혼합된 정체에서 그렇다. 사소한 범법 행위가 쌓여서 나라를 망친다는 것인데, 아리스토텔레스는 이를 작은 지출이 조금씩 모여 한 재산을 날려버리는 것에 비유한다.

외국 도시들을 방문할 때면 나는 담벼락이나 거리에 그려진 낙서를 유심히 본다. 이는 사회의 치안, 공권력, 준법 등을 나타내기 때문이다.

'깨진 유리창 이론(작고 사소한 것을 방치해 두면, 그 지점을 중심으로 범죄가 확산되기 시작한다는 이론)'이 말해 주듯 작은 낙서를 방치하면 다른 사람들까지 함께 참여함으로써 나중에는 통제할 수 없을 정도의 상황이 되어버린다. 작은 무질서나 범죄라도 초기에 적절한 조치를 취해야 한다.

대중을 속일 의도로 술수를 쓰지 않아야 한다

이따금 공직자들이 이런 술수를 쓰는데 아리스토텔레스의 시대에 있었던 이러한 사례를 보자. 민회나 배심법정에 참가하는 사람들이 반드시 사전에 등록하도록 요구하고, 등록한 사람들이 참석하지 않는 경우 무거운 벌금을 물리는 제도였다.

벌금을 두려워해서 등록하는 사람이 크게 줄어들 수밖에 없었는데, 결국 그 목적이 참석자를 줄이기 위함임을 시민들도 알게 된다. 당연히 시민들의 원성과 불만을 낳았다.

오늘날 공공 기관에서 기관장을 공모하는 경우가 있는데, 실제로는 특정인을 결정한 다음 지원자들을 들러리로 세우는 경우가 많다. "이번에도 들러리였다"라는 소식을 접하는 시민들은 그 뻔한 술수에 분노하고 비난할 수밖에 없다. 당연히 정체에 대한 냉소와 비판이 따른다.

공직자는 국정에 참여하는 사람이나 배제된 사람 모두에게 공정하게 대해야 한다

위의 말은 공직을 임용할 때 인재를 차별하지 않고 널리 등용한다는 의미를 포함한다. 특정 지역 출신이나 특정 그룹에 속하는 사람들을 공직에서 원천적으로 배제해 버리는 것이 정체를 불안하게 하는 요인이 될 수 있다.

우리나라를 포함해서 어느 나라든 지역감정이라는 것이 있다. 아직도 "우리 지방 출신 아무개가 어떤 자리에 올랐다"라며 뿌듯해하는 사람이 많다. 하지만 상대적으로 소외된 지역민들이 느끼는 박탈감이 크고 그것이 오래된 상처처럼 자꾸 덧나기 쉽다.

이를 바로잡으려는 적극적인 노력으로 고위 공직 인사나 사회 인프라 구축 면에서 특별한 조치가 필요하다. 많은 사람이 이런 감정에 동감한다면 고위공직자 인선에서도 이런 부분을 충분히 고려해야 한다.

정체에 대한 충성심을 유도하기 위해 멀리 있는 위험에 대해 적절한 위기감을 조성할 필요가 있다

"정체를 파괴하는 위험 요인들이 멀리 떨어져 있을 때도 정체의 보전이 가능하지만 때로는 가까이 있을 때도 가능하다. 정체의 위험 요인들이 더 가까이 있음을 느낄 때, 사람들은 걱정하기 때문에 정체를 더 꽉 잡게 된다. 정체를 염려하는 사람들은 두려움을 느끼기 때문에 정체의 유지를 위해 마치 야경꾼처럼 쉬지 않고 경계할 것이다. 다시 말하면 정체의 보전을 맡은 사람들은 멀리 있는 위험 요인들을 가까이 있는 것처럼 보이도록 해야 한다." 제5권 8장 1308a24~30

특히 이 부분은 군사적 위협이 있는 나라의 지도자들이 깊이 새겨야 한다. 우리나라의 정체 보전에 있어 큰 위협은 북한이다. "북한은 경제난 때문에 더 이상 전쟁을 수행할 능력이 없다"라는 낙관론을 펴는 사람들도 많다.

하지만 이 부분은 이춘근 박사의 『북한의 군사력과 군사전략』을 살펴보면, 경제난에도 불구하고 20년간 북한의 군사력은 계속해서 증강되어 왔다. 그는 "현존 군사력의 측면에서 북한은 남한의 군사력을 압도하고 있으며, 전쟁을 지향하는 동기가 결정적으로 한국에 앞선다"라고 말한다. 또한 북한이 핵무기 보유를 공식화한다면, 이는 일거에 한국의 대북 전쟁 억지력을 무력화할 사건이다.

정치학자 한스 모겐소 교수는 핵무기가 갖는 의미를 언급하면서 "만약 위협을 당하는 나라가 보복할 수 있는 핵 수단을 가지지 않을 경우, 그 나라는 — 마치 히로시마, 나가사키에서 일본이 당한 것처럼 — 완전히 파괴되든가 항복하든가 두 가지 중 하나를 택하지 않을 수 없을 것이다"라고 경고할 정도이다.

나는 대북 정책을 두고 낭만적인 견해를 가진 시민들, 북한의 입장에 동조하는 사람들, 안보를 정치적으로 이용하는 정치가들을 보면서 정체의 보전에 대해 깊은 고민을 할 때가 많다. 인간이란 본래 보고 싶은 것만 보려고 한다지만 안보와 관련한 이런 태도는 대단히 위험하다.

특정 개인이나 계층이 연줄이나 재력으로 지나치게 영향력을 키우지 않도록 해야 한다

특정 인물이나 계층을 향한 지나친 힘의 쏠림 현상이 장기적으로 지속된다면 이는 정체의 변혁에 크나큰 요소로 작용할 수 있다. 어떤 계층이 벼락출세를 하는 것처럼 지나치게 큰 힘을 소유하는 것에 대한 아리스토텔레스의 지적에 주목할 필요가 있다.

정체의 안정성을 확보한다는 점에서 아리스토텔레스의 다음과 같은 메시지를 새기고 그것이 현재의 우리에게 어떤 의미가 있는지를 숙고해보자.

"국가의 한 부분이 어떤 시점에 지나치게 잘나간다면 경계를 게을리하지 않아야 한다. 이런 현상을 치료할 수 있는 첫 번째 대책은 반대 계층들에게 공직을 맡기는 것이다. 여기서 반대 계층은 귀족과 대중 혹은 빈민과 부자들이다. 결과적으로 이 정책은 빈자와 부자 사이에 균형을 가져오거나 빈자와 부자 사이에 혼합을 가져올 것이다. 두 번째 대책은 중간계급의 힘을 증가시키는 것이다. 이런 정책들이야말로 불평등에서 비롯되는 정체 변혁의 파벌 싸움을 방지할 수 있다." 제5권 8장 1308b24~30

미국은 돈 많은 사람도 자유롭게 정치에 입문한다. 자수성가한 대기업 회장이나, 월가 출신 CEO의 정치 입문에 대해 시민들의 저항감은 없다. 그러나 우리나라의 경우는 좀 다르다.

사실 이성적으로 보면 막대한 부를 소유하거나 물려받은 사람 또는 그 가문의 핵심 멤버들이 정치에 참여해서 권력을 추구하는 것을 비난할 이유는 없다. 그러나 일반 시민들에게서 "돈과 권력을 모두 다 가질 수 있는가?"라는 성토가 쏟아져 나올 수 있다.

당분간 우리 사회는 돈을 추구하는 사람은 돈을, 권력을 추구하는 사람은 권력만을 추구하는 것이 어떨까 싶다. 부를 추구하거나 부를 물려받아서 크게 성공한 사람이라면 권력을 추구하려는 욕심을 어느 선에서 자제하는 것이 좋다.

나는 "어떻게 모든 것을 다 가질 수 있는가?"라는 말을 나 자신에게 자주 들려주곤 한다. 모든 부분을 꽉꽉 채우기보다는 일부러 어떤 부분은 덜 채운 상태로 사는 것이 길게 보면 현명한 삶이다.

상벌은 주의 깊게 다루어야 한다

아리스토텔레스는 누군가에게 갑자기 중요한 공직을 맡기는 것은 탈이 날 가능성이 크기 때문에 작은 공직부터 차근차근 맡기라고 말한다. 또한 그는 특정 인물이 다른 사람들보다 너무 크도록 내버려두지 말라고 강조한다. 특히 돈이나 연줄의 힘으로 너무 과한 것을 누리지 않도록 하라고 권한다.

새로운 정권이 출범하고 나면 각종 관급공사로 유난히 특혜를 입는 기업들이 등장하는데 대부분 끝이 좋지 않다. 이를 두고 아리스토텔레스는 "사람은 타락하기 쉽고, 누구나 행운을 감당할 수 있는 것은 아니다"라고 말한다.

한몫을 잡으려는 사람들을 원천적으로 막을 수는 없겠지만 권력자의 청렴 의지가 강하다면 불가능한 일도 아니다. 이는 정체에 부정적인 영향을 줄이는 일이기도 하지만 권력자 자신을 보호하는 일이기도 하다.

공직자들이 자신의 직위를 이용해 재산을 모으지 않게 해야 한다

공직자는 이익을 추구하지 않는 대신에 명예를 추구하는 사람이어야 한다. 그래서 아리스토텔레스는 "평판이 좋은 공직자에게는 명예가 주어지도록 법이 보장해야 한다"라고 했다.

하지만 모든 인간에게는 물욕이 있다. 공직자라고 해서 이런 욕심에서 자유로운 것은 아니기 때문에 공직에 진출할 때는 이 문제를 깊이 생각해야 한다. 공직에 주어지는 영광이나 명성을 누리는 대신 물질적인 욕심을 상당 부분 포기하는 것이 공직자의 삶이어야 하기 때문이다. 그런데 공직에 머물면서도 자신의 보수에 대해 끊임없이 불만이 생겨난다면 그 사람은 잘못된 길을 선택한 셈이다.

아리스토텔레스는 공직자가 공직을 이용해서 이익을 추구하지 않는다면 다수의 대중들은 생업에 종사하여 부자가 되는 일에 전념할 것이라고 했다. 또한 부자들 역시 욕심을 갖지 않고 순수한 마음으로 공직에 봉사할 수도 있고 설령 공직에 참여하지 못하더라도 별다른 불만을 느끼지 않을 것이라고 했다.

권력자와 가까운 관계에 있거나 관심을 많이 받아온 공직자의 수뢰 사건이 사회에 끼치는 부정적인 영향은 의외로 크다. 이는 개인의 노력도 필요하겠지만 엄격한 감시 감독이 필요함을 뜻한다.

민주정체는 부자를 보호하는 것이 바람직하다

아리스토텔레스에 의하면 민주정체는 수적으로 많은 자유민과 빈자를 위한 정체이기 때문에 부자들에 대한 박해가 조직적으로 벌어질 수 있다. 부자들은 소수이기 때문에 다수의 무리한 요구에 어쩔 수 없이 응해야 하는 경우가 있는데, 아리스토텔레스는 이 점을 크게 우려했다.

그래서 그는 부자들의 재산을 보호해 주고, 부자들에게 사회를 유지하는 데 필요한 과도한 공공 경비 등과 같은 부당한 비용을 청구하지 말아야 한다고 했다.

이런 주장이 자칫 가진 사람을 옹호한 것이라고 오해를 불러일으킬 수 있다. 하지만 수적 우위로부터 소수자의 권익을 보호한다는 점에서는 상당히 앞선 생각이며, 국가의 시민이라면 부자이든 빈자이든 모두가 부당한 대우를 받지 않는 것이 정의로운 일이다.

"민주정체에서는 부자들을 아껴주어야 한다. 그들의 재산은 재분배라는 위협으로부터 안전하게 보호되어야 하며 수익도 재분배되어서는 안 된다. 몇몇 정체에서 은연중에 시행되고 있는 재분배 정책을 허용하면 안 된다. 부자들이 코로스(연극 가무단)와 횃불 경주의 경비를 지원하는 것처럼 돈이 많이 들고 유용성은 떨어지는 공공 봉사를 자진해서 떠맡을 의향이 있다고 하더라도, 국가 정책은 이를 금지하는 것이 올바르다. 한편 과두 정체에서는 빈민들에게 각별한 주의와 배려를 기울여야 한다. 수익 있는 공직은 빈민에게 맡겨야 한다. 그리고 부자가 빈민에게 부당한 짓을 하면 그들이 같은 부자들에게 부당한 짓을 했을 때보다 더 엄중하게 처벌해야 한다." 제5권 8장 1309a14~23

'부자를 보호하는 일'을 현대적 의미로 해석하면 혁신하는 능력이 있는 사람을 보호하는 것이다. 혁신하는 능력이 있는 인재는 한 사회의 다양한 자원 가운데서도 아주 희소하고 귀한 자원이다. 그래서 자본을 가진 사람이 자꾸만 더 투자하고 싶도록 만들어주어야 한다.

한 사회가 물질적인 풍요로움을 유지하기 위해서는 이미 부를 가진 사람뿐만 아니라 부를 추구하는 혁신적인 사람들의 경제활동도 보호해야 하고, 그들의 부담을 덜어주어야 한다. 겉으로 보면 그들에게 혜택을 주는 것처럼 보이지만 이런 조치들은 장기적으로 생각하면 일자리 창출을 통해 사회 전체를 돕는 일이기도 하다.

프랑스 좌파 정권은 재정 위기를 극복하기 위해 소득세율 최고율을 41퍼센트에서 45퍼센트로 올리는 정책과, 연간 100만 유로(14억 5,000만 원) 이상의 소득에 대해 75퍼센트의 부유세를 신설한 적이 있다. 앞의 것은 부작용이 있긴 해도 이해할 수 있는 조치라고 생각하지만 뒤의 것은 '약탈'이란 말이 떠오를 만큼 다소 과하다는 생각이 들었다.

이런 조치들에 발끈한 프랑스의 중소 사업자들이 '피종(Pigeons, 희생양)'이라는 단체를 결성해서 정부 정책에 항의한 적도 있다. 당장은 얼마간의 세수를 확보하겠지만 이런 조치로 프랑스에 투자하려는 사람이 있을지 의문이다.

과두정체는 빈민을 격려하고 배려해야 한다

과두정체는 빈민들에게 특별히 관심을 가져야 한다. 아리스토텔레스가 언급한 과두정체에서의 부자들의 역할, 빈민들의 처우 부분을 읽다 보면 자본주의 사회에서 강력한 경제력을 가진 사람들을 생각하게 된다.

사실 현대 자본주의는 민주정체이긴 하지만 부를 가진 사람들이 행사하는 힘으로 볼 때 과두정체와 마찬가지로 부자들의 위력이 세다. 따라서 그런 부자들로 이루어진 계층이 정체에 대한 불만이나 도전으로부터 자기 자신들과 사회를 어떻게 보호할지 생각해 보게 된다.

과두정체는 부자들을 위한 정체이기에 더더욱 그렇다. 정권을 잡은 부자들은 권력에 취해 교만해질 수 있을 뿐만 아니라 자신의 이익을 더 챙기는 데 열심일 수 있다. 극단적인 정도까지 자신의 이익을 챙기다 보면 결국 빈민들이 들고일어나게 된다.

따라서 자유민이나 빈민들이 정체에 대한 불만으로 반란을 꾀하지 않도록 그들을 보호해야 한다. 특히 아리스토텔레스는 부자들이 빈민들에게 행한 부당한 짓에 대해 더 엄한 처벌을 요구한다. 이는 과두정체에서 빈자들이 정체 변혁을 꾀하지 않도록 정권을 잡은 사람들이 선제적으로 대응하라는 주문으로 이해할 수 있다.

아리스토텔레스는 "수익 있는 공직은 빈민에게 맡겨야 한다"라고 주장을 펼칠 정도로 현실 감각이 뛰어난 사람이다. 우리 사회에서도 골목 상권 논쟁이나 협력 기업 문제가 불거져 나오곤 하는데, 새겨둘 만한 말이다.

특히 우리나라는 재벌이라는 독특한 계층이 있다. 이들은 약자들이 의분이나 분노를 느끼지 않도록 조심하고, 지나치게 자신들의 이익만을 챙긴다는 인상을 주지 않도록 해야 한다.

여기서 한 걸음 나아가 더불어 살기 위한 노력을 해야 한다. 옳고 그름의 문제를 떠나서 한 국가가 사회적 긴장이나 반감, 불만의 크기를 줄여 나가는 일의 중요성은 아무리 강조해도 지나치지 않다.

살면서 나는 "세상에 공짜가 없다"라는 말과 "더 많이 누리면 더 많이 헌신해야 한다"라는 말을 자주 떠올린다. 큰 부를 가진 사람이라면 사익을 추구하는 수준을 넘어서야 한다. 그것은 선택이라기보다도 의무에 가깝다. 부와 명예를 거두기까지 무엇보다 자신의 재능과 노력이 남달랐겠지만 내가 몸담고 있는 공동체의 보이지 않는 조력과 영향이 없다면 이는 불가능한 일이다. 자신의 조직뿐만 아니라 국가 공동체에 대해서 더 큰 책임감을 느껴야 한다. 이런 가치가 명확하다면 비난받을 일보다는 감동을 주는 일을 더 많이 하게 될 것이다.

공직자는 정체에 대한 충성심, 업무 수행 능력, 그리고 정의감을 충분히 갖추어야 한다

현실에서 정체에 대해 모호한 태도를 견지해 온 사람들이 국회의원과 같은 중요한 자리에 앉는 것을 보면서 국가 요직에 취임하는 사람이 갖춰야 할 자격 조건을 다시 생각해 본다. 아리스토텔레스는 앞서 말한 세 가지 조건을 갖춘 고위 공직자를 임명해야 한다고 했다.

하지만 한 가지 조건은 우월한데 다른 조건이 열등하다면 어떻게 해야 할까? 예를 들어, 갑이란 장군은 기존 정체에 대한 충성심이 강하고 착한 반면에 을이란 장군은 충성심은 중간 정도이지만 풍부한 군사 경험이 있다고 해보자. 이때 누구를 장군으로 선출해야 할까?

이때 장군을 선출하는 사람은 흔치 않은 조건을 우선으로 해야 한다. 정체에 대한 충성심과 착한 사람은 흔하지만 전쟁 수행에 필요한 충분한 경험이 있는 탁월한 사람은 드물다. 당연히 충분한 경험이 있는 장군을 뽑아야 한다.

그런데 고위 공직자의 자격 조건으로 첫째(충성심) 조건과 둘째(능력) 조건 정도면 충분한데, 셋째(성격적 탁월성) 조건이 굳이 필요한 이유는 무엇일까?

　　"이미 두 가지 조건(충성심과 능력)을 갖추는 것만으로 공공의 이익에 봉사하는 데 아무런 문제가 없지 않은가? 이 질문에 대해, 두 가지 조건을 갖춘 사람이라 할지라도 자제력이 부족할 수 있다고 답하고 싶다. 그런 사람들이 자기 이익을 보호하지 못하는 것처럼 공공의 이익을 보호하는 데 실패할 수도 있지 않을까?" 제5권 9장 1309b9~13

　　이 대목을 읽는 순간 나는 미국 오바마 대통령에 맞섰던 공화당 후보 존 매케인 상원위원을 떠올렸다. 베트남 전쟁의 참전 용사이자 무려 5년 반을 적군의 감옥에 갇혔던 그의 용맹함은 널리 알려져 있다.

　　하지만 그는 선거 기간 동안 자제력을 발휘하지 못하고 화를 자주 낼 뿐만 아니라 이따금 입에 담기 어려운 욕설을 내뱉음으로써 구설수에 오르곤 했다. 반대파는 그의 그런 약점을 이용해 매케인을 분노 관리에 문제가 있는 인물로 몰아가곤 했다.

　　그러나 매케인의 전기 작가인 로버트 팀버그는 그가 이따금 화를 내기는 했지만 "일상적으로 나를 당황하게 할 만큼 화를 터뜨리는 경우를 본 적이 없다"라고 했다.

　　몇몇 역사학자들은 대통령도 인간이기에 화를 낼 수 있지만 대개는 화를 통제하는 나름의 방법이 있었다고 한다. 작가 로버트 달렉은 "해리 트루먼도 어떤 사람을 통렬하게 비난하는 편지를 썼지만 거의 대부분은 보내지 않았다"라고 전한다. 또한 역사학자 리처드 노턴 스미스는 "조지 워싱턴은 평생 동안 자신의 화를 통제하기 위해 노력하면서 보냈다"라고 했다.

우리 사회는 벌컥 화를 내고 난 다음 뒤끝이 없는 사람에 대해 비교적 관대하지만 미국 사회는 다른 것 같다. 그들은 고위 공직자, 특히 대통령과 같은 사람이 자제력을 발휘하지 못하면 상당히 위험한 결과를 낳을 수 있다고 생각한다.

용기도 고위 공직자가 갖춰야 할 매우 중요한 덕목이다. 고위 공직자가 해박한 지식을 갖추고 정체에 대한 충성심이 있더라도 결정적인 순간에 두려움이나 유혹에 압도된 나머지 적시에 올바른 행동을 하지 못한다면 공공의 이익에 큰 손해를 입히게 된다. 따라서 세 번째 조건인 '성격적 탁월성'은 매우 중요한 덕목이다.

시민들 가운데 정체의 존속을 원하는 이가 다수여야 한다

정체를 보전하는 열한째 조건은 기존 정체를 원하는 사람의 수가 원하지 않는 사람의 수보다 더 많아야 한다는 것이다. 이를 위해서 무엇을 해야 할까? 과두정체가 극단으로 부자들의 이익을 추구한다면 그 정체가 온전히 유지될 수 있을까? 민주정체가 극단으로 빈자들의 이익을 추구한다면 그 정체가 온전할 수 있을까?

현실 세계에서 특정 정체의 지지자들이나 정권을 잡은 사람들은 그 정체가 최고라고 생각해서 극단으로 몰고 가는 경우가 자주 생긴다. 이 점에 대해 아리스토텔레스는 "민주적이라고 생각되는 많은 조치들이 민주정체를 파괴하고, 과두적이라고 생각되는 많은 조치들이 과두정체를 파괴한다"라고 경고한다.

정체를 보존하는 방법은 무엇보다 '중용, 중간, 중도'이다. 어떤 정체든 간에 극단을 추구하는 정체는 계속 유지될 수 없다는 점을 아리스토텔레스는 강조한다.

과두정체의 옹호자나 민주정체의 옹호자가 극단적으로 행동할 가능성은 얼마든지 있다. 그러면 어떻게 하는 것이 올바른 방법일까? 과두정체에서는 빈자들의 이익을 보호하는 것처럼 보여야 하고 민주정체에서는 반대로 부자들의 이익을 보호하는 것처럼 보여야 한다. 민주정체에서 흔히 벌어지는 상황과 바람직한 정체의 모습에 대해 아리스토텔레스는 이렇게 말한다.

"민중의 의지가 법보다 우월한 민주정체에서 민중 선동가들은 늘 국가를 둘로 나누어 부자들에 맞서 전쟁을 전개한다. 그들이 취해야 할 올바른 태도는 그와는 정반대로 늘 부자들의 이익을 대변한다고 말해야 한다는 것이다." 제5권 9장 1310a4~7

나는 이 부분을 읽을 때마다 보수적인 정권이 집권했을 때, 그리고 반대로 진보적인 정권이 집권했을 때 어떻게 해야 하는지를 생각하게 된다.

보수적인 정권이라면 오히려 "우리는 서민 대중의 삶에 더 많은 관심을 기울일 것이다"라고 천명할 수 있어야 한다. 진보적인 정권이라면 오히려 "우리는 기업과 부자들의 자유로운 경제활동이 방해받지 않도록 할 것이다"라고 이야기하는 것이 바람직하다.

이런 면에서 보면 아리스토텔레스의 주장은 '보수 정권은 마땅히 서민 대중의 이익을 대변하는 것처럼 보여야 하며, 진보 정권은 마땅히 기업과 부자들의 활동을 보호하는 것처럼 보여야 한다'는 것이다.

아리스토텔레스는 구체적으로 언급하지 않았지만 다수가 소망하는 정체는 정의에 대한 올바른 개념을 바탕으로 정의로움을 위해 노력하는 사회라고 생각한다. 성별, 나이, 출신, 학벌, 그리고 행운 등의 요소에 의해 부당하게 취급받는 사람들이 늘어난다면 정체의 안정성을 꾀할 수 없다.

사회에서 억울하고 부당한 관례나 관행, 그리고 제도를 바꾸려는 노력이 꾸준히 이루어질 때 다수의 대중은 '우리가 지킬 만한 정체에서 살고 있다'는 믿음을 갖게 될 것이다.

시민들을 정체의 정신에 맞게끔 생각하고 행동하도록 꾸준히 교육해야 한다

아리스토텔레스는 시민들을 정체의 방향에 맞게끔 교육하는 일이 가장 중요함에도 불구하고 소홀히 다루어지고 있다고 지적했다.

이때 정체에 맞는 교육은 "구성원이 좋아할 행위를 하는 것이 아니라, 정체가 살아남을 수 있게 하는 행위"를 말한다. 한 예로 과두적으로 교육받는 것은 어떤 것일까? 과두정체가 살아남을 수 있게 하는 것을 배우는 일이다.

과두정체를 이끄는 통치자들의 아들들은 호의호식한다. 반면에 빈민의 아들들은 힘들고 어려운 환경에서 노동으로 자신을 단련하면서 정체의 변혁을 꿈꾸고 그런 능력을 기르게 된다. 과두정체 지지자로서 그 정체가 살아남기를 소망한다면 통치자의 아들들 또한 빈민의 적개심을 누그러뜨릴 수 있도록 사치스러운 생활을 절제하도록 훈련해야 한다는 말이다.

한편 민주적으로 교육받는 것은 어떤 것일까? 아리스토텔레스는 우선 민주정체의 구성원들이 알게 모르게 민주정체를 위협하는 행동을 하고 있음을 지적한다. 그것은 '자유에 대한 개념의 오용'에서 비롯된다고 했다.

민주정체의 두 가지 특성은 '다수의 지배'와 '개인의 자유'인데, 아리스토텔레스는 이들 사이의 관계에 대한 일반인들의 믿음은 "정의는 평등이고, 평등은 다수의 결정이 최고 권력을 쥐는 것을 의미하며, 자유는 각자 원하는 대로 하는 것을 뜻한다"라고 말한다.

이렇게 생각하는 사람이라면 극단적인 민주정체에서 각자는 자신이 원하면 무엇이든 할 수 있다고 생각하고 행동할 수 있다. 이에 대해 아리스토텔레스는 '각자가 마음 내키는 대로' 또는 비극 작가 에우리피데스의 말처럼, '각자는 자신이 원하는 대로 살아가는 것'을 뜻한다고 말한다.

오늘날 주변에서 흔하게 볼 수 있는 것처럼, '내가 좋아서 내 마음대로 하는데 당신이 무슨 상관이야' 하는 식의 태도다. 한마디로 버릇없는 사람들이 대거 등장하게 된다. 개인적으로는 자신이 원하는 것이라면 마음껏 하는 것을 자신의 권리로 받아들일 뿐만 아니라 이에 머물지 않고 다수가 원하는 것이라면 무엇이든 할 수 있는 것으로 해석하기도 한다. 자연히 소수자나 가진 자에 대한 박해가 불가피하고 타인의 재산을 빼앗아 나누어 갖는 일도 문제가 아니라고 받아들인다.

이런 일이 발생하면 민주정체의 변혁은 불가피할 수밖에 없다. 결국 다수의 지배에 대한 올바른 이해와 개인의 자유에 대한 올바른 이해는 교육을 통해서만이 가능하다고 할 수 있다.

오랫동안 충실하게 군인으로 활동해 온 분들을 만나보면 막 입대한 젊은이들의 국가관에 대해 걱정하는 분들이 많다. 요즘 입대하는 젊은이들이 학교생활에서 정체와 정체 수호의 중요성, 그리고 시민의 임무 등에 대해 충분히 교육받을 기회가 드물기 때문이다. 정규 교육과정을 거치면서 '우리의 삶을 가능하게 하는 정체는 굳게 지켜야 할 가치가 있다'고 확신할 수 있도록 교육이 이루어져야 한다.

또한 정체가 허물어지면 자유와 재산을 비롯해서 우리가 누리는 것들 가운데 거의 전부를 잃어버리게 된다는 점을 충분히 가르쳐야 한다.

냉전 시대를 거치면서 국가관 교육이 악용되는 경우도 있었다. 그렇다고 해서 국가관 교육이 필요하지 않다고 하는 것은 더 큰 문제이다. 우리 정체뿐만 아니라 우리 역사에 대해서도 왜곡하지 않고 공정하게 배울 수 있는 기회가 제공되어야 한다. 그런 교육은 권력을 잡은 정권을 넘어서는 문제이다. 정권은 유한하지만 대한민국이라는 국가 공동체는 계속되어야 하기 때문이다.

우리에게 국가 공동체는 무엇이며, 이를 가능하게 하는 정체는 무엇인가? 하는 질문을 대할 때면 2010년 3월, 신참 조종사의 비행 훈련을 돕기 위해 전투기에 동승했다가 43세의 나이로 순직한 오충현 대령이 일기장에 남긴 글을 떠올리게 된다.

"내가 죽으면 (……) 가족의 슬픔만 생각하지 말고, 나 때문에 조국의 재산이 낭비되고 공군의 사기가 실추되었음을 깊이 사과해야 한다. 군인은 오로지 '충성'만을 생각해야 한다. 비록 세상이 변하고 타락한다 해도 군인은 조국을 위해 언제 어디서든 기꺼이 희생할 수 있어야 한다. 그것이 대한민국 전투기 조종사의 운명이다." ─ 1992년 12월, 동료 조종사의 장례식장을 다녀온 다음 일기장에 남긴 글 중에서

그가 충성의 대상으로 삼았던 것은 특정 정권이 아니다. 정권을 넘어서 대한민국이라는 국가 공동체의 존속을 위해 충성을 바칠 것을 맹세

순직 전투조종사들 합동 영결식
고(故)오충현 대령(가운데)은
조국을 위해 목숨을 바친다는
군인 정신을 보여준 베테랑 파
일럿으로, 임무 수행 중에 순
직했다.

한 것이다.

　모든 사람에게 이런 충성을 요구할 수는 없다. 그럼에도 우리가 누리
는 자유, 평등, 정의, 인권, 그리고 물질적 조건에 때로는 부족한 점이 있
더라도 이것을 가능하게 해주는 대한민국의 정체에 대해 깊은 감사와
충성심을 가져야 한다. 그것은 선택해도 그만 안 해도 그만인 것이 아니
라 이 땅에 사는 대한민국 국민들이 가져야 할 마음가짐이자 태도이다.

민주정체의 토대는
자유와 평등

"민주정체의 토대는 자유(eleutheria, liberty)이다. 자유는 민주정체에서만 누릴 수 있으며, 민주정체의 목표는 자유를 누리는 것이라는 주장은 널리 받아들여지고 있다. 자유의 한 측면은 지배하는 자와 지배받는 자가 바뀔 수 있다는 점이다. 민주정체의 정의는 가치에 따른 비례적 평등이 아니라 수에 따른 산술적 평등이다. 이런 정의를 받아들인다면 민중이 필연적으로 지배 권력을 쥐어야 하고 다수결이 궁극적인 권력이어야 하기 때문에 다수의 결정이 정의이다. 그래서 민주정체에서는 시민 각자는 평등하며 수적으로 빈민이 부자보다 많기 때문에 빈민이 부자보다 권력을 더 많이 갖게 된다. 다수의 결정이 지배 권력을 갖기 때문이다. 이것이 민주정체의 첫 번째 특징인 자유의 표지 가운데 하나이다. 다른 표지는 시민들이 각자 원하는 대로 사는 것이다. 그렇게 사는 것이 민주정체에서 자유민의 삶인 데 반해서 노예들은 그렇게 살 수 없다. 따라서 이것이 민주정체의 두 번째 특징이다." 제6권 2장 1317a40~1317b13

'지하철에서 심한 애정 행각을 벌이는 커플'에 관한 에피소드가 종종 뉴스에 나온다. 하지만 누구도 그들을 나무라기 힘들다. 아마도 "피해를 주는 것도 아니고 우리가 좋아서 하는 일인데 왜들 신경을 써요"라는 답이 돌아올 수 있기 때문이다.

이는 사람마다 자유를 어떻게 해석하는지에 따라 다르다. 애정 행각의 주인공은 자기가 마음 내키는 대로 하는 것이 자유라고 생각하겠지만, 나무라는 사람은 공공장소에서 남의 이목을 고려한 자유를 생각할 것이다.

고대 아테네도 자유로운 나라였다. 아테네 시민들이 누렸던 자유 중에서도 두드러진 것은 사상과 언론 표현의 자유이다. 생각하는 것을 마음껏 떠들 수 있을뿐더러 마음에 들지 않는 정치인과 정치체제를 욕할 수도 있었다.

민회와 같은 정치적 집회에서도 부자든 빈자든 간에 동등한 발언권이 있었다. 그래서 민회의 사회를 보는 사람은 늘 "누구 더 발언할 사람은 없나요?"라고 물어보곤 했다. 현대 민주주의 체제에서 살아가는 사람들을 제외하면, 역사상 이런 자유를 누린 사람은 드물었다.

민주정 하면 떠오르는 두 단어, 자유와 평등 중에서 아테네 시민은 어떤 것에 더 큰 비중을 두었을까? 자유가 더 큰 비중을 차지했으며 평등은 보조적인 의미로 사용되었다.

이에 대해 『자유의 미학』의 저자 서병훈 교수는 아테네의 재판정과 대중 연설에서 자유나 자유민이라는 용어가 빈번히 사용되었으며 군함의 이름으로 '자유'와 '민주주의'라는 이름이 자주 사용된 점을 들어 "아테네 민주정을 구성하는 기본적 개념은 평등이 아니라 자유였다"라고 말한다.

그런데 아테네 시민들이 누리던 지나친 자유를 걱정하는 목소리도 있었다. 이런 비판은 플라톤의 저서에서 자주 등장하는데, 아리스토텔레스도 견해가 같았다.

이들은 자유를 두 가지로 구분한다. 하나는 '멋대로 할 수 있는 자유(exousia, license)'이고, 다른 하나는 일반적인 의미의 '자유(eleutheria, liberty)'이다. 앞의 것은 그야말로 마음 내키는 대로 무엇이든지 할 수 있는 자유를 뜻하고, 뒤의 것은 '각자가 원하는 대로 살 자유', 즉 절제된 자유를 말한다.

이 점에서 대중과 일부 지식인들 사이에는 큰 간극이 있었다. 아테네 시민들 다수는 '멋대로 할 수 있는 자유'를 '민주적 자유'라고 생각했지만, 플라톤과 아리스토텔레스의 의견은 달랐다.

그런데 자유에 따라 평등도 달라진다. '멋대로 할 수 있는 자유'를 원하는 사람은 평등 또한 '무차별적인 평등'을 원한다. 일반적인 '자유'를 원하는 사람은 '법 앞의 평등(isonomia)' 혹은 '민회에서 평등하게 발언할 수 있는 권리(isēgoria)'를 원한다.

점차 아테네에서도 자유와 평등에 대한 자유민의 생각이 변했다. 아테네의 쇠락이 뚜렷해져 갈수록 '멋대로 할 수 있는 자유'와 '무차별적인 평등'이 더 기승을 부렸던 것 같다. 그래서 이소크라테스는 과도한 자유와 평등을 요구하는 자유민을 두고 "옛날 아테네 조상들은 무절제를 민주주의로, 무법 상태를 자유로, 마음대로 지껄이는 것을 정치적 평등으로, 그리고 자기 마음 내키는 대로 아무 짓이나 하는 것을 행복이라고 생각하지 않았다"라고 개탄한 바 있다.

본래 지식인들은 옳고 그름을 따지지만 대중은 본성과 마음이 이끄는 대로 행동하는 경향이 있다. 이런 발언으로 미루어보면 고대 아테네의 '과도한' 자유와 평등은 지식인들로 하여금 나라의 앞날을 걱정하게 만들었던 것 같다. 그러면 아리스토텔레스는 민주정체의 핵심과 본질을 어떻게 이해했을까?

민주정체의 토대는 '자유'와 '법 앞의 평등'

아리스토텔레스는 민주정체의 토대이자 민주정을 움직이는 기본 원리를 자유로 꼽으며, 그것은 두 가지 특성을 갖는다고 보았다.

하나는, '자신이 원하는 대로 사는 것'이다. 이는 원하는 대로 살지 못하는 노예들과 달리 자유민(eleutheros)만이 취할 수 있는 특징이다. 앞서 밝힌 대로 '멋대로 할 수 있는 자유'와는 달리 일종의 절제된 자유이다. 시민은 사적 세계에서는 멋대로 할 수 있지만 공적 세계에서는 법의 지배를 받아야 한다.

예를 들어, 지하철의 '닭살 커플'들이 사적 공간에서는 어떻게 하든 상관없지만 일단 공공장소에서는 법과 관습을 따라야 하며, 이것이야말로 아리스토텔레스가 생각하는 올바른 자유이다.

다른 하나는, 어느 누구에게도 지배받지 않는 것이 가장 좋겠지만 지배 받는 것을 피할 수 없다면 번갈아가며 지배하고 지배받는 것이다. 즉, 국정 운영에 평등하게 참여할 권리를 갖는 것을 말한다.

이런 토대 위에 세워진 민주정체의 특성은 무엇일까? 아리스토텔레스가 소개하는 참정권과 관련한 민주정체의 특성은 아홉 가지로 정리할 수 있다. 오늘날 대다수 국가들이 선택하고 있는 민주주의와는 다소 차이가 있지만 그 근본적인 특성은 동일하다. 민주정체의 본질을 이해하기 위해서 그의 주장을 살펴보자.

첫째, 공직자들은 모두 시민들에 의해 선출되며, 경험과 전문 지식이 필요한 공직을 제외하면 추첨으로 선출된다. 따라서 시민들 각자는 때로는 지배하기도 하지만 지배당하기도 한다.

둘째, 공직 취임에 필요한 재산 자격 요건은 아예 없거나 최소한에 그친다. 과두정체에서 공직자에 대해 재산 자격 요건의 충족을 요구하는 것과 대비된다.

셋째, 같은 사람이 같은 공직을 연임할 수 없는 것을 원칙으로 하되 전쟁과 관련된 공직은 예외로 한다. 연임 금지를 기본으로 하되 연임하는 경우도 가능한 한 횟수를 줄이며, 모든 공직의 임기는 짧게 한다.

넷째, 시민들 중에서 선출된 배심원이 모든 사건 또는 대부분의 사건에 대한 판결을 맡는다. 특히 임기 종료 시 공직자 회계 감사, 정체에 대한 범죄, 개인 간의 계약 등 중대한 문제에 관해서 배심원이 재판한다.

다섯째, 민회가 모든 문제 혹은 중요한 문제에 대해 최종 결정권을 갖는다. 반면에 고위 공직자는 민회가 다룰 수 없는 소수의 문제에 대해서만 최종 결정권을 갖는다.

여섯째, 민회에 출석하는 모든 시민들에게 수당 지불을 원칙으로 한다. 재원이 충분치 않을 때는, 아테네의 경우 추첨으로 선출된 500인의 시민으로 구성되는 협의회 의원들에게 수당이 지불되었는데, 그들은 민회를 위한 업무 준비 및 세수 관리 등의 행정 업무를 맡았다.

일곱째, 어떤 공직도 종신직이 아니지만 전통으로 내려오는 것이 있다면 최대한 권한을 제한해서 운용한다. 또한 종신직에 취임하는 사람은 선출 대신 추첨제로 충원한다.

여덟째, 민주정체의 평등관은 비례적 평등이 아니라 수적 평등이라는 평등관에 기초한다. 즉, 다수의 결정이 최고 권력을 갖는다는 의미다.

아홉째, 과두정체가 좋은 태생과 부와 교육을 그 특징으로 한다면 민주정체는 그 반대인 '빈천한 집안 출생, 가난, 그리고 육체노동자의 정신적 편협성(vulgarity)'을 그 특징으로 한다.

민주정체에 대한 아리스토텔레스의 마지막 지적은 의미심장하다. 귀족정체나 과두정체에 비해 민주정체는 서민 대중과 빈민들을 가리지 않고 모두가 1인 1표를 갖게 된다. 서민 대중과 빈민들은 교양이나 학식을 체계적으로 닦을 기회가 적기 때문에 '정신적 편협성'이라는 한계를 벗어날 수 없다는 것이 아리스토텔레스의 지적이다. 그럼에도 불구하고 모든 시민은 1인 1표라는 평등한 권리를 보장받는 것이 민주정체의 주요한 특징 가운데 하나다.

여기서 민주정을 운영하는 기본 원리 가운데 중요한 것은 바로 여덟째 '다수결의 원리'이다. 다수의 지지를 얻은 자가 공직에 선출되고 국가의 주요 현안에서 다수의 지지를 얻은 것이 정론으로 채택된다.

적법한 절차에 따른 다수결의 원리가 만능은 아니지만 이해관계가 다양한 시민들과 집단으로 구성된 국가에서 다수결의 원칙만 한 것이 있을까 싶다.

민주정체에서 평등을 보장하는 방법
그렇다면 민주정체에서 평등을 어떻게 확보할 것인가? 앞에서 보았듯이 평등은 '무차별적인 평등'과 '법 앞의 평등'으로 나뉜다. 예를 들어, 고대 아테네에서 '무차별적인 평등'은 주인과 노예, 부모와 자식, 남자와 여자, 시민과 외국인 사이에 엄연한 신분의 차이가 있는데도 똑같은 대접을 받아야 한다고 주장하는 것이다.

일찍이 플라톤은 교사가 학생을 지도해야 함에도 불구하고 오히려 학생을 두려워하고 비위를 맞추려고 쩔쩔맬 뿐 아니라 학생이 교사를 경멸하는 경우를 예로 든다. 무차별적인 평등이 성행하는 국가에서는 많은 사람들이 법에 복종하려 하지 않고, 상대를 존중하지 않고, 자기 마음 내키는 대로 할 수 있는 권리가 있다고 주장한다.

현대 민주주의 사회에서 '무차별적인 평등'은 주로 권리와 관련해서 발생한다. 시민은 교육받을 권리가 있다. 그러나 그런 권리가 어디까지 확대될 수 있는지에 대해서는 사람마다 시각이 다르다.

주류 경제학을 공부한 학자들은 대부분 대학 교육은 의무교육이 아니라고 말한다. 전용덕 교수는 "대학 교육에서 얻는 혜택은 거의 대부분 학생과 그 가족에게 돌아가므로 대학을 다니는 데 드는 비용을 자신이 부담하는 것은 당연하다"라고 한다.

그러나 반대의 주장도 만만치 않다. 실제로 프랑스, 독일 등 유럽 국가들은 대학 등록금을 거의 받지 않았으며 최근 들어서야 일부 국가가 등록금 제도를 도입하기 시작했다.

또한 병역 문제에 관한 것만으로도 평등에 대한 관점은 사람마다 다를 수 있다. 군 복무를 마친 한 젊은이가 헌법재판소에 남성에게만 병역 의무를 부과하는 것은 평등권을 침해한다는 헌법소원을 청구한 적이 있다. 이에 헌법재판소는 합헌 결정을 내렸다.

반면 소수 의견으로 위헌 판결을 내린 두 재판관은 "남녀 간 신체적 조건에 따른 차별 취급은 용인되지만 국방의 의무 가운데 복무 내용이 남녀의 신체적 능력과 직접적으로 관련 없는 부분까지 남자에게만 의무를 부과하는 것은 평등권을 침해한다"라고 판단했다.

일부 재판관들이 지적한 것처럼 현대전에서 반드시 전투 요원만 필요한 것도 아니고, 지원 부서에 많은 군무원이 근무하고 있음을 고려하면 그들의 지적도 일리가 있다고 본다.

한편 평등의 개념을 확장하면 다수결과 부딪치게 된다. 민주정에서 다수결의 원칙에 따라 모든 것을 결정해 버리면 대중이 수적으로 우세하기 때문에 항상 유리한 위치에 서게 된다. 민주정체의 이런 약점을 보완하기 위해 아리스토텔레스는 평등에 대한 절충안을 제시한다. 그의 생각은 부자와 빈자로 두 그룹을 나눈 다음에 각각의 그룹에서 다수가 내린 의사 결정권을 존중하는 것이다.

그런데 두 그룹이 내린 의사 결정이 서로 충돌할 때는 어떻게 해야 할까? 이때 그는 부자들 중에서 가난한 사람들과 뜻을 같이하는 사람, 가난한 사람들 중에서 부자들과 뜻을 같이하는 사람들을 제외한 다음, 각 부자와 빈자 그룹에 있는 사람들의 재산 평가액이 많은 그룹의 의사 결정을 존중한다.

이러한 절충안은 아테네 민주정에서 실현 가능성이 거의 없는 제안이긴 하지만, 아리스토텔레스가 다수결 원리를 따를 때 발생할 수 있는 부작용을 고심했음을 알 수 있다. 그런 고심 끝에 내놓은 대안이지만 아테네의 민주정이나 현대 민주주의에서 실현 가능성이 거의 없는 제안이다.

결국 아리스토텔레스는 '산술적인 다수결'을 그대로 적용할 때 빈민들이 수적으로 우세할 것이고 이에 따라 부자들이 곤욕을 치르게 된다는 점과 그렇게 될 때 부자들이 민주정체를 흔들어서 과두정체로 만들

수 있음을 우려했던 것이다.

물론 아리스토텔레스가 제시한 평등관을 현대 민주주의에 적용할 수는 없다. 하지만 민주정체의 평등관이 다수에 의해서 소수를 약탈하는 도구나 수단이 되어서는 안 된다는 사실을 확인하는 것만으로도 가치가 있다. 다수결의 원리를 무분별하게 확장하는 것은 여전히 현대 민주주의가 고민하고 풀어야 할 중요한 과제이다.

이를 방지하기 위해 아무리 다수결이라 해도 침해할 수 없는 한계를 두고 있는데 이것이 바로 '법의 지배'이며, 현대 민주주의 국가들이 3심제(三審制)를 도입하고 헌법재판소를 두는 이유이기도 하다. 특정 문제에 대해 여론이 비등하고 다수가 목소리를 높여 한 가지 정책을 고집할 때는 그것이 헌법의 테두리 내에서 이루어지는 입법 활동인지를 점검해봐야 한다.

여론이란 일단 달구어지고 나면 한방향으로 줄달음치게 되고 결국 특정 목적 달성을 위한 입법을 낳게 된다. 시대적 흐름이나 분위기에 따라 여론의 강한 지지를 받는 입법일수록 입법부가 중심을 잡지 못하면 헌법 정신에 부합하지 않는 법일 가능성이 커진다.

특히 '무차별적인 평등'이 자칫 시민 권리의 확장으로 포장되어 무리한 입법이 이루어지지 않도록 주의해야 한다. '여론이 압도적으로 지지하기 때문에 혹은 정의의 실현을 위해 이 제도는 입법으로 지원해야 한다'는 사명감이 여기저기서 분출될수록 이성과 논리, 그리고 합법적으로 더 엄격하게 검증해 볼 필요가 있다.

깨어 있는 시민이
최선의 민주정체를 만든다

"공직에는 항상 가장 훌륭한 사람들이 취임하고 민중은 이에 동의하는데 이는 능력 있는 자들을 시기하지 않기 때문이다. 그리고 능력 있는 사람과 저명인사들도 자기들보다 열등한 사람들의 지배를 받을 필요가 없는 이런 체제에 만족할 것이다. 또한 그들은 자기들을 감사할 권한이 다른 사람들에게 있는 만큼 올바로 통치할 것이다. 그들이 제약을 받아 원하는 것을 마음대로 할 수 없다는 것은 바람직하다. 무엇이든 마음대로 할 수 있는 힘을 갖는 것은 모든 인간에게 내재한 사악한 본성에 맞서 싸울 수 없도록 만들기 때문이다. (……) 따라서 이런 유형의 민주정체가 최선이라는 것은 명백하며, 그 이유도 명백하다." 제6권 4장 1318b34~40, 1319a4

뒹구는 돌덩이와 무심히 핀 들꽃들. 고대 유적지를 방문할 때면 영원한 것이 어디 있으며, 모든 것이 얼마나 무상한가 하는 생각을 하게 된다. 한때 완벽하다고 불리던 것조차 세월 앞에 무릎을 꿇고 만다. 어느 것도 완전하게 남아 있을 수 없으며, 단지 세월의 흐름에 맞추어 스스로를 변화시켜 나갈 때만이 살아남을 수 있다.

이상적인 정체를 유지하고 발전시키기 위해서도 노력이 필요하다. 민주정체도 마찬가지다. 아리스토텔레스는 『정치학』 제6권 제4장에 최선의 민주정체를 유지하기 위한 해법을 담고 있다.

아리스토텔레스는 여러 가지 민주정체 중에서도 최선의 민주정체는 대중이 자기 이익을 구하는 데 열심이고 공직자는 공직 수행에 열심인 정체라고 했다. 이런 정체에서 대중은 공직자의 활동을 감시함으로써 명예욕을 충족시킬 수 있다. 이처럼 국가의 구성원들이 평등하게 참정권을 행사하면서 자신의 고유 직분을 최대한 잘 수행할 수 있어야 한다.

그러나 이상과 현실은 다르게 마련이다. 이상적인 민주정체가 유지되지 못하는 경우 어떤 일이 벌어질까?

민주정체의 왜곡과 그 폐해

고대 아테네에서 민중을 구성하는 농민이나 목자(牧者)는 지리적으로 도시와 어느 정도 떨어진 곳에 살았고, 항상 생계를 유지하기에 바빴기 때문에 민회에 참석하는 횟수가 많지 않았다. 그런데 민중 가운데 직공, 상인, 품팔이꾼들은 민회에 참가하여 자신의 목소리를 높이는 데 익숙

했다. 오늘날 소수의 주식을 가진 사람이 상장 기업들의 주주총회장에 참석하여 합리적이지 않은 요구로 목소리를 높이는 장면을 머리에 그려보면 된다.

아리스토텔레스가 "농촌이 도시에서 상당히 멀리 떨어져 있는 국가에서는 훌륭한 민주정체나 혼합정체를 구성하기가 쉽다"라고 말하는 것으로 미루어보면, 농민들이 민회에 자주 참석할 수 없었던 점을 오히려 장점으로 든다. 이를 통해 직공, 상인, 품팔이꾼들이 민회 등에서 여론몰이로 공직자와 국정 운영을 어렵게 했음을 짐작할 수 있다.

오늘날 큰 단체에서 모든 구성원이 참석해서 의견을 모은다고 해보자. 백 명이면 백 가지 의견이 나오기 때문에 떠들썩할 뿐만 아니라 의견을 하나로 모으기가 여간 힘들지 않다. 그래서 직접 민주정에서는 몰려다니는 일군의 무리들이 단체의 의견을 얼마든지 조작할 가능성이 있다. 목소리를 높이고 야유를 퍼붓고 물리적인 압박을 한다면 얼마든지 가능하다.

현대의 민주주의에서도 마찬가지이다. 환경 문제나 노동 문제, 그리고 정치 문제 등에서 활발하게 활동하는 운동가들이 등장하는 경우가 그 대표적인 사례이다. 중요한 사회 현안이 터질 때마다 약방의 감초처럼 늘 텔레비전에 등장하는 눈에 익은 사람들이 있지 않은가? 소수의 활동가들은 그런 현안을 이슈로 만드는 것이 자신들의 이익이자 임무이기 때문에 열심히 뛴다.

그러나 침묵하는 다수의 시민들은 생업에 바쁘고 당장 자기 이익이 되지 않기 때문에 그 현안에 대해 입을 다물고 만다. 결국 다수가 침묵하는 사이에 소수 활동가의 목소리가 여론인 것처럼 둔갑하고 만다. 고대 아테네 민회에서 목소리를 높였던 사람들은 오늘날의 이러한 전문 운동가

도편추방제에 사용된 도편 도편추방제는 추방하고 싶은 사람들의 이름을 질그릇 조각에 적어넣는 비밀투표로 오스트라키스모스라고도 한다. 점차 정쟁의 도구로 변질되었다.

들의 모습과 겹친다.

이처럼 직접 민주정체가 외관은 근사하고 취지도 좋아 보이지만 현실에서 제대로 운용되기는 쉽지 않다. 이러한 상황 속에서 민주정체는 왜곡될 수밖에 없다. 아리스토텔레스는 "민주정체는 모든 시민들이 참정권을 갖기 때문에 모든 도시가 감당할 수 있는 정체가 아니다. 시민들이 옳고 그름을 분별할 수 있는 능력이 없다면 말이다. 법과 관습에 의해 조정되지 않으면 오래 존속되기가 힘들다"라고 토로한다.

직접 민주정이 성공하기 위해서는 시민이 사리 분별을 잘하고 현명해야 한다. 그러나 모든 시민이 그런 자질을 갖춘다는 것이 어디 쉬운 일인가?

아테네에서 발굴된 도편추방제에 사용된 도기에서는 오늘날과 같은 몰표의 흔적들이 자주 발견된다. 1937년 아크로폴리스 북쪽 경사면에서 191개의 도편이 발견되었는데, 이들 가운데 무려 190개의 도편에 아테네 해군의 아버지인 테미스토클레스의 이름이 적혀 있었다. 놀라운 것은 그 많은 도편에 오로지 열네 가지 필적만 있었다는 사실이다. 틀림없이 누군가의 사주에 의해 조직적인 몰표가 있었음을 짐작할 수 있다. 특정인을 추방하려는 민중 선동가가 시민들을 사주했을 수도 있다.

직접 민주정은 얼마든지 인민재판식으로 변질될 수 있다. 현대 민주주의가 직접 민주정 도입을 엄격히 제한하는 것도 이 같은 역사적 경험에서 얻은 바가 크기 때문이다.

그런데 민주정체에서는 시민들의 수가 중요하다. 아리스토텔레스는 민주정체의 발전을 위해서는 가능한 한 시민의 수를 지속적으로 증가시킬 필요가 있다고 주장한다. 단, 대중의 수가 귀족과 중산계급을 능가하지 않도록 해야 한다는 점을 분명히 한다. 오늘날로 말하자면 선거인단의 수를 늘리는 것과 같은 일이다.

한편 민주정체를 유지하기 위해 입법자는 무엇을 해야 할까? 입법자는 민주정체가 안정성 있게 유지될 수 있도록 파괴적인 요소를 피하고, 성문법과 불문법을 제대로 만들어 시행해야 한다고 아리스토텔레스는 역설한다. 대중이 원하더라도 절대로 침범할 수 없는 한계는 법으로 규정되어야 한다. 또한 다수의 지지로도 넘을 수 없는 도덕적인 관례나 관습이 있어야 한다.

민중 선동가들의 포퓰리즘

아리스토텔레스가 살던 당시에 민중 선동가들이 자주 활용했던 방법은 오늘날 대중영합주의(포퓰리즘)의 원형에 해당하기 때문에 자세히 살펴볼 필요가 있다.

첫째, 민중 선동가들은 민중의 환심을 사기 위해서 소송에 걸린 사람들로부터 거액의 재산을 몰수하곤 했다. 배심원을 구성하는 민중들은 유죄가 아닌 사람에게도 유죄 판결을 내리거나 벌금 액수를 얼토당토않게 많이 물릴 수 있었다. 주로 소송의 대상이 되는 사람들은 부자들이었기 때문에 이런 방법으로 손쉽게 부자들의 돈을 빼앗을 수 있었다.

이런 부당한 경우에 대해 아리스토텔레스가 고안해 낸 대책은 부당한 소송에 패하는 사람의 재산을 국고에 귀속하기보다는 신전의 재산이 되도록 만드는 것이었다. 그렇게 되면 배심원으로 참여한 민중들이 설령 소송을 통해 부자들의 재산을 빼앗는 데 성공하더라도 자신에게는 이득이 되지 않기에 부당한 벌금을 부과하지는 않을 것이기 때문이었다.

둘째, 민중 선동가들은 재산 몰수를 노려서 죄 없는 사람을 법정에 세우곤 했다. 무고한 사람에게 거액의 벌금을 물림으로써 합법적으로 돈을 빼앗을 수 있는 방법이었다.

이 방법은 특히 귀족들을 상대로 행해지고 있었는데 이런 나쁜 관행에 대해서도 아리스토텔레스는 정체의 안정 차원에서 조치가 있어야 한다고 했다. "무고한 자에게 고액의 벌금을 부과함으로써 재산 몰수를 노린 소송 횟수를 줄여야 한다"라고 강조한다. 무고죄로 재산을 잃어버리는 귀족들이 느낄 정체에 대한 반감을 줄여야 민주정체의 안정성을 도모할 수 있기 때문에 필요한 일이었다.

증가하는 지출을 충당할 세금 수입을 확보하기 위해 당시에 민주정체를 실시하고 있던 국가들에서는 민중 선동가가 주동이 되어 법을 악용하고 있었음을 알 수 있다. 법정에 서는 사람들을 합법적으로 약탈하는 제도가 실시된다는 것은 민주정체에 심각한 악영향을 미칠 터였다. 재산상의 손실뿐만 아니라 그런 제도가 정의롭지 못하다고 느끼는 사람들이라면 정체에 적대감을 품고 체제 변혁을 꾀할 것이기 때문이었다

그 당시 상황에서 보자면 배심원의 판결에 따라 자신들의 지갑이 두둑해지는데 누가 몰수형을 즐겨 활용하지 않겠는가?

그러면 왜 이런 무리한 방법이 사용되었을까? 당시에 극단적 민주정체를 채택한 폴리스는 인구가 많았는데, 민회에 참석한 사람들에게 수당을 지불하기 위해 충분한 세금 수입이 필요했다. 세수를 충당하기 위

한 방법으로 재산이 많은 사람들을 법정에 세움으로써 재산을 약탈하는 일이 흔하게 일어나고 있었다.

그렇다면 아리스토텔레스의 대안은 무엇인가? 바로 수당 지불 액수를 줄이기 위해 민회 개최 일수를 줄이고 법정 개정 일수도 줄이는 것이었다. 이런 조치들은 지출을 줄이는 효과도 있었지만 부자들이 여러 날 법정에서 시간을 보내는 일도 줄일 수 있는 방도였다.

분주하게 경제활동을 해야 할 부자들이 송사 때문에 시간을 보내는 일에 대해 아리스토텔레스는 "부자들은 잠시 동안이라면 몰라도 사적인 업무를 여러 날 처리하지 않고 미루기를 원치 않기 때문이다"라는 설명을 덧붙인다.

셋째, 민중 선동가들은 세금 수입이 지출을 넘어섰을 때 남는 것을 민중에게 분배했다. 이 또한 폐해가 많았다. 더 많이 거두면 자기 몫이 많아지는데 더 많이 거두는 일을 마다할 민중이 누가 있겠는가? 결국 민중 선동가들은 합법적으로 돈을 거두어들일 방법을 더 많이 제시하게 되는데, 민중 선동가도 좋고 민중도 이득이 되는 일이기 때문에 서로 합심해서 부자들을 약탈하게 된다.

당시에는 세금의 잉여분을 나누어주었지만 오늘날 많은 나라들은 적자가 생기더라도 외국에서 돈을 꾸어서라도 나누어주는 제도를 실시하고 있다.

최근 자본주의 종주국인 미국이 GDP 대비 100퍼센트를 육박하는 국가 부채 문제를 어떻게 해결할지가 초미의 관심사로 떠오르고 있다. 달러라는 종이돈을 계속 찍어내면서 재정 지출을 충당하는 현재의 방법을 영원히 계속할 수는 없다.

『커런시 워』의 저자 제임스 리카즈는 '캐스케이드(cascade, 폭포수를 맞는 것처럼 순식간에 일이 벌어지는 현상)' 가능성을 경고한다. 어느 순간 달러에 대한 신뢰가 추락하면서 처음에는 10만 명, 다음에는 100만 명, 그다음에는 1,000만 명이 지불 수단으로 달러를 거부하는 현상이 걷잡을 수 없을 정도로 확산되는 것을 말한다.

빚을 내어서 더 많은 혜택을 제공하는 '적자 속의 민주주의'는 비단 미국만의 문제가 아니다. 선진국들은 대부분 GDP 대비 국가 부채 비중이 100퍼센트에 가깝다. 유럽연합 평균치 92퍼센트, 영국 81퍼센트, 독일 80퍼센트, 일본 198퍼센트, 그리스 189퍼센트(2013년 기준) 등이다.

모든 시민들이 참여하여 선거권을 행사하고 다수결에 따라 정권을 교체하는 민주주의라는 정체는 아테네인들이 인류에 남긴 최고의 유산이다. 여기서 잠시 아테네의 민주정에서 현대 민주주의가 얻을 수 있는 교훈을 생각해 보자.

민주주의에서는 민중 선동가의 활동이 불가피하기 때문에 건실한 정당을 육성함으로써 정당 간 정책 경쟁을 통해서 민주주의의 발전을 도모해야 한다. 아테네같이 시민이 정당을 통하지 않고 자신의 정치적 의견을 제시하는 직접 민주정은 시위나 시민 활동 등의 모습으로 허용되어야 하지만 이러한 것은 정당 민주주의의 보조 수단이 되어야 한다.

결국 현대 민주주의 성공의 결정적인 요소는 깨어 있는 시민이다. 단기간의 이익을 무기로 유혹하는 민중 선동가들을 경계하고 장·단기에 걸친 이익과 비용 부담을 고려해서 선거권을 행사하고 정당을 지지하는 일이 중요하다. 시민들의 지혜는 정체, 시민의 의무, 공직자의 의무 등에 대한 지식을 바탕으로 한다. 이런 면에서 『정치학』은 건강한 민주 시민에게 어떻게 시민의 역할을 해야 하는지를 가르쳐주는 탁월한 저서이다.

더 많이 가진 사람이 나누어라

"민주정체의 진정한 지지자는 대중이 지나치게 가난해지지 않도록 보살펴야 한다. 극심한 가난이 민주정체의 질을 떨어뜨리기 때문이다. 이것이 온갖 수단 방법을 동원하여 국가의 번영이 지속되도록 노력해야 할 이유이다. 이런 노력들이 가난한 사람은 물론이고 부자를 포함해서 모든 계층에게 도움이 된다. 적절한 국가 정책은 세수의 잉여금을 기금으로 쌓아두었다가 빈민에게 목돈(block grants)으로 나눠주어야 한다. 충분한 기금이 적립되었을 때 이상적인 분배 방법은 농지를 구입하거나 아니면 적어도 장사나 농사의 밑천이 될 수 있을 정도로 충분한 돈을 나눠주는 것이다. 그런 충분한 보조금을 모든 빈민에게 동시에 나눠줄 수 없다면 부족별로 또는 다른 기준에 따라 차례대로 분배해야 한다. 한편 부자들은 민회나 배심법정과 같이 필요한 모임에 참석한 빈민에게 수당을 지급할 수 있을 만한 자금을 제공하되 불필요한 공공 봉사를 면제받아야 한다." 제6권 5장 1320a32~1320b3

"만약 가난이 혁명의 원인이었다면 그동안 혁명은 끊임없이 일어났을 것이다. 세상 사람 대부분이 가난하기 때문이다." 러시아 공산주의 혁명가인 레온 트로츠키는 이같이 "혁명은 가난 때문에 일어나지는 않는다"라고 말했다.

그러나 도화선에 불을 붙이기만 하면 가난은 혁명에 결정적인 역할을 한다. 한 개인의 잔혹한 죽음이 이러한 도화선이 되기도 한다. 1989년 체코 벨벳혁명의 도화선은 두 명의 학생이 비밀경찰에 의해 죽음을 당했다는 소문이었고, 1998년 수하르토 정권을 무너뜨린 시민혁명의 도화선은 군이 발포한 총탄에 학생 4명이 숨을 거둔 사건이었다. 그러나 이 모든 시민혁명의 배경에는 대중들의 빈곤 문제가 자리 잡고 있다.

가진 것이 전혀 없고 앞으로 가질 가능성도 전혀 없다면 사람들은 절망하고, 심각한 경우에는 난폭해질 수도 있다. 어느 정도 재산을 갖는 것은 안정감을 주고 사람의 심성과 행동을 부드럽게 해준다. 가진 것도 없고 삶의 안정감이 유지되지 못하는 상태가 지속되면 체제 변혁을 통해서 살 궁리를 찾게 될 가능성도 커질 수밖에 없다.

아리스토텔레스는 이처럼 지나친 가난이 민주정체를 위협하기 때문에 민주정체의 옹호자들은 민중이 지나친 가난에 빠지지 않도록 노력해야 한다고 말한다. "온갖 수단 방법을 동원하여 국가의 번영이 지속되도록 노력해야 할 이유"라는 아리스토텔레스의 고언은 오늘날 민주주의를 이끄는 지도자들이 숙고해야 할 문제이다.

그러면 빈민이 가난에 빠지지 않도록 하기 위해서 무엇을 해야 할까? 아리스토텔레스는 현금 지불과 같이 보조금을 지불하는 제도의 한계를 분명히 인식하고 있었다. 현금을 제공하면 그 액수가 얼마가 되더라도 그것에 만족할 사람은 없을 것이기 때문이다.

영국은 유럽 국가들 중에서 미혼모의 출산율이 유독 높은데, 특히 십대 미혼모 비율은 다른 유럽 국가들에 비해 2~6배 정도 높은 수준이다. 오랫동안 영국 사회는 아버지가 없는 사람은 사회가 도와야 한다는 생각이 지배적이었다.

그러다 보니 미혼모가 되면 실업 수당, 소득 지원 및 고용 촉진 수당, 교육 유지 수당, 아동 양육 세제 감면, 공영주택 제공 등 20가지나 되는 국가 보조를 받고 아이를 더 낳으면 낳을수록 보조를 더 받게 되는데 이를 마다할 사람은 없을 것이다. 이처럼 선의의 정책이라도 인간은 결국 인센티브에 따라 움직이기 쉽다. 문제는 이것이 세대를 이어서 악순환이 되고 있다는 사실이다.

영국은 재정 위기로 인해 미혼모에 대한 혜택은 물론이고 아이들 우유값을 지원하는 '아동 수당'에 이르기까지 전 방위로 비용을 축소하고 있다. 결국 모든 지출 프로그램은 날로 늘어가는 재정 지출을 감당할 수 없기 때문에 언젠가는 프로그램 삭감으로 결론을 내게 될지도 모른다.

자활을 위한 일자리와 기회가 더 중요하다

아리스토텔레스의 제안은 훨씬 더 현실적이다. 충분한 기금을 적립해 빈민들이 일할 수 있도록 지원해야 하고, 한 걸음 더 나아가 그들이 농지를 구입하거나 사업을 시작할 종잣돈을 국가 보조금으로 지불해야 한다고 했다.

빈민들이 심각한 가난에 빠지지 않도록 하고 자활할 수 있게 하는 문제는 현대 민주주의에서도 커다란 국정 과제 가운데 하나이다. 우리가 흔히 말하는 '서민 경제의 활성화'와 '일자리 만들기'가 이런 과제의 중요한 부분을 차지한다.

고대 그리스의 폴리스들 가운데 이런 면에서 효과를 본 나라가 카르타고이다. 카르타고의 국정에 막강한 영향력을 행사하던 유력한 가문은 크게 둘로 나뉘어 있었다. 비옥한 북아프리카 일대의 농경지를 경작함으로써 상당한 부를 축적해 온 집안인 '국내 중시파'와 시칠리아를 비롯해서 에스파냐의 해외 농경지 개간과 무역에서 부를 축적해 온 집안인 '해외 진출파'였다.

특히 카르타고의 해외파 가문들은 식민지를 적극적으로 개척했고 이곳에 빈민의 일부를 보내서 그들의 운명을 새롭게 개척하도록 도왔다. "따뜻한 마음과 사려 깊은 귀족은 자신이 책임져야 할 빈민에게 새로운 일을 시작할 수 있는 수단을 지원해 주기도 한다"라는 말은 오늘날 부를 더 많이 가진 사람의 책무를 생각해 보게 한다. 이러한 문제는 비단 민주정체에만 해당되는 이야기가 아니다.

아리스토텔레스는 『정치학』 제6권 6장과 7장에서 과두정체와 그 존속 방법에 대한 논의를 펼친다. 과두정체는 민주정체와 달리 재산 자격 요건을 중요하게 여겼다. 그럼에도 불구하고 민중을 공직에서 배제하지는 않았다. 재산 자격 요건을 충족하는 상당수 민중을 국정에 참여시켰다.

또한 공직을 맡게 된 귀족들에겐 민중을 만족시켜야 한다는 특별한 의

카르타고의 폐허 카르타고의 해외파 가문들은 적극적으로 식민지를 개척하고 그곳에 빈민을 보내 새롭게 운명을 개척하게 했다.

무가 주어졌다. 그것이 민중들에게 기쁨을 주고 귀족들에 의한 지배를 받아들이도록 만들기 때문이었다.

민중을 완전히 배제하는 경우, 정체의 변혁을 꾀하는 사람들이 대폭 늘어날 수밖에 없고 이런 상황에서 정체의 안정을 꾀하기 어렵다. 과두정체든 민주정체든 모든 정체는 안정성이 중요할 수밖에 없다.

당시 페르시아와 같은 나라에서는 절대왕정이 존재했고 왕이 민중의 생사여탈권을 쥐고 있었음을 고려하면 고대 그리스의 폴리스에서 민중의 위치는 독특하기까지 하다.

정체의 안정성을 높이기 위해서 과두정체에서도 재산을 가진 사람은 끊임없이 대중에게 선한 의지와 자신들이 대중을 생각하고 있음을 내보여야 했다. 과두정체에서 높은 자리에 앉는 사람들은 그만한 재력이 있었기 때문에 이에 상응하는 관대한 기부 행위를 보여주는 것이 인상적일 터였다.

대중의 감성에 호소해야 하는 이유

그렇다면 현대 민주정체에서는 어떤가? 현대 자본주의에서 높은 자리에 앉는 사람들은 일반적으로 부를 지닌 사람들이다. 체제의 안정성이라는 차원에서 그들에게 끊임없이 무엇인가를 하라고 요구하는 것에는 지나치다는 생각이 들기도 한다. 그럼에도 논리적인 시시비비를 떠나 대중의 감성에 호소해야 하는 점은 옛날이나 지금이나 다르지 않다.

체제의 안정성을 위한 방법에 대한 아리스토텔레스의 주장을 읽으면서 민주정체든 과두정체든 권력이나 부를 지닌 사람들이 민중을 위로하고 그들의 지지를 얻기 위해서 적극적으로 노력해야 한다는 사실에 주목하게 된다.

아리스토텔레스는 정체의 안정성을 위해, 나은 위치에 있는 계급이 그렇지 않은 계급의 생존과 성장을 위해 도움이 되는 일을 하고 있음을 보여주는 일의 중요성을 강조하고 있음이 분명하다. 사람은 이성과 논리만으로 움직이는 존재가 아니기 때문이다.

그런 주장이 시장 원리와 같은 효율성의 논리로는 타당하지 않을 수 있지만, 아리스토텔레스는 그런 논리만이 공동체를 움직이는 전부가 될 수 없음을 강조한다. 시장 원리가 중요함을 어느 누구도 부인할 수 없지만 때로는 정치 논리나 사회 논리가 필요할 수 있음을 시사한다.

과거에도 부를 소유한 사람들은 국가에서 중요한 위치를 차지했지만 오늘날의 위상과는 비교할 수 없다. 예전에 귀족이 있었다면 오늘날 자본주의의 귀족은 부자들이다. 따라서 과두정체의 귀족들에게 요구되는 의무는 현대의 민주정체에서 부자들에게 요구되는 의무이기도 하다.

인간은 차가운 이성을 가진 존재이지만 동시에 따뜻한 가슴을 지닌 존재이기도 하다. 더욱이 식자층이 아니라 보통의 시민들이라면 더더욱 그럴 것이다. 부의 중요성이 더욱 커지고 소유의 격차가 확대될수록 가진 사람들이 민중을 더욱 감동시킬 필요가 있다. 아리스토텔레스는 더 많이 갖거나 더 큰 권력을 쥔 사람들이나 계급이 더 많이 헌신할 때 정체의 안정성이 보장될 수 있다는 점에 주목한 것이다.

『정치학』에서 배우는 여섯 가지 교훈

『정치학』이 민주정체에 주는 메시지를 강독하면서 나는 현대 민주주의 정체에 사는 사람들이 새겨야 할 여섯 가지 교훈을 생각해 보았다.

첫째, 정치권력이든 경제권력이든 한 사회에서 지배적인 위치에 속한 그룹들은 대중들에게 자신들이 그들을 생각하고 배려하고 있음을 지속적으로 알려야 한다.

둘째, 더 나은 사회를 위해 정체 개혁을 시도하는 개혁가들은 '선험적 지식'을 중시하는 만큼 '경험적 지식'에도 깊은 관심을 가져야 한다.

흔히 보수는 세월의 풍화 속에서 충분히 조탁 과정을 거친 지식을 강조하지만, 진보는 이상적이고 급격한 사유나 감정에서 나오는 지식을 강조한다. 아리스토텔레스는 정체 개혁에서 중용이나 중간을 강조한다. 어떤 개혁이라도 극단적으로 흐르지 않도록 주의해야 하는데, 이런 브레이크 역할은 '경험적 지식'을 중요하게 여길 때 가능한 일이다.

셋째, 특정인이나 특정 부분의 탁월함에 의존하기보다는 가능한 한 그러한 탁월함이 사람들과 국가의 여러 부문으로 골고루 분산되도록 해야 한다.

한 인간의 성품에서도 중용이 중요한 것처럼 국가를 운영하는 데에도 중용이 필요하다. 소수에 힘이 쏠리기보다는 다수에 힘이 분산될 때 중용을 얻을 가능성이 크다. 왕정처럼 1인에 의존하는 정체나 소수에 의존하는 귀족정에 비해 민주정이 정체에 안정성이 있는 것은 다수에 의존하기 때문이다. 정치, 경제, 사회 등 모든 분야에서 특정인이나 소수의 탁월함에 의지하기보다는 다수에 의지할 수 있도록 노력해야 한다.

넷째, '다수결 원리'만 한 것은 없지만, 이 원칙이 가져올 수 있는 부정적인 면도 잊지 말아야 한다.

다수결의 원리는 사람들에 의해 결정되지만 '법의 지배'는 보편적인 원칙에 의해 결정된다. 모든 결정은 법의 지배라는 엄격한 상위 질서에 의해 제약됨을 염두에 두어야 한다. 민주주의가 기대할 수 있는 것은 '법의 지배'이다.

다섯째, 탄탄한 정치체제를 갖추고 있더라도 여전히 최고 권력자가 중요하다.

법은 일반적인 원칙, 할 수 있는 것과 하지 말아야 할 것을 규정하지만 세세한 운영 과정에 수반되는 것에 대해서는 이야기하지 않는다. 따라서 올바른 지도자를 뽑는 일은 민주주의의 성공에 무척 중요하다. 정체에 대한 충성심을 갖추는 것이 가장 우선하는 조건임을 잊지 말아야 한다.

여섯째, 능력과 행운이 다른 것처럼 한 국가 안에서 사람과 집단 사이에 격차가 발생하는 것은 어쩔 수 없는 일이긴 하지만, 격차가 지나치게 확대되지 않도록 체계적인 노력을 해야 한다.

세계화, 정보통신 혁명, 자동화 등과 같은 거대한 흐름은 어느 나라를 불문하고 빈부의 격차를 확대할 것으로 보인다. 물론 나라마다 공공 정책을 활용해서 이를 축소하기 위해 노력하겠지만 큰 성과를 거두기는 쉽지 않을 것이다. 이런 노력을 국가에만 맡겨둘 것이 아니라 민간 차원에서도 적극 참여하는 일이 중요하다.

경제권력을 쥔 사람들도 양극화를 해소하는 데 힘을 보태야 한다. "합법적인 활동만으로 우리의 임무를 다했다"라고 말할 수도 있지만 여기에서 한 걸음 더 나아가 사회적 책무나 의무감을 염두에 두는 자세가 필요하다. 이렇게 책임의 범위를 확대하는 것은 자신의 관점에 변화를 가져오는 일이다.

이런 책임 문제가 비단 오늘날만의 일은 아니다. 『정치학』은 역사적으로 지배 권력에 다가섰던 사람들이 이런 책무를 나름대로 수행했다는 사실을 보여준다. 궁극적으로 이런 노력들이 정치체제의 안정에 크게 기여했음은 물론이다.

끝으로 현대 민주주의의 안정을 도모하는 근본적인 방법은 중산층의 비중을 늘려가는 일임을 강조하고 싶다. 중산층의 육성은 국가가 괜찮은 일자리를 계속 만들 수 있을 때 가능한 일이다. 정체의 안정은 한 국가의 경제와도 직결될 수 있다. 그렇기에 이러한 정치적 교훈과 함께 생각해 보아야 할 민주정체에서의 올바른 경제정책을 이야기하고자 한다.

정치가는 반듯한 경제관을 바탕으로, 단기적인 효과를 발휘하는 경제정책보다는 국가 경제의 역동성을 살리는 경제정책을 펼쳐야 한다. 이러한 경제정책에서 지켜야 할 열두 가지 원칙에 대해 생각해 본다.

첫째, 스스로 선택하고 스스로 책임지는 것을 기본으로 해야 한다. 기본 도덕률을 허무는 경제정책들이 많은 부작용을 낳기 때문이다.

둘째, 건전한 통화정책이 필수적이다. 불황을 만나게 되면 당장 통화를 풀어서 경제를 살리려는 유혹을 받게 되는데 이것은 근본적인 처방이 아니다.

셋째, 재정 지출을 보수적으로 운영해야 한다. 소득 범위 내에서 지출하고, 미래 세대에 부담을 떠넘기면서 돈 쓸 궁리를 해서는 안 된다.

넷째, 나랏돈을 아무렇게나 낭비해서는 안 된다. 국가의 경제 위기는 대부분 자본시장으로부터 조달한 자금을 대규모 전시성 프로젝트들에 낭비해 버리기 때문에 발생한다.

다섯째, 공적 성격의 조직이 늘어나는 일을 피해야 한다. 공적 조직은 독점적 성격이 강하기에 효율성이 떨어질 수밖에 없다.

여섯째, 누군가를 돕는 프로그램은 보수적으로 선별적으로 운용해야 하고, 나라 살림의 범위 내에서 이루어져야 한다. 고정비 성격의 지출에는 신중해야 한다.

일곱째, 쇄신이 지속적으로 이루어지지 않으면 나라는 동맥경화증을 앓게 된다. 서서히 가라앉는 나라가 되지 않게 하기 위해선 신진대사를 원활히 해야 한다.

여덟째, 시대 변화에 맞지 않고 나라와 국민에 큰 부담을 지우는 대표적인 부문에는 개혁의 칼을 대야 한다. 자원을 낭비하는 굵직굵직한 분야를 개혁하는 데에 정직하지 않은 태도로 임한다면 경제를 회복시킬 수 없다.

아홉째, 일자리를 만드는 사람의 입장에 서서 문제를 바라볼 때라야 일자리 문제를 해결할 수 있다. 예산만 투입한다고 괜찮은 일자리가 생기는 건 아니다.

열째, 리스크를 감당하면서 부(富)를 향해 질주하는 사람들은 나라의 귀한 자원임을 잊지 말아야 한다. 그들을 탐욕으로 가득 찬 사람들이라고 나무라는 지식인들도 있지만 그것은 아무나 가질 수 없는 능력이다. 귀하게 다루어야 한다.

열한째, 선의에서 출발한 대부분의 정부 간섭은 예상치 못한 부작용을 낳는다. 일반적으로 정부 개입을 줄이는 것이 더 나은 나라로 가는 지름길이다.

열두째, 모든 경제정책은 '눈에 보이는 것'과 '눈에 보이지 않는 것'을 균형 있게 담아야 한다. 열정, 헌신, 사기(士氣) 등을 충분히 고려하는 정책을 펴야 한다.

당장 힘들게 보이는 사람에게 눈에 보이는 지원을 함으로써 그들이 가진 '눈에 보이지 않는 것' 즉 자활의지, 삶에 대한 의욕 등을 꺾어버리지 않도록 해야 한다.

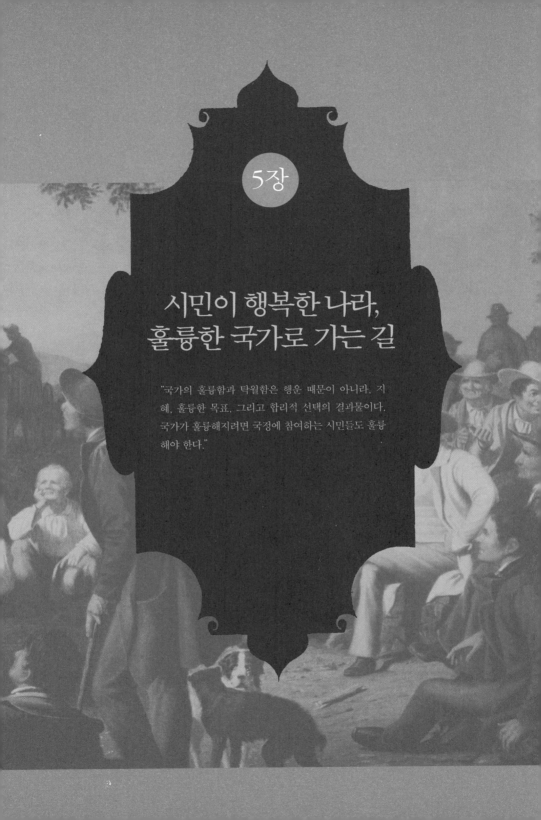

5장

시민이 행복한 나라,
훌륭한 국가로 가는 길

"국가의 훌륭함과 탁월함은 행운 때문이 아니라, 지혜, 훌륭한 목표, 그리고 합리적 선택의 결과물이다. 국가가 훌륭해지려면 국정에 참여하는 시민들도 훌륭해야 한다."

나와 우리가 살고 싶은 나라를 위하여

시오노 나나미가 전하는 마키아벨리의 어록에는 "인간으로서 최고의 명예로운 행위는 조국을 위해 도움이 되는 일이다. 구체적으로 말하면, 법률을 제정하고 제도를 정비함으로써 나라의 개혁에 진력하는 사람들이 최고로 명예로운 행위를 하는 자이다"라는 말이 나온다.

그럼 그 개혁의 지향점은 어디일까? 바로 훌륭한 국가이자 최선의 국가이자 이상국가이다. 국정에 참여하여 조국을 훌륭한 국가에 성큼 다가서게 만들 수 있다면 누가 그 영광의 자리를 마다하겠는가.

'이상국가, 이상향, 이상형'처럼 '이상'이라는 단어만으로 우리는 완전함, 훌륭함, 아름다움을 머리에 떠올리게 된다. 동시에 이상은 현실에는 존재하기 힘든 것이라는 생각도 한다. 이상과 현실 사이에는 당연히 간극이 있게 마련이다. 그럼에도 우리는 이상적인 것이나 상태에 대해 정확히 알고, 그것을 이루기 위해 무엇을 해야 하는지를 궁리하고 실천해

나가야 한다. 다시 말해서 이상적인 상태를 위해 노력하는 것은 우리에게 주어진 엄숙한 의무다.

우리는 한 국가의 시민으로서 더 나은 나라를 원할 뿐만 아니라 후손들에게 더 나은 나라를 물려주기를 원한다. 이때 하나의 지향점이자 목적지가 훌륭한 국가이다.

이번 장에서는 훌륭한 국가는 어떤 국가여야 하는지를 다루는데, 이제까지 논의를 총정리하는 셈이다.『정치학』제7권은 모두 17개 장으로 구성되어 있는데, 처음 3개 장에서는 훌륭한 국가는 시민 개인이 훌륭해야 가능한 것이기 때문에 어떻게 해야 훌륭한 시민이 되는지를 다룬다. 그것은 또한 훌륭한 국가를 위해 입법가가 무엇을 어떻게 해야 하는지를 알게 하는 일이기도 한다. 제4장부터 12장까지는 훌륭한 국가의 규모, 영토, 바다의 중요성, 기후와 성격 등을 다룬다.

흔히 훌륭한 국가라고 하면 국민소득, 영토의 크기, 인구, 군사력 등 눈에 보이는 것들을 떠올리게 된다. 그러나 아리스토텔레스는 근본적인 것에 집중한다. 그는 어떤 국가라도 훌륭한 국가가 되기를 원한다면 정체의 지향점이나 목적지가 반듯해야 하고 훌륭한 시민들이 있어야 하기 때문에 이들을 위한 교육이 필요하다고 말한다.

그가 현대인에게 말하고 싶었던 것은 눈에 보이는 요소만 중요한 것이 아니라 눈에 보이지 않는 요소도 중요하다는 점이라 할 수 있다. 사실 눈에 보이는 것은 부족하더라도 채워가면 되지만 눈에 보이지 않는 것을 만들어내는 일은 상대적으로 더 힘들기 때문이다.

용기·정의·지혜를
갖춘 나라를 추구하라

"최선의 정체에 대해 연구하려면 우선 가장 바람직한 삶이 무엇인지를 판단해야 한다. 그것이 불분명하다면, 최선의 정체 또한 불분명하기 때문이다. 예외적인 일이 일어나지 않는 한, 주어진 상황에서 최선의 정체에서 사는 사람들이 가장 바람직한 삶을 살아갈 것으로 기대된다. (……) 훌륭한 국가는 행복하고 아주 잘하는(do well) 나라이다. 잘하는 것은 개인이 잘하지 않는다면 불가능하다. 탁월하지도 지혜롭지도 않은 개인과 국가는 잘할 수 없다. 개인이 용감하고 지혜롭고 절제심이 있어야 하듯이 국가도 용기, 정의, 지혜를 갖추어야 한다." 제7권 1장 1323a14~17, 27~35, 1323b37~38

국가는 시민들의 합으로 구성되기 때문에 시민이 훌륭해야 국가가 훌륭해질 수 있다. 하지만 시민만 훌륭하다고 해서 자동적으로 국가가 훌륭해지는가? 그렇지 않다. 잦은 정변으로 인해 사회가 혼란스러운 국가의 시민들이 훌륭해질 수는 없다. 따라서 시민도 훌륭해야 하지만 국가 자체도 훌륭해야 한다.

훌륭한 국가의 열 가지 측면

　훌륭한 국가는 어떠해야 하는가? 아리스토텔레스의 주장을 기초로 나는 훌륭한 국가를 열 가지 측면에서 재조명해 보았다.

　첫째, 훌륭한 국가는 일반 시민에게 가장 바람직한 삶인 행복한 삶을 살아갈 수 있도록 도와주는 국가이다. 아리스토텔레스는 "훌륭한 국가는 모든 사람들이 최선을 다하고 행복하게 살 수 있게 만들어주는 정치조직"이라 말한 바 있다. 여기서 행복은 특별한 행위에 비례하며, 그 행위는 '탁월함과 지혜와 일치하는 행동(action in accordance with goodness and wisdom)'을 말한다.

　둘째, 훌륭한 국가는 시민이 탁월성과 지혜를 갖추도록 돕는 국가이다. 시민이 혼(영혼)의 선(善)인 용기, 정의, 절제라는 탁월함과 지혜를 갖출 때 국가도 시민과 이를 나누어 갖는다.

　셋째, 훌륭한 국가는 정의를 실현하는 국가이다. 국가 차원에서 정의는 시민의 탁월함이 실현된 상태이기 때문이다. 『니코마코스 윤리학』에서 아리스토텔레스는 "법을 어기는 사람은 부정의한 사람으로 보이며,

더 많이 가지려 하며 공정하지 않은 사람도 부정의한 사람으로 보인다"라고 했다. 그에게 정의는 법을 준수하고 자신의 몫 이상을 갖지 않는 것임을 알 수 있다.

넷째, 훌륭한 국가는 외적인 조건을 풍족하게 하기 위해 노력하는 국가이다. 빈곤 상태에 있는 시민은 행복할 수 없기 때문에 시민의 경제적 자립을 돕는 국가가 훌륭한 국가이다.

다섯째, 훌륭한 국가는 정통성과 권위, 그리고 강제할 수 있는 힘이 있는 국가이다. 그렇지 않으면 정의를 실현하는 데 필요한 공권력 행사가 시민들에게 받아들여지지 않기 때문이다.

여섯째, 훌륭한 국가는 행복하고 잘나가는 국가이다. 아리스토텔레스는 이는 증명할 필요가 없는 명제라고 말한다. 잘나가는 일은 요행에 의지할 수 없다.

일곱째, 훌륭한 국가는 훌륭한 행위를 하는 국가이다. 훌륭한 행위를 하지 않는 국가는 잘나갈 수 없기 때문이다. 탁월하고 지혜롭지 않은 국가가 훌륭한 행위를 할 수는 없기 때문이다.

여덟째, 훌륭한 국가는 국가의 행복과 시민의 행복이 일치하는 국가이다. 따라서 훌륭한 국가에 대한 탐구는 훌륭한 개인의 행복에 대한 탐구로부터 시작해야 한다.

아홉째, 훌륭한 국가는 최상의 정체를 갖춘 국가이다. 최상의 정체는 시민의 행복을 가능하게 하는 토대이자 더 많은 시민이 행복할 수 있는 가능성을 키운다.

열째, 훌륭한 국가는 시민의 생각이 훌륭한 국가이다. 시민이 겪는 삶의 위기나 행복의 위기는 상당 부분이 생각 때문에 발생한다. 훌륭한 생각을 하는 시민이 훌륭한 국가를 만든다.

훌륭한 국가를 향해 나아가는 다섯 가지 사례

훌륭한 국가는 이상적인 상태이자 최고의 상태이기 때문에 현실에서 찾아보기 힘들다. 그렇지만 훌륭한 국가를 향해 나아가는 모습은 흔하게 만날 수 있다. 훌륭한 국가를 향해 나아가는 사례를 살펴보자.

하나. 같은 곳에서 같은 일을 하면서 어떤 사람은 단지 정규직이기 때문에 3,000만 원을 받고 또다른 사람은 비정규직이기 때문에 1,500만 원을 받는다면 이는 정의롭지 않은 일이다.

이런 문제가 발생할 수밖에 없는 근본적인 원인인 정규직에 대한 과다한 보호와 비정규직에 대한 과소한 보호를 함께 고쳐야 한다. 이런 노력을 기울이는 국가라면 훌륭한 국가를 향해 나아가고 있는 셈이다.

둘. 교실에서 어떤 학생은 수업을 받으려 하지만 또다른 학생은 공부하기 싫어서 수업을 방해할 수 있다. 교사가 방해하는 학생에게 적절한 조치를 취할 수 없다면 이것은 부정의한 일이다. 수업을 받고 싶어 하는 학생의 수업받을 권리를 보호해 줄 수 있도록 제도가 개선되어야 한다. 이런 노력을 기울이는 국가라면, 훌륭한 국가를 향해 나아가고 있는 것이다.

셋. KTX를 타고 가는데 그동안 새마을호, 무궁화호를 타고 다니면서 볼 수 없었던 장애인용 화장실이 눈에 띄었다. 그것을 보면서 그동안 우리 사회가 사회적 약자에 대한 생각과 배려가 너무 부족했구나 하는 생각을 했다. 반면 이를 통해 소수자나 사회적 약자에 대해 우리 사회가 배려하고 관심을 갖기 시작했음을 확인할 수 있었다.

정의는 거창한 것이 아니다. 소수자의 권리를 보호하는 그 자체가 바로 정의를 실현하는 일이다. 이런 노력을 기울이는 국가라면 훌륭한 국가로 나아가는 길에 있는 것이다.

넷. 경제 위기를 겪고 있는 나라가 훌륭한 국가일 수 없다. 남부 유럽의 부채 문제가 불거졌을 때 스페인은 청년층 실업률이 무려 50퍼센트를 웃돌았다. 이러한 상황이라면 젊은이 자신과 부모 세대가 모두 행복할 수 없다. 이런 상황에서 고통이 따르긴 하지만 올바른 정책을 세워 체계적으로 노력해 나가는 국가는 훌륭한 국가를 향해 나아가고 있는 중이라고 할 수 있다.

다섯. 국가 차원에서도 정의감이 있어야 한다. 외국에서 일어나는 사건에 대해서도 보편타당한 정의 실현에 대한 갈급함이 있어야 하고, 이를 실천하는 국가라면 훌륭한 국가를 향해 나아가고 있는 것이다.

시리아의 바사르 알 아사드 체제에 대항하는 유혈 사태가 심화되고 있을 때, 민간인 학살 사건이 국제 사회의 관심을 받은 적이 있다. 미국과 유럽을 비롯한 서방 국가는 시리아에 대해 국제 사회가 압력을 가함으로써 그 나라의 민주화를 앞당기자는 입장이었지만 중국과 러시아는 시리아를 두둔했다. 그 문제를 중재하기 위해 나섰던 코피 아난 유엔 아랍 공동 특사는 평화적인 노력이 무산될 위기에 처했을 때 러시아와 중국, 이란 등과 미국의 엇갈린 이해관계가 시리아 사태 해결을 지연시키고 있다고 강도 높게 비판한 적이 있다. 그런 이면에는 각 나라들의 이익 계산이 있었을 것이다.

요컨대 훌륭한 국가는 자국 영토 안에서뿐만 아니라 타국에 대해서도 정의를 실천하는 국가이며, 자국민의 물질적 풍요를 위해 노력하는 국가이다.

또한 훌륭한 국가는 정치적인 안정을 꾀함으로서 미래에 대한 예측 가능성을 높이는 국가여야 하며 이런 환경에서 시민 개인이 각자의 바람이나 계획에 따라 행복을 추구하도록 돕는 국가이기도 하다.

개인이 행복해야
국가가 행복하다

"모두 국가의 행복과 개인의 행복이 같은 것이라는 데 동의한다. (……) 최선의 정체는 모든 사람들이 최선을 다하고 행복하게 살 수 있게 만들어주는 정치 조직이라는 사실은 명확하다. 그러나 최선의 삶이 가장 바람직하다는 주장에 동의하는 사람이라도 '어떤 삶이 가장 바람직한가?' 정치적·실천적 삶(praktikos)이 바람직한가, 아니면 모든 외적인 것들로부터 초연한 삶, 즉 철학자에게 어울리는 유일한 삶인 관조적(theōrētikos) 삶이 더 나은가에 대해서는 의견이 엇갈린다. 정치적 삶과 철학적 삶은 옛날이나 지금이나 가장 치열하게 탁월함을 추구하는 사람들에 의해 선택되는 두 가지 생활 방식이다. 두 가지 삶 가운데서 어느 것이 더 나은가는 사소한 문제가 아니다. 지혜로운 국가와 마찬가지로 지혜로운 개인은 필연적으로 최고의 목표에 맞추어서 그의 생활을 조절하기 때문이다." 제7권 2장 1324a5, 1324a23~35

훌륭한 국가라는 건물은 시민들의 행복이라는 주춧돌 위에 구축된다. 훌륭한 국가를 소망하는 사람이라면 당연히 기초를 살펴봐야 한다. 훌륭한 국가에 대한 탐구는 시민의 행복에 대한 탐구에서 시작되어야 한다.

사람은 무엇을 하며 행복을 느끼는가? 그것은 사람마다 다르다. 그러므로 삶의 모습도 다를 수밖에 없다.

어떻게 사는 것이 행복한 삶인가

아리스토텔레스는 '정치적 삶'과 '철학적 삶'을 으뜸으로 생각했다. '정치적 삶'은 다른 시민들과 연대하여 정치 활동에 적극 참여하는 삶이고, '철학적(관조적) 삶'은 정치 공동체를 초월하여 초연하게 자유롭게 사는 삶을 말한다.

그는 "정치적 삶과 철학적 삶은 옛날이나 지금이나 가장 치열하게 탁월함을 추구하는 사람들에 의해 선택되는 두 가지 생활 방식이다"라고 했다. 그 두 가지만이 더 높은 목표를 향해 나아가는 삶이라고 이해했다.

그러나 당시에도 다른 국가들과 교역하면서 부를 쌓아가는 시민이나 거류 외국인들이 있었다. 그들의 삶도 정치적 삶이나 철학적 삶 못지않게 치열했을 것이다. 아리스토텔레스가 말하는 이상적인 삶을 이해하기에 앞서 그 자신이 상인이나 농부, 직공들과 달리 생산 현장과 거리를 둔 사람이었을 뿐만 아니라 당시의 사회적인 분위기가 상인과 직공을 경시했던 것을 염두에 두어야 한다.

만일 아리스토텔레스가 물질을 중시하고 가격 기구에 의해 자원 배분이 이루어지는 오늘날의 자본주의 사회에서 태어났더라면 한 가지 삶을 더 추구했을지도 모른다. 그것은 이윤을 목적으로 분주하게 활동하는 '경영적 삶'이다. 사실 이것은 오늘날 대다수 사람들이 선택하는 삶이기도 하다.

결과적으로 삶에는 세 가지, 즉 정치적 삶, 철학적 삶, 경영적 삶이 있다. 누구나 세 가지 삶 모두를 살아보기는 쉽지 않다. 그렇다면 이들 각각의 특성은 무엇일까?

정치적 삶

정치적 삶의 특성은 어떤 것이며, 어떤 사람이 이런 삶을 원할까? 정치적 삶은 고위 선출직 공직자나 임명직 공직자의 삶을 말하며 이익보다 명예를 중시한다. 정치적 삶은 실천적이고 활동적이기에 대단히 분주하며, 이런 삶을 선호하는 사람들은 대개 타인에 대한 지배 욕구가 강하며 명예를 중요하게 여긴다.

정치적 삶을 쉽게 이해하려면 이따금 우리가 주변에서 듣는 이야기, 즉 "남자로 한번 태어난 이상 입신을 해야 하고, 그 입신은 선출직 공직자로 나서는 것이다"라는 이야기를 떠올려보면 된다. 아리스토텔레스도 "남자에게 유일한 삶은 실천적이고 정치적인 삶"이라고 한 것으로 미루어, 고대 그리스 시대나 현대나 남자에 대한 사회의 기대는 별반 차이가 없는 듯하다.

한 가지 주의해야 할 점은 고대 아테네의 자유민은 노예제 사회에 살았기 때문에 먹고사는 문제를 크게 걱정할 필요가 없었다. 그들이 정치적 삶을 최고로 꼽을 수 있었던 이유이다.

언젠가 선거전이 한참 가열되고 있을 때 한 이웃이 당시 신생 정당에 관여하고 있었다. 그분이 어느 날 내 아내에게 "공 박사가 발기인으로 참여해 주면 좋겠다"라는 의사를 전했는데, 아내는 "남편은 그런 일에 도통 관심이 없어요"라고 답했다고 한다. 그런데 그분의 반응이 흥미로웠다. "한국 남자들은 대부분 말을 하지 않을 뿐이지 정치 하고 싶은 욕구가 있어요. 공 박사도 예외가 아닐 겁니다"라고 했다는 것이다.

그분의 말마따나 남자들에겐 대부분 어느 정도 정치에 대한 본능이 있기는 하지만 이따금 그런 본능을 지성과 합리로 제거해 버린 사람도 있다.

실제로 정치는 그 나름의 독특한 매력이 있다. 자신이 원하는 대로 사회나 국가를 어느 정도 변화시킬 수 있기 때문이다. 정치적 삶을 원하는 사람들의 이러한 믿음은 아리스토텔레스가 "어떤 삶이라 할지라도 탁월함에 있어서 정치가와 공인의 삶보다 더 많은 활동의 범위를 제공하지는 못한다"라고 한 말과 맥이 통한다. 언제나 많은 일들로 바쁠 뿐만 아니라 영향력도 크기 때문에 정치가나 공인의 삶은 화려하다.

아무리 걸출한 지식인이라 하더라도 고위 공직자의 삶에 비해서 외견상 화려하지 않다. 아무리 잘나가는 대기업 회장이라 하더라도 자신의 활동 영역과 영향력의 범위는 제한적이다. 그러나 정치가의 활동 영역은 아주 넓으며, 이 점이 정치적 삶의 매력 중 하나이다.

강연 때문에 공항이나 역을 오고 갈 때면 왁자지껄할 정도로 많은 사람들이 줄을 서서 굽실굽실 인사하는 가운데 호위를 받으면서 건물을 빠져 나가는 정치인들을 볼 때가 있다. 반면에 나는 직접 가방을 끌고 움직이기에 조용하기 이를 데 없다.

이런 상황을 만나면 이따금 엉뚱한 생각을 해본다. "만일 내가 공직자의 길로 들어섰다면 어땠을까?" 하고 말이다. 만일 그런 도전에 성공했다면, 주위를 둘러싼 사람들 속에서 단기간의 화려함을 맛보았을 것이다.

지인 가운데 한 분은 국회의원을 지냈던 시절을 두고 그게 얼마나 좋았던지 "꿈같이 흘러가 버린 시절이었다"라고 회고하기도 하고, 한 지인은 "교수, 회장, 국회의원을 다 해봤지만, 최고는 역시 국회의원이야"라고 말하기도 한다. 겉으로 드러난 특혜나 예우 말고도 타인으로부터 인정받고 싶은 욕구를 채울 수 있는 것이 정치인의 길이다.

오래전에 읽었던 힐러리 클린턴의 자서전에는 초등학교 5학년 때 순찰반장이란 지위를 얻게 되자 친구의 부모님이 자신을 대하는 태도에 미묘한 변화가 있음을 감지했다는 대목이 나온다.

힐러리는 "순찰반장이라는 새로운 지위 덕분에 나는 일부 사람들이 선거에서 뽑힌 정치인들에게 야릇한 반응을 보인다는 것을 처음으로 알았다"라고 회고한다. 정치적 삶의 매력은 바로 이 부분인데 다른 어떤 분야에서 성공한 사람도 누릴 수 없는 것이다. 그래서 어디서 무엇을 해왔건 간에 다들 기회가 되면 정치의 길로 뛰어든다.

학자나 예술가 혹은 사업가로서 계속 자신의 길을 꿋꿋이 갔더라면 좋았을 텐데, 인생의 중·후반기에 정치적 삶을 선택하여 아쉬움이 들게 하는 인물들이 있다. 이들이 정치에 참여하는 이유는 여러 가지일 것이다. 학문, 예술, 사업으로는 세상을 변화시킬 수 없다는 한계를 느꼈을 수도 있다. 자신의 활동이 다소 시시하게 느껴지면 뚜렷하게 눈에 보이는 변화를 꾀할 수 있는 정치적 삶이 매력적으로 보일지도 모른다.

정치가가 되면 제약이 있긴 하지만 자신이 믿는 대로 어느 지역이나 국가를 변화시킬 수 있다. 물론 그런 변화 가운데 어떤 것은 그 공직자가 물러나자마자 원래 상태로 돌아가버리는 것도 있고, 또 어떤 것은 상당 기간 동안 지속되기도 한다. 남들이 알아주는 일뿐만 아니라 전화 한 통으로도 쉽게 해결할 수 있는 일도 많다.

하지만 재산 축적이 가져다주는 든든함과 편안함, 안락함을 포기해야 한다. 물론 현직에 있는 동안 한몫을 단단히 챙기는 사람도 더러 있겠지만 예전과는 많이 달라졌고 의외로 선거에 진 빚 때문에 생활고를 겪는 사람도 꽤 많다. 더욱이 선출직은 선거 때마다 사람들의 평가를 받아야 하기 때문에 항상 타인을 의식하는 삶을 살아야 한다는 단점도 있다. '갑' 인생과 '을' 인생이 있다면, 표를 구하는 사람은 유권자에겐 늘 '을' 인생이다.

그런데 아리스토텔레스가 '정치적 삶'이 탁월한 삶이라고 주장하는 이유가 흥미롭다. 그는 일찍이 『니코마코스 윤리학』에서 사람의 활동을 높게 평가한 바 있다. 사람은 잠을 자고 있을 때 그가 누구인지를 분간할 수 없지만 그가 활동할 때는 그가 누구인지, 그리고 그가 과연 훌륭한 사람인지를 판별할 수 있다고 했다.

세상과 적당한 거리를 두고 입을 다물기보다는 세상 일에 대해 적극적으로 자신의 의견을 내보이고 영향력을 행사하려는 활동 그 자체가 의미 있고 가치 있는 일이다. 그의 말처럼 행복은 활동이고, 게다가 정의롭고 절제 있는 사람들의 활동은 훌륭한 일을 많이 성취할 수 있기 때문이다.

아리스토텔레스는 '정치적 삶'은 그 어떤 것들보다도 왕성한 활동을 요구하므로 누구든지 행복한 삶을 원한다면 '정치적 삶'을 멀리해서는 안 된다고 말한다.

그의 뜻을 오늘날에 적용해 보면, 공직자로 취임하지 않더라도 시민단체 활동이나 참정권 행사 등으로 자신의 정치적 의견을 적극적으로 표명하고 정책에 영향력을 행사하라고 말하는 것은 아닐까?

한편 정치적 삶은 궁극적으로 크든 작든 권력을 잡는 일이다. 정치인들은 자신의 권력을 이용해서 스스로 생각하기에 바람직한 일을 할 수 있다. 그런데 이것이 권력을 잡았다고 해서 자동적으로 이루어지는 것은 아니다. 권력을 가진 자가 제대로 된 지배자가 되려면 지배당하는 자보다 훌륭해야 한다. 아리스토텔레스는 이에 대해 '정치적 삶'을 살아가길 소망하는 사람들이 새겨야 할 교훈 한 가지를 제시한다.

"만약 누군가 탁월함과 최선의 행위를 실현할 능력 면에서 다른 사람보다 결출하다면, 그를 따르는 것은 바람직하고 그에게 복종하는 것은 정의로운 일이다. 그런데 이때도 탁월함 그 자체만으로 충분하지 않다. 탁월함을 실행할 수 있는 능력이 있어야만 한다." 제7권 3장 1325b10~13

아리스토텔레스는 다스리는 자가 다스림을 받는 자보다 나은 것이 없으면서 권력을 잡고 지배하려는 것은 자연의 순리에 배치되는 것이라고 말한다. 그들의 우열이 가려지지 않는다면 그들을 평등하게 대하는 것이 순리에 맞다는 것이다.

여기에 더해서 그는 권력을 잡는 과정에서도 무리수를 두지 말라는 조언을 덧붙인다. 무리하게 강탈하듯이 폭력을 행사해서 권력을 쥔 사람은 시작부터 훌륭한 행위를 하는 것이 불가능하기 때문이다.

예를 들어, 쿠데타로 집권한 사람은 권력의 정당성이 없기 때문에 노심

초사해야 하고 무리하게 정권을 유지하기 위해 강압적인 조치를 취할 수밖에 없다. 이런 일들이 누적되다 보면 그 사람의 최후가 별로 좋지 않다.

칠레의 피노체트 장군은 쿠데타를 통해 17년간 집권하는 동안 경제 성장에는 괄목할 만한 성공을 거두었지만 1988년 집권 연장 여부를 묻는 국민투표에서 연장안이 부결되어 이듬해 물러난다. 그는 재임 중의 인권 유린 사태 때문에 재판에 회부되어 편안한 날이 없는 시간을 보내다 2004년 사망했다. 정통성이 없는 방법으로 권력을 잡은 사람들의 최후는 대부분 이렇다.

부를 추구하는 경영적 삶

아리스토텔레스가 정치적 삶을 최고의 활동으로 꼽지만 현대인의 시각에서 보면 사업가와 같은 경영적 삶은 그 못지않게 활동적이다. 경영적 삶은 사업가나 직장인처럼 자신의 이익을 위한 활동에 종사하는 삶이며 정치적 삶이 권력과 명예를 추구하는 것과 대비된다. 그들은 활동의 결과로 이익을 얻을 수 있기 때문에 지칠 줄 모르는 정열로 돈을 벌기 위해 동분서주한다. 위험도 따르지만, 성공하면 자유로운 인생을 살아갈 보상을 받게 된다.

이렇게 자기 사업을 일으키는 일은 '행복은 활동이다'라는 시각에서 보면 아리스토텔레스가 놓친 부분이기도 하다.

다양한 사람들을 만나보면, 누구를 크게 의식하지 않고 누구에게 생계를 의지하지 않고 오래 일할 수 있고 자신의 뜻대로 살아갈 삶의 토대를 만든 사람은 자기 나름의 자부심을 느끼고 행복해한다는 것을 알 수 있다.

특히 경영적 삶을 선택한 사람은 불확실한 상황 속에서 왕성한 활동기를 보내야 하기 때문에 처음에는 행복감이 크지 않을 테지만 사업이 성장하고 자리를 잡아가면서 점점 행복감이 커진다. 한때가 아니라 인생 전체로 놓고 보면, 경영적 삶은 행복이라는 면에서 의미 있는 삶이다.

철학적 삶

철학적 삶은 아리스토텔레스와 같이 철학자로서 세상의 이치나 진리를 탐구했던 사람들의 삶을 말한다. 오늘날의 기준으로 실용 지식을 연구하는 지식인보다 인문학 관련 지식인들이다.

학계에서 활동하는 사람들은 거칠고 번잡한 현실 세계에서 인간 군상들이 이익을 두고 다투는 과정에서 발생하는 갖은 희로애락을 맛보지 않아도 된다. 물론 오늘날 학계도 자리와 업적을 놓고 치열하게 경쟁하기는 하지만 다른 삶의 치열함과는 좀 다르다.

흔히 철학적 삶이 정치적 삶에 비해 활동량이 적다고 생각하지만 실제로 그 세계를 살아가는 사람들 가운데는 엄청난 역량과 시간을 투자하는 사람도 많다. 다만 활동의 속성과 내용이 다를 뿐이다.

"때때로 사람들이 생각하듯이 활동적인 삶이 타인과의 관계를 포함하는 삶일 필요는 없다. 행위를 통해서 결과물을 얻기 위한 생각만이 활동적인 것은 아니기 때문이다. 어떤 결과물을 얻기 위함이 아니라 그 자체로 독립적이고 사유적인 목적을 지닌 생각, 관조, 사색들이 훨씬 더 활동적이라고 할 수 있다. '잘나가는 것'은 목적이자 활동이기 때문이며, 그런 생각과 사색의 목적은 훌륭한 행위이며 어떤 의미에서는 활동이기 때문이다. 그리고 외향적인 활동에서조차 그런 활동을 주도하는 사람들은 사색을 통해 행동하지 그냥 행동하는 것은 아니다." 제7권 3장 1325b14~22

그렇다면 '활동'이란 과연 무엇을 말하는 것일까? 우리가 정치가를 떠올리면서 쉽게 연상할 수 있듯이 항상 바쁘게 움직이면서 사람을 만나고 회의를 하고 시국의 다양한 사안에 대해 민첩하게 행동하는 사람들이 활동적인 삶을 살아가고 있다고 말할 수 있을까?

물론 그런 것도 활동적인 삶에 속하지만, 차원이 다른 활동적인 삶도 있음을 알아야 한다. 아리스토텔레스가 말했듯이 "활동적인 삶이 (반드시) 타인과의 관계를 포함하는 삶일 필요는 없다."

세상에는 외면적으로 조용하게 살아가지만 내면적으로 치열하게 사색하고 고민하고 높은 가치를 추구하는 사람들이 있다. 이들은 '정치가의 삶'과 달리 '철학적 삶'을 사는 사람들인데 이들 또한 활발한 활동가라 할 수 있다. 내놓고 이야기하지 않지만 아리스토텔레스가 자신과 같은 철학자의 삶을 염두에 두지 않았을까 싶다.

사실 아리스토텔레스의 저작물들을 보면서 여러 생각을 하곤 한다. 어쩌면 그렇게 다양한 주제에 대해 깊이 있는 주장을 펼 수 있을까? 그는 얼마나 많은 고민과 관찰을 하면서 살았을까?

그의 방대한 저작물들은 그가 세상만사에 대해 깊은 사색을 하며 살았음을 말해 준다. 그가 고민했던 주제들과 고민의 결과물이 당장 그에게 경제적인 이득을 가져다주는 것은 아니었다. 인간, 정치, 자연, 영혼 등 누구에게나 도움이 될 수 있는 것들이었는데, 이를 두고 그는 "그런 생각과 사색의 목적은 훌륭한 행위이며 어떤 의미에서는 활동이기 때문"이라고 했다.

나는 대략 학부 때부터 계산하면 30년을 실용 학문에 전념했다. 그 시절에도 자주 인문학 책을 읽었지만 독자로서 이해하는 수준 정도였다. 고전 공부를 본격적으로 하기 시작한 지가 대략 2년 정도 되었는데, 실용서를 집필하는 것과 인문서를 집필하는 데는 많은 차이가 있음을 느꼈다. 인문서는 확실히 많은 시간과 역량을 요구할 뿐만 아니라 특정 부분을 이해하기 위해 일정 시간 동안 몰입해야 하는 고도의 집중력이 필요하다. 아리스토텔레스가 말하는 활동이라는 관점에서 보면 엄청난 힘을 쏟아부어야 한다.

물론 공부의 깊이도 파고들면 들수록 깊어지고 거기서 느끼는 행복이나 보람도 아주 크다. 아리스토텔레스가 돈을 벌기 위해 동분서주하지 않고 깊은 공부를 평생 동안 할 수 있었던 점에서 그는 진정 행복한 사람이었다. 그러나 정치가와 상인의 눈에 아리스토텔레스는 따분하기 짝이 없는 일을 하는 인물로 보였을 것이다.

이따금 사업가로 활동하면서도 인문학적 토대가 튼실한 사람을 만날 때가 있다. 단순히 인문학을 도구로 활용하는 것이 아니라 사업 활동의 토대로 삼는 사람이다.

『시장 중심의 경영』을 집필한 찰스 G. 코크는 1935년생으로 '코크 인더스트리즈'라는 비상장 기업의 지배 주주로 미국에서 개인 기업 소유자 가운데 두 번째 부자이다. 그는 아버지에게 물려받은 기업의 규모를 2,600배나 성장시킨 인물인데, 그가 특별한 것은 확고한 사회 철학의 바탕 위에 기업을 세웠기 때문이다.

그는 자서전에서 F. A 하퍼의 『왜 임금은 인상되는가』와 미제스의 『인간행동경제학』이 큰 영감을 주었다고 한다. 그는 "오직 소유권이 확실히 인정되고 보장되는 사회, 모든 사람이 자유롭게 발언할 수 있는 사회, 자유로운 교환이 이루어지는 사회, 그리고 자유로운 가격 결정이 가능한 사회에서만 비로소 번영이 가능하다"라는 철학에 바탕을 두고 자신이 이끄는 기업을 조직하고 운영해 큰 성공을 거두었다.

찰스 G. 코크 세계 최대 비상장 기업 코크 인더스트리즈 회장. 분기 실적과 같은 단기 목표가 아닌 장기적 안목으로 투자하기 위해 자기 생전에 주식을 상장하는 일은 없을 것이라고 했다.

그는 "이러한 법칙들은 실제 우리가 속해 있는 사회적 안녕뿐 아니라 기업이라는 작은 사회의 안녕을 위한 기본적인 요소"라고 확신한다. 경영적 삶을 살았지만 경영적 삶의 토대는 확고한 철학에 뿌리를 두고 있다. 이런 점에서 그를 '경영적 삶' 속에서 '철학적 삶'의 지혜를 접목한 인물이라 해도 손색이 없을 것이다.

결론적으로 아리스토텔레스는 정치인의 삶보다는 철학자의 삶에 큰 의미를 부여한다. 최고의 행위는 "그 자체가 목적인 관조와 사색이 더 활동적이라고 할 수도 있다"라고 한 점을 미루어 짐작할 수 있다.

그러나 아리스토텔레스의 최종 결론은 정치적 삶이나 철학적 삶 중에서 어느 것이 더 나은가는 어느 누구도 결정할 수 없다는 것이다. 그는 "둘 중 어느 쪽이 옳으냐는 사소한 문제가 아니다"라고 결론짓는다. 상식적으로 생각해도 맞는 말이다. 어떤 삶을 살아갈지 각자가 선택하는 것 이외에 어느 누가 옳고 그름을 판단해 줄 수 있겠는가?

철학적·정치적·경영적 삶에 대해 각자가 타고난 재능이 다르기 때문에 일률적으로 어떤 삶이 더 나은지를 명확하게 말하기는 힘들다. 저마다 재능 있는 분야에서 역량을 꽃피우는 것이 좋다고 본다.

그럼에도 장년의 나이에 되돌아본 다양한 유형의 삶에 대한 내 견해를 조심스럽게 소개하자면, 보람도 있고 자신의 삶에 대한 자부심이 가장 큰 삶은 역시 리스크를 감당하고 경영적 삶을 통해서 자기 사업을 일으킨 사람들의 삶이 아닐까 한다.

그러나 이런 삶도 문제가 전혀 없는 것은 아니다. 살아서는 화려하지만 결국 무엇을 남길 수 있을까 하는 생각이 들기도 한다. 탄탄한 기업이라 하더라도 시대 변화에 따라서 부침을 거듭하기 때문이다. 물론 지금 우리는 존 D. 록펠러나 앤드루 카네기 등을 회고하지만 이런 반열에 드는 사람이 얼마나 될까? 알고 지내던 몇몇 유명 기업인들의 사후를 생각하면 사람들이 금세 잊어버린다는 점에서 쓸쓸함을 금할 수 없다.

고대 그리스 시대에 상인을 천대했다고 하지만 당시에도 막대한 부를 쌓았던 사람들이 있었을 것이다. 그러나 그들에 대한 이야기가 오늘날까지 전해 내려오는 것은 거의 없다.

한편 정치인의 삶은 화려한 조명이 비추어지는 무대에서 열창하는 가수와 같이 화려하고 분주하다. 그러나 이 역시 현직에서 물러나고 나면 쓸쓸하기 이를 데 없다. 불과 10년 전에 무대를 화려하게 장식하며 전도양양해 보였던 정치인을 이제 어느 누가 기억이나 할는지.

철학자의 삶은 화려하지 않다. 그러나 제법 흔적을 남길 가능성이 있다. 살아 있을 때에만 비중을 둘지 아니면 그 이후까지 고려할지를 생각하면 삶은 대체로 평등하다는 생각을 하게 된다.

정직한 정부, 올바른 정체, 깨어 있는 시민이 만드는 국가

이제 어떻게 하면 훌륭한 국가로 한 걸음 더 다가갈 수 있을지 살필 차례다. 하나는 개인의 몫이고 다른 하나는 국가의 몫인데, 앞의 것은 이차적(부차적)인 것이며 뒤의 것은 일차적(핵심적)인 것이다.

우선 개인이 맡아야 할 몫으로, 개인들이 어떤 삶을 살든 자신에게 맞는 삶을 선택하고 더 많은 활동을 하면서 행복하게 살아가는 사람이 많으면 많을수록 그 국가는 훌륭한 국가에 다가서게 된다.

정치가는 정치가의 일을, 철학자는 철학자의 일을, 사업가는 사업가의 일을, 직장인은 직장인의 일에 더 이상 완벽할 수 없을 정도로 활발하게 활동하는 국가가 훌륭한 국가이자 최선의 국가이다. 그래서 아리스토텔레스는 "개인에게 최선의 삶이 국가와 인류에게도 최선의 삶임이 분명하다"라고 했다.

그러면 훌륭한 국가를 위해 시민이 자신의 몫을 충실히 하는 것만으로 충분한가? 답은 "충분하지 않다"이다. 여기서 훌륭한 국가를 위한 두 번째의 길이 등장한다.

국가가 담당해야 할 몫으로, 훌륭한 국가는 최선의 정체를 가져야 한다. 여기서 최선의 정체는 "누구나 가장 훌륭하게 행동할 수 있고 행복하게 할 수 있는 제도"를 말한다. 국가는 시민의 행복에 도움을 줄 수도 있지만 방해할 수도 있다. 때로는 시민을 불행하게 하기도 하고 망하게 하거나 죽음으로 내몰 수도 있다.

아리스토텔레스가 "시민의 행복은 이차적인 것이다"라고 말하는 것은 정체야말로 훌륭한 국가에서 가장 중요한 요인이라는 점을 강조하기 위함이다.

정치체제를 이야기할 때면 나는 어김없이 100여 년 전에 조선을 방문했던 영국의 지리학자 이사벨라 버드 비숍 여사의 여행기인『한국과 그 이웃 나라들』을 떠올리게 된다. 그녀는 1894년부터 네 차례에 걸쳐 한국을 방문하고 약 11개월에 걸쳐 전국을 다녔다.

조선 땅 어디를 가더라도 무기력하고 게으름에 빠져 있던 남자들과 지저분하고 악취가 뒤섞인 한국 땅은 그녀에게 조선 민족 자체가 원래 게으른 사람이라는 편견을 심어주기에 충분했다.

하지만 그녀는 국경을 벗어나 간도와 연해주 지역을 둘러보면서 놀라운 사실을 발견하게 된다. 그녀는 하바롭스크 근처에 거주하는 한국인들이 농산물 유통업에서 중국인들과 경쟁하여 완승을 거두고 야채 공급 유통망을 장악한 것을 본다. 시베리아 동토에 이주한 한국인들이 부지런히 일하면서 주위의 다른 종족들에 비해 월등히 나은 생활을 유지하는 것을 본다. 이에 그녀는 '왜 같은 민족이 국경 하나를 사이에 두고 이토록 차이가 나는가?' 하는 질문을 던진다.

국내에서는 탐욕스러운 관리와 양반의 수탈 때문에 어느 누구도 부지런해야 할 이유를 찾을 수 없었던 것이다. 누가 돈을 좀 벌었다는 소문이 돌기라도 하면 돈을 빼앗기는 것은 물론이고 자칫 잘못하면 목숨까지 잃어버릴 수 있었다. 그녀는 책의 마지막 부분에 한국인의 앞날을 전망한다.

"시베리아의 한국 남자들에게는 고국의 남자들이 갖고 있는 그 특유의 풀죽은 모습이 없다. 토착 한국인의 특징인 의심과 나태한 자부심, 자기보다 나은 사람에 대한 노예근성이 주체성과 독립심, 아시아인의 것이라기보다는 영국인의 것에 가까운 터프한 남자다움으로 변했다. (……) 돈을 벌 수 있는 기회가 있었고 만다린이나 양반의 착취는 없었다. 안락과 어떤 형태의 재산도 더 이상 관리들의 수탈 대상이 되지 않았다. (……) 러시아의 프리모르스키의 한국인들은 번창하는 부농이 되었고, 근면하고 훌륭한 사람으로 변해갔다. 이들 역시 한국에 있었으면 게으르고 방탕했으리라는 점은 명심해야 한다. 이들은 대부분 기근으로부터 도망쳐 나온 배고픈 난민에 불과했다. 이들의 번영과 행동은 조국에 남은 한국인들도 정직한 정부 밑에서 그들의 생계를 보호받을 수만 있다면 진정한 의미의 시민으로 발전할 수 있을 것이라는 믿음을 주었다. ─ 이사벨라 버드 비숍, 『한국과 그 이웃 나라』, pp.274~277

그녀의 말처럼 한반도의 반쪽은 정직한 정부 혹은 올바른 정치체제 밑에서 번영하게 되었고 다른 반쪽은 사악한 정부 혹은 잘못된 정치체제 밑에서 아직도 신음하고 있다.

역사는 시민에게 성공과 행복을 가져다주는 정체가 어떤 정체인지를 가르쳐주었다. 또한 한반도의 양쪽에서 치열하게 전개되고 있는 체제 경쟁이 어떤 결과를 낳았는지 두 눈으로 직접 확인할 수도 있다. 전체주의, 사회주의, 공산주의는 역사의 뒤안길로 사라지고 말았지만 정치체제를 둘러싼 논쟁과 갈등은 계속되고 있고 앞으로도 계속될 것이다.

혹자는 "이념의 시대는 끝났다"라고 호언장담을 하지만 나는 그렇게 생각하지 않는다. 사람들이 국가를 이루고 사는 한 이념의 대결은 끝날 수 없다. 사람들의 생각이 저마다 다르고 '살 만한 세상에 대한 비전'이 다른 한, 이념 대결은 끝날 수 없다.

국가 공동체 안에서는 언제 어디서나 더 나은 정치체제를 둘러싼 치열한 공방이 진행될 수밖에 없다. 왜냐하면 시민 개인의 '이상적인 세상'에 대한 비전이 서로 다를 수밖에 없기 때문이다. 좌와 우, 진보와 보수, 보편적 복지와 선별적 복지의 대결 등은 모두 정체의 이상향을 둘러싼 갈등이다. 훌륭한 국가를 만들어서 자기 세대의 번영뿐만 아니라 자식 세대에게 더 나은 정치체제라는 유산을 물려주기를 소망하는 사람에게 나는 다음 다섯 가지를 권하고 싶다.

첫째, 훌륭한 국가는 훌륭한 정체라는 기초 위에 만들어진 건축물과 같다. 훌륭한 국가를 원한다면 그 기초를 둘러싼 일들에 시민들이 적극적으로 관심을 가져야 한다.

둘째, 자신에게 당장 이익이 되는 일은 아니지만 올바른 정체에 대해서 어느 정도의 지적 탐구를 해봐야 한다. 아리스토텔레스의 『정치학』은 그런 지적 탐구에 첫 단추를 끼우는 일이다.

셋째, 지적 탐구 과정에서는 유행보다는 세월을 통해서 검증받은 서적들을 선택해야 한다. 세상에는 유행이나 인기를 타고 자신의 사상을 전하는 데 열심인 지식인들도 많다. 신간과 고전 사이에 적절한 균형을 유지하는 것이 좋다. 신간에서 '산뜻한 아이디어'를 만난다면 거기에 몰입하기보다는 '세월의 검증'이라는 단어를 꼭 떠올리기를 바란다.

넷째, 보고 싶은 현실보다 있는 그대로의 현실과 존재하는 그대로의 인간상을 받아들일 수 있다면, 훌륭한 정체에 대해 더 올바른 선택을 할 수 있을 것이다.

마지막으로, 유권자로서 정치 지도자를 선택할 때 지혜롭게 판단하고 결정해야 한다. 정치 지도자의 머릿속에는 나름의 '지적 구조물'이 만들어져 있다. 이 구조물은 오랜 기간에 걸친 학습과 활동, 그리고 타고난 특성이 어우러져 만들어진 것이기 때문에 좀처럼 변하지 않는다. 그러니 이런 구조물에 맞는 정책들이 나오게 되고 이런 정책들이 정치체제의 방향과 내용을 서서히 변화시키게 된다.

따라서 어떤 정치 지도자를 선택할 때 막연한 호감이나 분위기, 지연, 학연, 이해관계 등과 같은 요소보다는 그 사람의 뿌리 깊은 생각과 비전을 볼 수 있어야 한다. 그 사람은 어떤 세상을 훌륭한 세상이라 생각하는지, 그 사람이 지향하는 정치체제의 이상향은 무엇인지 숙고한 다음 선택해야 한다.

앞으로 시대정신이 엉뚱한 방향으로 흐를 수도 있고, 일부 지식인들의 낭만적인 선동이 힘을 얻을 수도 있다. 일부 민중 선동가들의 유혹이 있을지라도 당장의 이익에만 눈을 돌리지 말고, 우리 세대뿐만 아니라 다음 세대를 함께 생각하면서 현명한 선택을 해야 한다. 결국 정체는 정치 과정을 통해서 바뀌게 된다.

훌륭한 국가가 피해야 할 것과
갖추어야 할 것

"어떤 국가가 홀로 떨어져 있어도 제대로 통치되고 훌륭한 법이 있을 때에 한해서 행복할 것이다. 그런 국가의 정체는 전쟁이나 적국의 정복을 추구하지 않을 뿐만 아니라 적국과 같은 것도 존재하지 않을 것이다. 따라서 그런 국가에서 전쟁 준비가 훌륭한 것으로 받아들여지더라도 그것은 모든 다른 목적을 초월하는 최고 목표는 아닐 것이다. 전쟁 준비를 하고 있다면 그것은 국가가 추구하는 최고 목표를 위한 수단일 것이다." 제7권 2장 1324b41~1325a7

"지난 3,421년 동안 전쟁을 치르지 않은 기간은 불과 268년뿐이다."

1968년 역사학자 월 듀란트와 에어리얼 듀런트가 『역사의 교훈』이라는 책에서 말한 내용이다. 인류 역사에는 바람 잘 날이 없다는 표현이 딱 맞을 정도로 수많은 전쟁이 있었다. 그래서 기원전 6세기의 그리스 철학자 헤라클레이토스는 "전쟁은 만물의 아버지다"라고 말한 바 있다.

우리만 하더라도 5,000년 역사에서 대략 992번 정도 침략을 당했고, 전쟁을 일으킨 제법 큰 침략은 62번이나 된다. 대략 5년마다 한 번꼴로 전쟁이 있었던 셈이다. 지난 60년간 한반도에 전쟁이 없었던 것은 예외적인 경우임을 잊지 말아야 한다.

전쟁사가인 도널드 케이건 교수는 국가는 힘으로 경쟁할 수밖에 없고 이 과정에서 두려움과 이익 추구, 그리고 명예 추구가 전쟁의 원인이 된다고 했다.

중국의 현인 순자는 "전쟁의 기술은 국가에 결정적인 것이다. 이는 생과 사의 문제로 안전 혹은 파멸로 나아가는 길이다. 따라서 이는 결코 소홀히 여길 수 없는 대상이다"라고 했다.

그렇다면 훌륭한 국가로 나아가기 위해 버려야 할 것은 무엇일까? 이는 다른 국가를 침략해 정복하는 전쟁과 관련된 것이다.

침략과 정복으로는 위대한 국가가 될 수 없다

훌륭한 국가는 정체와 법률 자체가 이웃 나라를 정복하려는 목적에서 만들어진 것이 아니어야 하지만, 고대 그리스 시대에는 전쟁을 효율적으로 수행하기 위한 목적으로 정체와 법률을 만든 나라가 종종 있었다. 스파르타와 크레타가 대표적이다.

이 나라들 외에도 페르시아인들이나 켈트족, 카르타고인들에게도 군사적 탁월성을 고취하기 위한 법률이 있었다. 카르타고의 남자들은 전투에 참전한 수만큼 팔찌를 받았으며, 마케도니아인들은 남자들이 적을 죽일 때까지 허리띠 대신에 말고삐를 매고 다녀야 하는 법이 있었다. 또한 호전적인 이베리아인들은 전사들의 무덤 주변에 그들이 죽인 적군의 수만큼 말뚝을 박아서 생전의 공로를 치하했다.

정복을 목적으로 하는 정체와 법률 체계를 만드는 것이 과연 정치가에게 합당한 일인가? 아리스토텔레스는 그것이 법도에 맞지 않을 뿐만 아니라 불합리한 일이라며 "정치가들이 이웃 나라들의 동의 여부에 관계없이 그들을 지배하고 폭군처럼 함부로 대할 계획을 세우는 것이 정치가의 기능이 된다는 것은 이상한 일"이라고 말한다.

그러면 왜 이런 일들이 일어나는 것일까? 정치가들 스스로 국가의 최우선 목표를 정복에 두는 것이 올바르다고 생각하기 때문이다. 부나 명예를 획득하기 위함도 있지만 자기들이 우월하다고 생각하는 정치체제를 타국에 강요하기 위해서이기도 하다. 결국 최선의 정체에 대한 정치가의 생각이 중요하다고 할 수 있다.

이춘근 박사는 『북한의 군사력과 군사전략』에서 "한국전쟁이 휴전으로 종료된 이후 북한 위정자들 마음속에서 대한민국을 북한 주도 아래 통일한다는 목표는 단 한 번도 변한 적이 없었다"라고 말한다. 그는 "우리는 북한의 대남 도발이 소강 상태에 있던 시대를 남북 화해의 시대, 긴장 완화의 시대로 착각하고 있지만 대한민국 존재 그 자체를 소멸한다는 북한의 국가 대전략에 변화가 있었던 시기는 한 번도 없었다"라고 강조한다.

적대 세력으로부터 정체를 보전하는 일은 돈으로 사거나 아첨으로 구걸하는 것이 아니라 스스로 전쟁을 억제할 수 있는 강한 힘과, 자유와 재산을 지키려는 단호한 의지가 있을 때 가능한 일이다. 이 점을 절대로 잊지 말아야 한다.

아리스토텔레스에 의하면 세상에는 폭군적이고 참주적인 정체가 최선의 정체라고 굳게 믿는 사람들이 있다. 이들이 추구하는 목표는 이웃 나라를 마치 노예처럼 지배하는 것이며, 유일한 목표는 정복이다. 북한에서 헌법보다 상위에 있는 노동당 당 규약에는 대한민국의 정체 전복과 주한미군 철수, 종북 세력에 대한 지원 등을 명시하고 있다.

아리스토텔레스는 정치가들이 다른 탁월함에 가치를 두지 않는 반면에 유독 군사적 탁월함에 가치를 두고 이를 사회 전반에 강화시키기 위해 심혈을 기울인다며, 정치가들이 이렇게 다른 국가를 정복하는 것을 유일한 목표로 삼는 법을 제정하고 이를 집행하는 것이 과연 올바른 일이냐고 묻는다.

아리스토텔레스는 최선의 정체는 결코 정복을 지향하는 정체가 되어선 안 된다고 강조하지만, 그렇다고 해서 국가가 전쟁을 대비하는 일을 게을리해서도 안 된다고 말한다. 그는 "전쟁 준비는 국가가 추구하는 최고 목표를 위한 수단일 것이다"라는 말로 전쟁 준비의 정당성을 강조한다.

지속적인 전쟁은 시민의 행복에 기여할 수 없을 뿐만 아니라 그 자체가 시민을 피폐하게 만들어버린다. 하지만 국가가 시민의 자유와 행복, 그리고 재산을 지키기 위해 예상되는 침략에 대비하는 것은 대단히 중요한 일이다. 다른 나라가 우리를 침략하지 않아야 한다는 것은 당연한 일이지만 다른 나라의 힘이 월등하다면 우리를 무력으로 굴종시키려고 할 수도 있는 것이 현실이다.

오랫동안 전쟁사를 연구해 온 제프리 블레이니가 『전쟁의 원인』에서 언급한 것을 보면 우리가 헤쳐나가야 할 미래가 만만치 않음을 알 수 있다.

그는 전쟁의 원인을 힘의 격차와 이로 인한 갈등에서 찾는다. 그 유형은 민족주의적 허세, 이데올로기를 전파하려는 야욕, 인접 영토에서의 혈연 보호, 많은 영토나 상업권을 확보하려는 욕망, 패배나 모욕에 대한 복수심, 보다 강력한 독립에 대한 열망, 동맹을 과시하고 굳건히 하려는 소망 등을 든다.

훌륭한 국가의 조건, 인구

그렇다면 아리스토텔레스가 궁극적으로 그리는 훌륭한 국가, 최선의 국가가 되기 위해 갖추어야 할 조건은 무엇일까? 그는 이상국가의 규모, 영토, 바다의 중요성, 기후와 성격, 국가 구성원의 본질적 기능, 식량 공급과 농토 분배, 도시의 위치와 설계, 장터와 신전과 공동 식사 장소의 위치 등에 대해 자세히 언급한다. 여기서는 현대인의 입장에서 고려할 만한 가치가 있는 인구에 대한 부분만 다루려 한다.

우선 국가의 존립을 위해서는 먼저 정체와 국민과 영토가 있어야 한다. 우리 헌법 제1장의 1조는 "대한민국은 민주공화국"임을, 2조는 "대한민국 국민의 요건은 법률로 정한다"라는 것을, 그리고 3조는 "대한민국의 영토는 한반도와 그 부속도서로 한다"라고 명시하고 있다.

최선의 국가를 이야기하면서 아리스토텔레스는 최적 인구에 대한 견해를 밝힌다. 자급자족이 가능할 정도의 규모를 벗어나지 않아야 하고 직접 민주정에도 적합한 정도의 인구가 훌륭한 국가의 인구 조건이다.

국가의 활동은 다스리는 자와 다스림을 받는 자의 활동으로 나뉘기 때문에 서로 잘 알 수 있는 규모가 적정하다고 했다. 누군가를 공직자로 뽑기 위해서 시민들은 서로를 개인적으로 잘 알아야 할 뿐만 아니라 서로를 잘 알 수 없다면 법정 판결에서도 문제를 빚을 수 있다는 것이다.

이런 주장을 펼치는 아리스토텔레스는 직접민주주의 체제와 자급자족 경제를 가정하고 있다. 그러나 오늘날 우리는 간접민주주의를 채택하고 있을 뿐만 아니라 교역을 통해서 얼마든지 자국의 경제 영토를 확장할 수 있다. 이러한 점에서 인구에 대한 아리스토텔레스의 주장은 올바르지 않다.

오히려 오늘날 대부분의 선진국들은 저출산과 고령화 문제로 골머리를 앓고 있으며, 그것은 우리에게도 국가적 과제가 되었다. 아리스토텔레스의 주장과 달리 훌륭한 국가는 젊은 인구가 더 많은 나라이다. 한 국가에서 젊은 인구가 감소하고 나이 든 인구가 증가한다면 정치, 경제, 사회 등 모든 부분에서 부작용이 발생하기 때문이다. 그래서 훌륭한 국가를 위한 주요한 과제가 출산율을 올리는 일이다.

세상의 많은 식자들이 인구 증가가 지구의 미래에 심대한 위협이라는 주장을 펼치던 시절에 그런 통념이 얼마나 위험하고 허황된 것인지를 일관되게 주장했던 사람이 있다. 줄리언 L. 사이몬 교수는 젊고 활력이 넘치는 젊은이야말로 한 나라의 최고 자원임을 이렇게 강조한 바 있다.

"사회에 사람이 많아지면 그만큼 문제의 소지도 증가하겠지만, 동시에 이러한 문제를 해결할 수 있는 수단도 증가한다. 세상의 발전을 가속시키는 기본 연료는 우리의 축적된 지적 능력이며, 제동력으로 작용하는 것은 상상력의 부족이다. 따라서 근본 자원은 다름 아닌 사람이다. 기술이 있고 활기가 넘치며 희망에 찬 사람들이 근본 자원이다. 이러한 사람들은 의지와 상상력을 총동원하며, 자신의 편익은 물론 신념과 사회적 관심에 활기를 불어넣기 위해 진력할 것이기 때문이다." — 줄리언 L. 사이먼

「근본 자원 2」, p.18

그러나 국가가 출산율을 끌어올리는 일은 여간 힘든 일이 아니다. 아이를 낳아서 키우는 데는 엄청난 노력과 희생이 필요하기 때문이다. 또한 정치가가 출산율을 높이는 노력을 한다 해도 이는 표를 얻는 데 당장 도움이 되지 않는다. 그러니 쉽게 나서지 않을 수밖에 없다.

국가의 먼 미래를 생각하고 훌륭한 국가에 대한 염원을 품은 시민과 정치가라면 출산율을 높일 수 있는 모든 수단을 동원해서 체계적인 노력을 기울여야 한다. 올바른 목표를 세우고 올바른 수단으로 출산율을 높이는 일은 당면한 국가적 과제이다.

행복한 나라가 되기 위한
의도·목표·수단을 갖추어라

"국가가 행복하고 최고의 정체를 갖추기 위해 필요한 조건들의 본질과 특성을 설명해야만 한다. 국가의 성공 요인은 두 가지다. 첫째, 행위의 의도와 목표를 올바로 설정하는 것이고, 둘째, 목표에 이르는 최적의 행위(수단)를 찾아내는 것이다. 목표와 수단이라는 두 가지는 서로 일치할 수도 있고 일치하지 않을 수도 있다. 때로는 목표를 올바로 설정했으나 목표 달성을 위한 행위에서 실패할 수도 있고, 때로는 목표 달성을 위한 수단은 모두 올바르게 선택했으나 처음부터 목표 자체를 잘못 설정했을 수도 있다. 때로는 두 가지 모두에서 실패할 수도 있다. (……) 따라서 어떤 기술이나 실용 지식을 이용할 때는 이 두 가지, 즉 목표와 목표에 이르는 행위(수단)를 관리할 수 있어

야 한다." 제7권 13장 1331b24~33, 1331b36

　홀륭한 국가 만들기 프로젝트. 어떻게 이 프로젝트를 성공시킬 수 있을까? 구체적인 방법을 이야기하기 전에 아리스토텔레스는 성공법에 대한 일반론을 이야기한다. 아리스토텔레스가 제시하는 방법은 다섯 가지이다.

　첫째, 성공은 세 가지 요인에 의해 좌우된다. 그것은 선한 의도로 이끄는 목표, 올바른 목표를 설정하는 것, 그리고 목표에 이르는 올바른 수단을 발견하는 것이다. 어떤 국가가 성공하기를 소망한다면 성공하려는 선한 의도로, 올바른 목표를 세우고, 이를 달성할 올바른 수단을 선택해야 한다.

　둘째, 실패는 올바른 목표 설정을 하지 못하거나, 올바른 수단을 발견하지 못하기 때문에 생긴다. 때로는 두 가지 다일 수도 있다. 목표가 있더라도 수단이 없으면 이를 이룰 수 없고, 수단이 있더라도 목표가 없으면 시간과 돈을 낭비하게 된다. 그러므로 목표와 수단에 대한 깊은 고민이 뒷받침되어야 성공에 다가갈 수 있다.

　셋째, 어떤 국가가 성공을 원한다면 목표와 목표에 이르는 행위를 마음대로 제어할 수 있어야 한다. 그런데 목표를 세운다고 하더라도 통제할 수 없는 것이 있게 마련이다. 이런 부분을 제쳐두더라도 먼저 통제할 수 있는 영역은 철저히 통제하는 것이 성공에 이르는 지름길이다.

　넷째, 홀륭한 삶을 위해서는 반드시 보조 수단이 필요하며, 국가가 탁월한 정도에 따라 보조 수단이 달라진다. 보조 수단은 부존자원, 기후, 인력과 같은 외부 조건을 말하며, 이것은 국가에 따라 소유하는 양이 다르다. 탁월함을 타고난 국가들은 보조 수단이 덜 필요하고, 그렇지 않은 국가들은 보조 수단이 더 필요하다. 노력이 가장 중요하지만 타고난 부분이 차지하는 비중도 무시할 수 없다.

다섯째, 어떤 국가는 성공할 수 있는 능력을 타고났음에도 불구하고 처음부터 잘못된 방법으로 행복을 추구한다. 방법이 잘못되었다면 아무리 좋은 능력을 타고나더라도 원하는 결실을 얻기 힘들다.

의도-목표-수단의 삼위일체가 필요한 이유

선한 의도로 목표를 세우는 일은 쉽지만 올바른 목표와 수단을 선택한 다음 훌륭한 국가를 향해 나아갈 수 있는 토대를 구축하는 데까지 성공한 나라는 흔하지 않다.

그렇게 성공한 나라들 가운데 대표적인 경우가 바로 우리나라이다. 절대 빈곤(1962년 1인당 국민소득 87달러)을 벗어나기 위한 체계적인 노력은 '의도-목표-수단'이라는 면에서 성공 사례이다.

1962년부터 1981년까지 네 차례에 걸쳐 실시되었던 '경제개발5개년계획'의 정신은 "우리도 한번 잘 살아보세"라는 한 문장에 고스란히 담겨 있다.

경제개발계획의 목표는 자립 경제 달성과 경제성장이었다. 목표 달성을 위한 주요한 수단은 수출 진흥을 통한 외화 획득이었고 '수출 제일주의'를 앞세운 박정희 정권은 독특한 수출 주도형 개발 전략을 활용했다.

홍콩도 '의도-목표-수단'의 성공 사례이다. 제2차 세계대전이 끝날 무렵 홍콩의 인구는 60만 명에 불과했고 국토 면적으로 보면 한국의 96

분의 1에 불과한 작은 도시국가였다. 영국은 아편전쟁 후 난징조약에 의해 홍콩을 일정 기간 동안 통치할 수 있게 되었는데, 홍콩의 행운은 당시로서는 독특한 경제성장 모델을 확신했던 한 인물과 만난 것이다.

1961년부터 1971년까지 홍콩의 재무장관으로 재임한 존 카우퍼스웨이트는 애덤 스미스를 존경하고 자유시장에 대한 신념이 강했다. 그는 재임 중에 '빈곤 타파'라는 정책 목표를 달성하기 위해 '적극적 비개입주의(positive non-interventionism)'를 실험한다. 모국인 영국이 철두철미한 '적극적 개입주의'로 복지국가를 향해 달려가고 있었음을 고려하면, 두 나라가 선택한 수단은 크게 달랐던 셈이다.

예를 들어 1948년에 재정된 홍콩의 노동관계법은 사업상의 문제를 넘어서는 정치적 목적의 모든 파업을 금지했으며, 다양한 산업 간의 연맹 결성도 금지했다. 홍콩에서 정부는 최소한의 제한된 역할을 충실히 수행하는 심판자 역할을 했다. 법과 규칙을 제정하고 집행하며, 당사자 간의 분쟁을 조정하고, 건전한 화폐제도를 유지할 뿐이었다.

올바르지 못한 수단의 선택으로 인한 파괴적 결과

원대한 목표를 세우기는 쉽지만, 이를 달성할 수단을 잘못 선택하면 훌륭한 국가는 고사하고 최악의 국가를 면할 수 없다. 우간다의 이디 아민 대통령처럼 처음부터 사악한 지도자가 있지만 대부분은 선의를 바탕으로 국민들을 잘살게 하려고 노력한다.

이때 무지함으로 인해 잘못된 수단을 선택하는 경우가 발생하곤 하는데, 이런 위험은 대부분 지도자가 조직과 국가의 운영 원리를 오해할 때 생긴다. 자원의 배분이라는 국가의 문제를 마치 회사에서처럼 지시와 명령을 통해 해결하려고 할 때 일어난다. 조직의 질서와 시장의 질서를 구분하지 못하는 경우인데, 후자는 '자생적 질서(spontaneous order)'의 성격을 띠기 때문에 무분별한 간섭은 시장을 망가뜨리게 되고 국가를 빈곤으로 내몰게 된다.

대부분의 아프리카 국가들은 제2차 세계대전 이후 신생 독립국으로 출발했다. 독립국가를 이끄는 지도자들은 성급하게 집산주의 정책에 매달렸다. 그들은 철두철미하게 계획경제가 나라를 살리는 최선의 수단이라 생각했는데, 이것이 바로 '아프리카식 사회주의'였다

가나의 초대 총리이자 대통령을 지낸 은크루마는 "자본주의는 갓 독립한 국가에게는 너무나 복잡한 체제이다. 따라서 사회주의가 필요하다"라는 신념을 신생 가나에 적용해 조국에 가난의 굴레를 씌우고 말았다.

그런데 1960년대와 1970년대 아프리카의 정치인과 지식인뿐만 아니라 전 세계를 풍미하던 시대정신은 계획경제에 대한 열망이었다. 역사는 지식인들의 주장에 늘 주의를 기울일 것을 당부한다. 지식인들의 허황된 주장이 사람들을 궁지로 몰아넣은 사례가 너무 많기 때문이다.

모잠비크, 자이레, 탄자니아 등 대부분 아프리카 국가들은 토지 국유화를 단행한 경험이 있다. 아프리카에서 가장 풍부한 식량 공급원이었던 에티오피아 역시 1975년에 집권한 마르크스주의자들의 국유화 때문에 기근이라는 비극을 체험했다.

그들은 자급자족 경제를 이상향으로 삼아 고용에 의한 농사를 금지하고, 농민들에게 근근이 연명할 정도의 땅을 배분했다. 이들이 마르크스의 노동착취론에 깊이 심취해서 부르짖은 개혁 구호가 "진보적이고 미래 지향적인 개혁"이었다. 하지만 교환을 통해 누구도 이익을 누릴 수 없는 체제에서 사람들은 열심히 일할 동기를 찾지 못했다.

풍부한 자원의 빛과 그림자

아무리 풍부한 부존자원을 물려받은 행운의 국가라도 행운 그 자체가 때로는 파멸의 씨앗이 될 수 있다. 아무것도 물려받지 않은 국가 가운데도 멋진 성공 사례가 있다. 1343년 베네치아인이 이교도인 이슬람인들과의 교역을 허락해 달라고 교황에게 청원하는 글이 지금까지 전해온다. 그 글을 읽다 보면 아무것도 가진 것 없는 사람들이 어떤 마음가짐과 태도로 나라를 세우고 운영했는지를 엿볼 수 있다.

> "하느님의 은총을 입은 우리 도시는, 육지와 바다를 통해 세계와 다양한 지역에서 이익을 창출하는 상인들의 노력으로 성장하고 발전했습니다. 바로 이것이 우리의 삶이고, 우리 아들들의 삶입니다. 우리는 이와 다르게 살 수 없으며, 무역 이외의 다른 삶의 방식은 모릅니다. 우리가 이처럼 많은 부와 보물을 잃지 않으려면, 선조들이 그러했듯이 만일의 사태에 대비하여, 바짝 긴장하며 생각하고 노력해야 합니다." ― 로저 크롤리
> 『부의 도시, 베네치아』, p.20

베네치아인들은 토지도 자원도 없었기 때문에 절박할 수밖에 없었다. 이런 청원서에 대해 로저 크롤리는 "베네치아인의 영혼에 숨어 있는 일종의 조울증"이라 표현하지만, 나는 아무런 부존자원 없이 생존해야 하는 국민들의 절박감을 느낀다.

그런데 개인이 큰 재산을 물려받는 것이 늘 좋은 것만은 아닌 것처럼 국가 또한 마찬가지이다. 무엇인가에 의지할 수 있고 기댈 수 있는 넉넉함 때문에 국가와 국민이 함께 엉뚱한 짓을 할 수 있기 때문이다. 그런 엉뚱한 짓을 했던 나라 가운데 하나가 아르헨티나라고 생각한다.

후안 페론 전 대통령과 그의 아내 에바 페론 "예산…… 그런 건 자본주의자들이나 하는 헛소리예요. 난 그냥 가난한 이들을 위해 돈을 쓸 뿐이예요."(에바 페론) 이들 부부는 무분별한 민중주의 정책으로 결국 자원부국 아르헨티나를 몰락의 길에 들어서게 한다.

1930년대 아르헨티나는 1인당 국민소득 세계 6위, 총교역량 세계 10위권 국가였다. 넓은 팜파스 대평원을 이용한 농업과 축산업은 유럽으로 가는 농축산물의 주요한 공급원이었다. 아르헨티나는 1943년까지도 외국인 투자가 활발했고 풍부한 천연자원을 바탕으로 지속적인 성장을 계속할 것으로 기대를 모았다.

1853년부터 1943년까지 거의 90년 동안 아르헨티나는 제한된 정부, 사유재산권, 그리고 자유무역주의로 번영할 수 있었지만, 모두가 만족할 수는 없었다. 도시 대중들 가운데 빈부 격차의 확대에 대한 분노와 민족주의가 어우러지면서 민중 선동가들이 등장한다.

1943년 소장파 장교의 친위 쿠데타로 집권한 후안 페론은 도시 빈민들과 노동자들의 강력한 지지를 받게 된다. 그는 민중주의로 나라를 극적으로 몰락시킨 대표적인 인물로, "아르헨티나는 살찐 황소와 영양이 부족한 날품팔이 노동자의 나라"라고 외치면서, 방만한 노동자 지원책으로 재정을 고갈시킨다.

당시 아르헨티나가 우리나라와 달리 수입 대체 공업화 전략을 쓴 것도 실수였다. 20세기 초 주체할 수 없을 정도로 돈을 벌어들일 때 유럽산 원자재를 수입하여 화려한 건물을 짓고 거리를 아름답게 꾸미기보다는 제조업과 같은 산업 기반을 닦았어야 했다. 하지만 그들에게는 넉넉한 부존자원이 있었기에 절박감이 없었다.

최선의 국가가 추구해야 할 핵심 목표는 행복

아리스토텔레스는 훌륭한 정체, 즉 최선의 정체를 갖추는 데 필요한 의도, 목표, 수단에 대해 구체적인 답을 제시한다. '최선의 정체는 가장 잘 통치되는 국가의 정체(the best form of government is under which a city will be best governed)'이다.

그렇다면 '가장 잘 통치되는 국가'는 어떤 국가일까? 바로 '행복을 성취할 가능성이 가장 큰 국가'이다.

최선의 국가가 추구해야 할 핵심적인 목표는 행복이다. 아리스토텔레스는 『니코마코스 윤리학』에서 "행복은 상대적인 의미에서가 아니라 절대적인 의미에서 탁월함의 완전한 현실화이자 실천이다"라고 했다. 여기서 '상대적'은 '그때그때 필요한 것'을 따르는 것을 말하고, '절대적'은 '그 자체로서 선한 것(to kalōs)'을 뜻한다.

여기서 우리가 주의해야 할 것이 있다. 행복은 국가가 시민에게 주는 선물이 아니며, 선물이 될 수 없다는 사실이다. 마찬가지로 시민도 국가에게 행복을 달라고 적극적으로 요구할 수 있는 것은 아니라는 사실이다. 시민 각자는 자신의 선택과 책임 아래 저마다 행복을 추구할 권리가 있으며, 이때 국가는 두 가지 의무가 있을 뿐이다.

하나는 시민의 합법적인 행복 추구를 방해하지 않는 것, 다른 하나는 시민들이 행복을 얻을 가능성을 키우기 위해 노력해야 한다는 사실이다. 훌륭한 국가는 시민들에게 행복을 직접 제공하거나 보장하는 국가가 아니라 시민 개인이 저마다 행복을 누릴 가능성을 키우기 위해 노력하는 국가이다. 이와 관련해 몇 가지 사례를 살펴보자.

국가는 시민에게 일정 수준 이상의 생활을 보장해야 하는가? 한 시민이 행복한 생활을 유지하기 어렵다고 주관적으로 판단하는 경우를 가정해 보자. 이때 그는 행복을 추구하기 위해 필요한 물질적 급부를 국가에 요청할 수 있는 권리가 있을까?

훌륭한 국가는 객관적인 기준으로 최소한의 생계 유지가 불가능한 사람에 대해 지원할 의무가 있지만, 주관적인 기준으로 판단한 행복 추구에 필요한 물질을 제공할 의무를 지지는 않는다.

국가는 누구에게나 일자리를 제공해야 하는가? 젊은이들의 일자리 문제와 관련해서 논쟁이 될 수 있는 질문이다. 언젠가 한 정치인이 청년 실업과 관련해서 솔직한 이야기를 털어놓은 적이 있다.

"교육 투자는 리스크가 가장 높은 투자입니다. 저도 정치를 하지만 저는 누군가를 위한 정치는 안 합니다. 저는 되도록 원칙적으로 어떤 가치를 실현하기 위한 정치를 하지, 누군가를 위한 정치를 안 한다는 게 제 소신입니다. 따라서 취업은 각자 책임지는 겁니다."

그의 말이 '청년 실업은 각자 해결해야 한다'라는 논지로 해석될 수 있어서 호된 비판을 받았다. 훌륭한 국가는 괜찮은 일자리가 계속 생겨나도록 정책을 펴야 할 의무가 있지만, 젊은이 각자가 원하는 일자리를 제공할 의무는 없다. 호된 비판을 받은 그 정치인의 발언이 지나치게 냉정한 것처럼 보이지만 새겨볼 만한 의미가 있다. 물론 시대의 변화를 따라가지 못하는 교육제도에 대해 국가의 책임을 물어야 하겠지만 말이다.

직업 선택의 자유를 제한하는 것은 행복추구권(헌법 제18조)을 제한하기 때문에 폐지되어야 하는가? 시작장애인들에게만 안마사 자격증을 취득할 수 있도록 한 제도에 대해 헌법소원을 청구한 사례가 있다. 이 제도가 직업 선택의 자유를 제한함으로써 시각장애인이 아닌 사람들의 행복추구권을 제한하기 때문에 헌법에 위반된다는 주장이다.

이에 대해 헌법재판소 9명의 재판관 가운데 6명은 시작장애인의 생계에 대한 마땅한 지원책이 충분치 않은 상황에서 일반인의 직업 선택의 자유를 제한하는 입법이 사회적으로 더 나은 선택이라고 하여 합헌 판결을 내렸다.

그러나 반대 의견을 낸 재판관 3명은 "시각장애인의 생계 보장 등의 공익이 비시각장애인들이 받게 되는 직업 선택의 자유 박탈보다 우월하다고 보기는 어렵다"라고 의견을 냈다.

훌륭한 국가는 행복추구권과 다른 기본권을 함께 고려하여 사회 전체의 공익이 극대화하도록 입법하고 합리적으로 변화시키려 노력한다.

훌륭한 국가는 행운의 소산이 아니라 노력의 결과물

훌륭한 국가가 지향해야 할 목표가 국가 구성원 모두가 행복에 이를 가능성을 키우는 것이라면 입법가를 포함한 사람들은 무엇을 어떻게 해야 할까?

아리스토텔레스는 이에 대해 최선의 국가는 행운의 소산이 아니라 노력의 결과물이라고 말한다. 올바른 의도, 목표, 수단으로 체계적이고 조직적인 노력을 전개할 때만이 훌륭한 국가가 될 가능성이 크다는 것이다.

국가 경영의 성공 여부는 지도자와 시민에게 달려 있다. 아리스토텔레스는 "국가의 조건들 가운데 일부는 처음부터 주어지지만 나머지는 입법가에 의해 제공되어야 한다"라는 점을 분명히 한다. 입법가는 국민이 훌륭해지도록 도와야 한다고 했다. 아리스토텔레스가 관료 조직이 존재하지 않았던 시대를 살아서 입법가만 강조하지만 오늘날은 입법, 사법, 행정 부문에서 일하는 모든 공직자를 말하며, 이들 중에서도 특히 고위 공직자의 역할이 중요하다.

훌륭한 국가를 만들기 위해 나라 일을 맡은 사람들이 무엇을 해야 할지를 현대적 의미로 풀어서 정리해 보자. 선출직이든 임명직이든 공직에 있는 사람이 해야 할 일에 대해 나는 '훌륭한 국가를 위해 공직자들이 해야 할 열두 가지'라는 제목으로 이렇게 정리하고 싶다.

첫째, 공직자는 국가의 정체에 대한 확고한 충성심이 있어야 한다. 이는 올바른 국가관과 역사관이 있는 사람이 공직을 맡아야 함을 말한다.

둘째, 공직자는 훌륭함에 대한 열망이 있어야 한다. 공직자는 자신의 분야를 더욱 잘 수행하기 위해서 직무나 직위가 요구하는 실력을 최고로 끌어올리기 위해 최선의 노력을 다해야 한다.

셋째, 공직자는 공직이 가질 수 있는 권력은 시민에게 봉사하기 위해서임을 잊지 말아야 한다. 군림하는 공직자가 아니라 봉사하는 공직자상을 지녀야 한다.

넷째, 공직자는 현재의 상황을 정확히 판단하고 시대의 변화를 읽기 위해 부단히 노력해야 한다. 잘 판단하고 잘 내다봄으로써 국가를 올바른 방향으로 이끌어야 한다.

다섯째, 공직자의 판단과 행동 기준은 철저하게 공익에 두어야 한다.

특정인이나 특정 그룹을 편애하는 판단이나 행동을 해서는 안 된다. 공직은 공익을 위해 권력을 위임받은 자리임을 잊지 말아야 한다.

여섯째, 공직자는 지연, 혈연, 학연 등을 넘어서 모든 사람이나 단체를 공평무사하게 대해야 한다.

일곱째, 공직자는 청렴해야 한다. 공직과 관련해서 어떤 유형의 불미스러운 일에도 개입하지 말아야 한다. 공직의 길은 명예를 추구하는 길임을 잊지 말아야 한다.

여덟째, 공직자는 관혼상제를 비롯한 모든 일에서 더 높은 도덕적 기준을 바탕으로 임해야 한다. 시민의 눈에 어떻게 비추어질 것인지를 기준으로 "까마귀 날자 배 떨어진다"라는 말이 나지 않도록 행동해야 한다.

아홉째, 공직자는 배움에 갈급함이 있어야 한다. 지속적인 배움은 직무 관련 실력을 향상시켜줄 뿐만 아니라 인간적인 완성도를 높이는 유력한 방법이기 때문이다.

열째, 무사안일(無事安逸)하거나 복지부동(伏地不動)하지 않도록 조심한다. 공직은 독점적 성격이 강하기 때문에 개인뿐만 아니라 공직 전체가 이런 성향에 빠져들 가능성이 있기에 늘 경계해야 한다.

열한째, 공직자는 부처의 이익보다 시민의 이익을 우선해야 한다. 불필요한 규제나 제도가 시민들의 행복이나 합법적인 영리 활동에 불편함을 끼치지 않도록 노력해야 한다.

열두째, 공직자 임용에서는 납세와 국방의 의무 등을 비롯한 국민의 의무를 충실히 수행한 자에게 자격이 주어져야 한다. 본인뿐만 아니라 직계 가족들 또한 국민의 의무를 수행하는 데에 모범을 보여야 한다.

한편 훌륭한 국가, 행복한 국가, 그리고 최선의 국가를 위해서는 공직자뿐만 아니라 시민 개인이 훌륭해야 한다.

"시민 각자가 훌륭하지 않아도 시민 전체가 훌륭할 수 있겠지만, 시민 각자가 훌륭한 것이 더 바람직하다. 시민 전체의 훌륭함은 시민 각자의 훌륭함에서부터 비롯되기 때문이다. 사람이 선하고 훌륭해지기 위해서는 세 가지, 본성(nature), 습관(habit), 그리고 이성(reason)이 조화를 이루어야 한다." 제7권 13장 1332a36~40

사람은 본성, 습관, 이성에 따라 훌륭함이 결정된다. 동물은 본성과 습관에 의해 움직이지만 사람은 이성으로 본성과 습관을 억누를 수 있는 존재이다. 따라서 세 가지가 조화를 이룰 수 있다면 시민 각자는 훌륭한 사람이 될 수 있을 것이다.

끝으로 훌륭한 국가를 위해 시민이 무엇을 해야 할지를 현대적 의미로 풀어서 정리해 보자. 나는 '훌륭한 국가를 위해 시민이 해야 할 열여섯 가지'라는 제목으로 이렇게 정리하고 싶다.

첫째, 시민은 정치체제에 충성심이 있어야 한다. 이는 헌법 질서에 대한 충성심을 말한다. 자신과 가족의 성장과 행복을 가능하게 하는 정체에 대해 고마움을 느끼고, 그런 정체의 유지, 보수, 발전에 책임감을 가져야 한다. 여기서 정체는 국민 다수의 동의를 얻은 합법성을 가진 정치체제다.

둘째, 시민은 합법적 절차를 통과한 법을 스스로 준수해야 하며, 타인에게도 이를 요구해야 한다. 모든 시민은 설령 자신의 이해와 배치되는 법이 있더라도 법적 절차를 통과한 법을 준수하는 자세를 가져야 한다.

셋째, 시민은 국가를 이끄는 선출직 공직자를 선택할 때 사리 분별을 제대로 해야 한다. 선거권을 행사할 때 분위기에 휩쓸리지 않고 나라의 앞날을 위해 신중하게 생각하고 결정해야 한다. 깨어 있는 시민이 되어야 한다.

넷째, 시민은 선거뿐만 아니라 나라의 앞날과 관련된 각종 정책에 대해서도 관심을 가져야 한다. 자신에게 허락된 시간이나 경제력의 범위 내에서 올바른 여론 형성에 기여해야 하고, 민중 선동가들의 주장에 휘둘리지 않아야 한다.

다섯째, 시민은 정체, 국가, 공직자, 그리고 시민의 역할에 대해 잘 알아야 한다. 훌륭한 국가는 그냥 만들어지는 것이 아니라 훌륭한 시민이 있을 때 가능하기 때문이다. 직업에 대한 공부가 필요한 것처럼 국가 공동체에 대한 공부도 필요하다.

여섯째, 시민은 훌륭함 혹은 탁월함을 향한 열망이 있어야 한다. 훌륭한 시민, 훌륭한 가장, 훌륭한 어머니, 훌륭한 직업인이 되기 위해 노력하는 것은 선택이 아니라 필수이다. 더 잘되기 위해 자신을 계발하는 것은 자신과 타인을 위한 최고의 선물임을 잊지 말아야 한다.

일곱째, 시민은 지속적인 학습을 통해서 직업인으로서 계속해서 자신의 수준을 높여야 한다. 평생 자립 자존에 대한 열망 속에 스스로 노력하는 자세를 보여야 한다.

여덟째, 시민은 좋은 습관을 익힘으로써 인간적인 성장을 위해 노력해야 한다. 현재뿐만 아니라 나이가 들어가면서 점점 품위 있는 인간으로 성장해야 하기 때문이다.

아홉째, 시민은 경제적인 자립을 위해 힘껏 노력해야 한다. 세상의 모든 비굴함과 곤란함이 물질적인 빈곤에서 비롯될 가능성이 큰 점을 고려하면, 경제활동이 가능한 시기 동안 우선적으로 경제적 자립을 위해 노력해야 한다.

열째, 시민은 국가에 자신을 위해 무엇을 해달라고 요구하기보다는 자신이 국가를 위해 무엇을 해야 하는지를 생각하고 실천해야 한다. 극심한 곤란을 겪는 경우를 제외하면 국가에 습관적으로 지원을 요구하는 태도는 바람직하지 않다.

열한째, 시민은 타인과 더불어 살아가면서 예의범절을 지켜야 한다. 더불어 사는 사회에서 더 많은 사람들이 교양인이 됨으로써 사회는 훌륭한 국가에 더 다가설 것이다.

열두째, 시민은 다른 사람을 돕는 일에도 힘을 보태야 한다. 다른 사람을 돕는 일이 자신을 돕는 일임을 생각하고 여력이 있다면 소외된 사람에게 도움의 손길을 내민다. 삶에는 어찌할 수 없는 불운이 있음을 받아들이고 다른 사람을 도와야 한다.

열셋째, 결혼해 가정을 이루게 된다면 훌륭한 가장이 되기 위해 노력해야 한다. 스스로 가장의 책무를 다하지 못함으로써 가족뿐만 아니라 사회에 누가 되지 않도록 노력한다.

열넷째, 시민은 자신부터 행복한 사람이 되어야 한다. 자신에게 행복을 주는 원천을 잘 이해하고 그런 건전한 행복감으로 삶을 가득 채우도록 노력한다. 우선 자신부터 행복해짐으로써 행복한 국가를 이루는 데 기여하게 된다.

열다섯째, 시민은 지적 겸손을 지녀야 할 뿐만 아니라 다름을 포용할 수 있어야 한다. 자신의 주장이나 판단이 전적으로 올바르지 않을 가능성에 문을 열어두어야 할 뿐만 아니라 다른 사람이나 그들의 의견을 더 관대하게 받아들여야 한다.

열여섯째, 시민은 감사를 생활화해야 한다. 관점을 바꾸면 자신이 누리고 있는 것에 대해 무한히 감사할 것이 나온다. 감사할 수 있는 사람은 훌륭한 국가에 더 많이 이바지할 수 있다. 왜냐하면 모든 일을 더 진지하고 더 의미 있게 대할 것이기 때문이다.

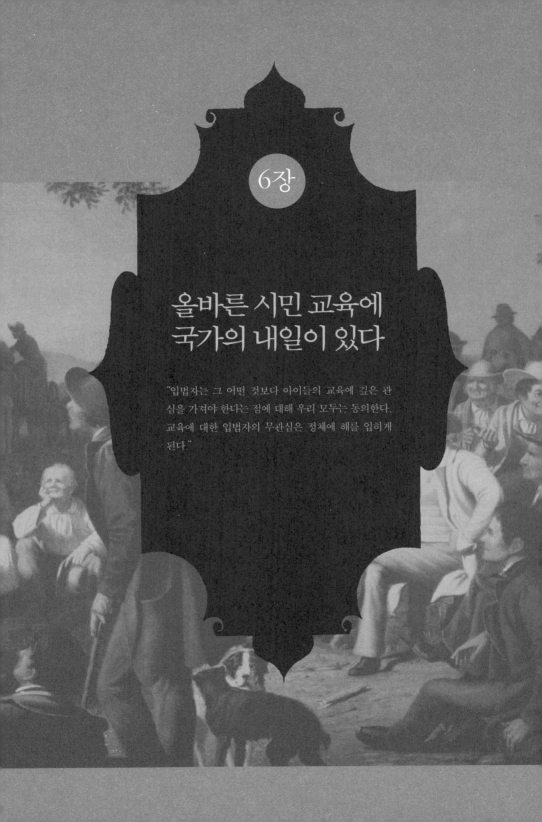

6장

올바른 시민 교육에 국가의 내일이 있다

"입법자는 그 어떤 것보다 아이들의 교육에 깊은 관심을 가져야 한다는 점에 대해 우리 모두는 동의한다. 교육에 대한 입법자의 무관심은 정체에 해를 입히게된다."

깨어 있는 시민으로 키워내기

"댁이 뭔데 상관해요?" 청소년이 어른에게 던지는 말이다. 그러니 이제 교사도 어른도 "그건 안 돼요"라고 말하는 사람들이 별로 없다. 어느 시대나 그런 문제가 있었지만 근래에 자유와 방종, 권리와 의무를 구분하지 못하는 사람들이 늘어나고 있다. 꾸지람도 쉽지 않고 체벌도 쉽지 않고 훈화하기가 힘든 시대이다. 그렇다 보니 아이들은 참을성이 없어지고 조금 지적을 하려 해도 "당신이 뭔데?" 하고 반발한다.

문제의 뿌리를 찾다 보면 원인도 교육이고 해법도 교육임을 생각하게 된다. 규칙과 권위를 존중하는 것을 배우지 못한 탓이 아닐까, 우리의 교육이 해답만 찾아내는 기계 같은 인물을 키워내고 있는 것은 아닐까 하는 생각이 들 때가 많다.

정체가 국민성에 영향을 미치지만 동시에 국민성도 정체에 영향을 미친다. 때문에 새뮤얼 스마일스는 "한 나라 제도의 안정성은 국민 인격의 안정성에 달려 있다'라고 했다. 제대로 된 시민 교육이 필요한 이유이기도 하다. 시민 개인의 양심과 도덕이 살아 숨 쉬고, 시민들이 현명하게 민중 선동가들의 움직임을 알아차리고 국가의 미래를 염두에 두면서 판단하고 행동하도록 도와야 한다.

이런 일이 가능하기 위해서는 시민들이 더 현명해져야 한다. 그래서 스마일스는 "다수 여론이든 소수 여론이든 여론의 횡포를 막을 수 있는 유일한 방법은 의식 있는 개인의 청렴과 성품과 자유"라고 역설한다. 한 걸음 더 나아가 그는 "이러한 요소들이 없다면 사람들은 활력을 잃을 것이고 진정한 자유를 누리지 못할 것"이라고 했다.

> "국민성을 보호 발전시키지 않는 국가는 길을 잃은 것이나 다름없다. 진실함, 정직함, 성실함, 공평함의 미덕을 더 이상 찬미하지도 행동으로 옮기지도 않는 국가는 존재할 가치가 없다. 그리고 부(富)로 인해 부패하고 쾌락으로 타락하고 당쟁으로 이성을 잃은 국가에서 성실한 사람들이 서로 힘을 합쳐 난국을 타개할 방법을 모색할 때 그들에게 남아 있는 유일한 희망은 국민들 개개인이 고귀한 성품을 되찾아 더욱 발전시키는 것뿐이다. 그 길만이 국가를 구원할 수 있기 때문이다." ─ 새뮤얼 스마일스,
> 『인격론』, p. 57

훌륭한 시민을 양성하기 위해 누가 교육을 맡아야 하는가? 무엇을 가르쳐야 할까?『정치학』제7권의 마지막 4개 장과 제8권 전체에 걸쳐 이런 질문에 대한 답들이 정리되어 있다.

정치가의 가장 중요한 과제의 하나로 염두에 두어야 할 것이 바로 교육제도이며, 교육은 정체에 적합해야 한다. 그래야 올바른 정체를 지지

하고 발전시켜 훌륭한 국가를 만드는 데 이바지하는 시민을 키울 수 있기 때문이다.

아리스토텔레스는 사교육보다 공교육이 필요하다고 주장하는데, 이유는 모든 시민이 국가의 한 부분이기 때문이다. 그는 교육을 국가의 존립을 위해 한 사회가 공동으로 행하는 일종의 투자로 받아들였다.

그러나 현실에서 공교육의 폐해가 무시할 수 없을 정도로 큰 사회도 많다. 미국의 공립 중·고교 교육을 두고 밀턴 프리드먼은 "도심 지역 몇몇 학교의 분위기는 학업 장소라기보다는 교도소라고 하는 편이 더 어울릴 것이다"라고 혹평하기도 한다. 1980년을 전후해서 나온 이야기지만 지금이라고 해서 상황이 크게 나아지진 않았다.

끊임없이 배우는 시민만이 깨어 있는 시민이 될 수 있다. 공교육뿐만 아니라 스스로 배우고 깨치며 무지함과 편협함을 극복해 가야 한다. 또한 그런 시민만이 스스로를 구하고, 국가에 요구하기보다는 국가를 위해 도움의 손길을 내밀 수 있는 시민이 될 수 있을 것이다.

흔히 교육을 백년대계라고 한다. 교육이 국가의 안녕과 시민의 행복에 그만큼 중요하다는 사실을 상기하며 아리스토텔레스의 통찰을 새겨봄 직하다. 우리 사회의 가장 뜨거운 이슈인 교육 문제에 대해 좀더 장기적이고 깊이 있는 눈을 기르는 데 도움이 될 것이다.

원칙과 규율을 따르는
법부터 가르쳐라

"모든 국가는 지배하는 자와 지배받는 자로 구성되기 때문에 지배하는 자와 지배받는 자가 따로 있는지 아니면 같은 사람들이 평생 지배하는 자가 되어야 하는지를 고려해야만 한다. 이 질문에 대한 답이 무엇이냐에 따라 교육제도가 필연적으로 달라지기 때문이다. (……) 우리는 여러 가지 근거를 기반으로 모든 사람들이 번갈아가면서 지배하고 지배받는 것이 필요하다는 결론을 얻게 된다. 평등은 시민들을 동등하게 대해야 함을 말한다. 만일 어떤 정체가 부정의 위에 기초하고 있다면 그런 정체가 지속되기는 어렵다. (……) 세상 사람들이 말하듯이, 지배를 잘 하려는 사람은 먼저 지배받는 것을 배워야만 한다. 지배는 '지배자의 이익을 위한 지배'와 '지배당하는 자의 이익을 위한 지배'로 나뉘는데, 전자는 노예에 대한 주인의 지배이고, 후자는 자유민에 대한 지배자의 지배라 한다." 제7권 14장 1332b12~15, 24~28, 1333a2~5

대낮 도심에서 중년 부인의 핸드백을 훔쳐 달아나는 범인을 경찰이 추격한 사건이 있었다. 그런데 막상 잡고 보니 10대 후반의 고교 중퇴생들이었다. 돈이 필요해서 그런 일을 저질렀겠지만 법의 준수, 재산의 침해, 공권력에 대한 복종, 그 아이들의 미래 등 여러 가지가 머릿속을 스쳐 지나갔다.

어느 사회나 일탈 행동을 하는 사람이 있지만 긴 세월을 앞에 둔 그들이기에 훌륭한 시민으로 돌아오도록 하기 위해 무엇을 도와줄 수 있을지를 고민하게 한다.

이런 고민에 대한 해답으로 아리스토텔레스의 지혜를 빌려보는 것도 좋을 듯하다. 올바른 시민 교육은 어떤 점을 중시해야 하는가라는 질문에 대해 먼저 합법적인 것을 복종(존중)하는 마음의 훈련을 제시한다.

아리스토텔레스는 『정치학』 제7권 제14장에서 '최선의 정체에서의 시민 교육'이라는 주제로 어떤 교육을 해야 하는지를 다루고 있다. 이때 중요하게 고려해야 할 점은 정체에 따라 시민 교육이 달라지기에 만약 민주정체의 사회라면 그 특성을 반영한 교육이 이뤄져야 한다는 것이다.

아테네 민주정에서 시민은 스스로 지도자를 뽑을 수 있고, 자신이 지도자로 선출될 수도 있다. 따라서 시민은 지배하는 자와 지배당하는 자의 덕목을 모두 교육받아야 한다.

한편 현대 민주주의는 간접민주주의를 채택하고 있기 때문에 시민이 지배하는 자의 위치에 서는 일은 드물다. 시민은 '법의 지배'를 충실히 받아들여야 한다. 그것은 넓은 의미의 법일 수 있지만 좁은 의미로 보면 한 사회나 조직이 공유하는 규칙을 지키는 것을 말한다. 시민이 합법적인 법률이나 규칙을 준수해야 하는 이유는 이해관계가 다른 사람들이 모여 살기 때문이다. 이런 사람들이 더불어 잘 살아가는 방법은 법을 준수하는 것이다.

예를 들어, 시민 갑(甲)의 권리와 시민 을(乙)의 권리가 충돌한다면 어떻게 해야 하는가? 이런 경우는 일상생활에서 자주 일어나는데, 법의 공정한 심판을 기대하는 것 외에 다른 방법은 없다. 서로 조정을 시도하더라도 타협에 이르지 못하면 결국 법의 심판에 맡겨야 한다.

그렇다고 해서 현대 민주주의 시민에게 지배하는 자의 덕목을 가르치는 것이 필요하지 않다는 말이 아니다. 우리 모두는 직장에서 가정에서 리더의 직분을 수행해야 하기 때문이다. 다만 시민 가운데 공직자로서 지배하는 위치에 서는 사람이 적을 뿐이다.

지배를 잘 하려면 지배받는 것부터 배워야 한다

그렇다면 민주정체에서 교육의 특징은 무엇일까? 민주정체에서 시민교육의 핵심은 합법적인 것에 대한 존중과 복종이다. 시민들이 기꺼이 받아들여야 할 것들이 있다. 바로 합법적인 절차를 통과한 법률의 준수, 공권력 행사에 대한 수용, 국가의 정체성을 나타내는 의례 준수, 선출직 공직자에 대한 합당한 예우 제공, 나라 일을 위해 제복을 입은 사람들에 대한 존중 등이다.

민주정체에서는 언제든지 다스리는 자와 다스림을 받는 자가 바뀔 수

있다. 그러하기에 다스리자는 자와 다스림을 받는 자에게 같은 교육을
해야 한다.

그렇다면 한번 다스리는 자가 된 사람이 영원히 다스리는 자가 될 수
있을까? 고대 그리스 시대에는 가문이나 재산에서 우월한 지위에 있던
사람들은 그 자리에 영원히 머물 수 있다고 생각하기도 했다.

이 점에 대해 아리스토텔레스는 다스리는 자와 다스림을 받는 자 사이
에 구조적인 차이가 없기 때문에 한번 다스리는 자가 되면 영원히 다스
리는 자가 되는 정체는 존속될 수 없다고 했다.

헤로도토스의 『역사』에 등장하는 작가 스킬락스는 인디아에는 신하들
보다 능력이 월등한 왕이 있다고 주장하지만, 아리스토텔레스는 현실
세계에서 왕과 신하의 격차는 없다고 주장한다.

우리나라만 보더라도 부모의 재력이나 집안, 학벌 등 태생적인 조건에
관계없이 누구나 능력이 있다면 대통령을 비롯해서 선출직 공직자의 길
에 들어설 수 있다.

그런데 아리스토텔레스는 민주정체에서 우선적으로 가르쳐야 할 것
은 다스림을 받는 자가 다스리는 자에게 복종하는 법이라고 했다. "지배
를 잘 하려는 사람은 먼저 지배받는 것을 배워야만 한다"라는 주장을 아
리스토텔레스가 지지하는 이유는 '처음에는 지배받는 사람이 나중에는
지배해야 한다'라고 생각했기 때문이다.

다스림을 받는 자일 때 다스리는 자에게 잘하고, 다스리는 자일 때 다
스림을 받는 자에게 잘하는 것은 지배하는 권리와 지배당하는 권리를
서로 주고받는다는 점에서도 정의로운 일이다.

현대 민주주의에서도 어떤 정당이든 정권을 잡을 수도 있고 잃어버릴
수도 있다. 전반적으로 성숙한 사회인 선진국일수록 정권을 쥐게 되었

을 때 정치 보복이 없는 편이다.

여기서 '지배'라는 용어를 지나치게 강압적인 의미로 해석할 필요는 없다. 지배하는 것은 다스리는 것(혹은 리드하는 것)을 뜻하기 때문에 어떤 정체를 선택하더라도 모든 국가는 다스리는 사람과 다스림을 받는 사람이 있기 때문이다. 사람들로 이루어지는 결사체, 즉 국가, 기업, 단체 등은 대부분 다스리는 자와 다스림을 받는 자로 구성된다.

누군가를 섬기는 교육을 받는 일의 중요성이 현대인에게 주는 메시지는 무엇일까? 직업인으로서 시민으로서 성공하는 데 필수적인 능력일 뿐만 아니라 한 인간으로서 이러한 일은 그 자체로도 중요하다.

부유한 집에서 태어난 한 젊은이가 있다고 해보자. 그가 앞으로 사업을 이어서 맡아야 한다고 할 때 이 젊은이에게 반드시 필요한 것은 허드렛일부터 시작해서 자신의 경력을 쌓는 일이다. 이처럼 지배받는 자의 훈련부터 받아야 겸손해질 수도 있고 동시에 자신이 맡아야 할 업무를 깊이 이해할 수 있다.

한 기업인과 나눈 대화가 생각난다. 중학교 고학년이 된 아들이 있기에 "여름방학 동안 아드님은 뭘 했습니까?"라고 물었다. 그분의 대답이 좀 의외였다. "한 4주 정도 회사 지하에 있는 우편함에서 회사에 도착하는 모든 우편과 소포 등을 분류해서 배달하는 일을 시켰어요"라고 답했기 때문이다.

그는 가장 바닥에서부터 시작하는 방법을 아이에게 전하고 싶었을 것이다. 또한 무엇보다 남을 섬길 수 있는 자만이 다른 사람에게 섬김을 받을 수 있다는 생각을 심어주고 싶었던 건 아닐까?

선반 노동자 출신 룰라 다 실바가 브라질 대통령이 되었을 때 가난한 사람들은 환호했고 투자자들은 불안해했다. 8년간 대통령직에 머물면서

룰라 다 실바 브라질 전 대통령 다스림을 받는 사람들의 입장에서 국정 운영을 해나감으로써 그는 8년의 임기를 마치고 퇴임하는 날에도 지지율 87퍼센트를 기록했다.

그는 자신의 출신에 대해서 절대 잊지 않겠다고 스스로 약속했다. 그것이 자신이 갈 방향을 제시해 주기 때문이라고 했다.

실제로 그는 특정한 사람들의 편에 서지 않고 다스림을 받는 모든 사람의 입장에 서서 국정을 공정하게 운영함으로써 임기가 끝나는 시점의 지지율이 무려 87퍼센트에 이를 정도로 사랑을 받는 대통령이 되었다.

그런데 과거에는 '사람의 지배'가 중요했다면 현대 민주주의에서는 '법의 지배'가 중요하다. 현행 법률이 완전할 수는 없지만 합법적인 것을 대표하기 때문에 법을 지키는 일은 합법적인 것을 존중하는 태도이다.

우리가 청소년에게 가르쳐야 할 것은 규칙을 준수하는 일이 이따금 불편하더라도 꼭 필요한 일이라는 사실이다. 규칙을 어기는 사람이 있다면, 그 사람은 합당한 처벌을 받아야 한다.

교사가 학습받을 권리가 있는 다수의 학생을 보호하고, 수업을 방해하는 학생의 행위를 중단시키고, 동료에게 언어폭력이나 신체적 폭력을 가한 학생에게 엄격한 벌칙을 부과하는 것은 함께 사는 사회에서 자신이 원하는 것을 모두 충족시킬 수 없음을 가르치는 것이다.

이런 원칙들을 배우지 못함으로써 학생들이 치러야 할 비용은 수업 현장의 소란스러움에 그치지 않는다. 규칙이나 법은 편의에 따라 지켜도 그만 지키지 않아도 그만이라는 인식을 심어줄 수 있고, 이런 사람은 오랫동안 국가에 악영향을 끼칠 수 있다. 교실의 무질서를 가볍게 여길 일이 아니다.

시민의 탁월성을 살리는
교육이 필요하다

"인간의 최종 목표는 개인적으로 행동할 때나 국가의 구성원으로 행동할 때나 똑같다. 최선의 인간이 추구하는 목표와 최선의 정체가 추구하는 목표가 같기 때문이다. 여가 선용에 필요한 탁월성은 개인뿐만 아니라 국가도 갖추어야 한다. 왜냐하면 평화는 전쟁의 최종 목표이며, 여가는 노동의 최종 목표이기 때문이다. 여가의 활용과 마음의 계발에 필요한 탁월성은 두 부분으로 이루어져 있다. 탁월성의 일부는 여가를 즐기는 동안 발휘되고 다른 일부는 노동을 하는 동안 발휘된다. 여가를 즐기기 전에 수많은 조건들이 충족되어야만 하는데, 이것이 국가가 절제, 용기, 끈기를 갖추어야 하는 이유이다. (……) 시인들이 말하는 '행복의 섬'에 사는 사람들처럼 예외적이라고 할 만큼 잘살고 행복에 뒤따르는 즐거움을 누리는 사람들에게는 많은 정의감과 절제가 필요하다. 이들이 여가를 즐기면 즐길수록, 그들이 축복 속에 있을 때도, 지혜의 필요성과 절제와 정의감의 필요성은 더욱더 커지게 된다. 따라서 행복과 훌륭함을 추구하는 국가가 지혜, 절제, 정의와 같은 탁월함을 갖추어야 할 이유를 이해할 수 있다." 제7권 15장 1334a11~18, 1334a27~35

'저녁이 있는 삶.' 한 정치인이 제시했던 이 슬로건은 강한 호소력이 있다. 다들 행복하기 위해 사는데 너무 분주하다. 삶이 본래 그러려니 하고 생각할 수 있지만 우리 사회의 삶의 질은 객관적으로 따져보아도 낮은 편이다.

아버지는 늦게까지 잦은 모임에 참석해야 하고 지위가 올라갈수록 주말에도 모임에 참석해야 한다. 아이들은 꽉 짜인 스케줄 속에 학교와 학원을 오가면서 다람쥐 쳇바퀴 돌듯이 분주하게 살아간다.

행복하기 위해 열심히 사는데 삶은 점점 행복에서 멀어져 가는 것 같다. 이런 딱한 사정을 반영이라도 하듯 'OECD 국가 삶의 질 구조에 관한 연구'에 의하면 우리나라의 행복지수는 OECD 34개국 중에서 32위라고 한다.

왜 이럴까? 개선 방법은 없을까?

훌륭한 국가는 시민의 행복 추구 가능성을 한껏 높이는 국가이기에, 개인적인 노력과 함께 사회적인 노력이 있어야 하는데 아리스토텔레스의 탐구가 도움이 될 것이다.

스파르타의 왕 레오니다스 후퇴를 몰랐던 레오
니다스 왕과 병사들. 전쟁을 목적으로 했던 스
파르타는 이런 용맹성에도 불구하고 오로지 전
쟁에만 몰입한 탓에 결국 패망하고 만다.

그런데 아리스토텔레스는 대충 넘어가는 법이 없다. 철학자로서 "열
심히 하라"라고 주문할 법도 한데, 오히려 그는 노동 이면의 여가, 전쟁
이면의 평화의 중요성에 주목한다. 그는 인간사의 다양한 면을 흥미롭
게 접근한 예리한 관찰자이다.

아리스토텔레스는 스파르타의 몰락을 예로 들며 "전쟁을 목적으로 하
는 대부분의 국가는 전쟁을 하는 동안에는 안전하지만, 제국의 자리에
오르자마자 몰락하고 만다"라면서 "그들은 평화 시 사용되지 않은 쇠처
럼 날카로움을 잃어버리기 때문이다"라고 덧붙인다.

그런 상황에 처하도록 만든 책임을 입법자가 져야 하는데 이에 대해
"입법자들은 시민들이 여가를 어떻게 선용할 것인지를 교육하지 않았기
때문에 비난받아야 한다"라고 했다.

입법자들은 시민들이 건전한 여가 활동을 하도록 노력해야 하며, 당장의

필요나 이득 못지않게 고상한 일을 하도록 유도해야 할 필요가 있다는 말이다. 입법자에 의한 개입이 정당화되는 데는 국가의 궁극적인 목적이 시민의 다양한 덕의 실현을 돕는 것이기 때문이다.

여기서 말하는 전쟁을 오늘날의 경제 전쟁으로 볼 수도 있다. 점점 격렬해지는 경쟁 때문에 국가 전체가 지나치게 경쟁 사회로 함몰되어 가는 경향이 있다. 그렇다고 해서 이런 거대한 흐름을 국가가 직접적으로 막을 수는 없다. 다만 낭비적인 요소에 대해서는 제도를 정비해서 줄여 갈 수 있다.

아리스토텔레스의 말은 국가가 전쟁을 지나치게 중시한 나머지 그것에 '올인'하지 말라는 것이고, 개인도 일을 지나치게 중요하게 여긴 나머지 여가를 소홀히 하지 말라는 뜻이다. 국가 경영은 지나치게 편향되기보다는 '균형'을 추구해야 하고 개인의 자기 경영이나 인생 경영 또한 중용을 염두에 두어야 한다.

아리스토텔레스의 지적은 우리 사회에서도 이따금 논쟁이 되는 체육 특기자 제도에도 시사하는 바가 크다. 1960년대에 엘리트 선수를 집중적으로 육성하기 위해 도입된 이 제도로 말미암아 체육 특기생이 되기 위해 학생들은 운동 외에는 거의 모든 것을 포기해야 한다. 특정 재능의 탁월함만을 추구하는 것은 인생의 행복을 추구하는 올바른 방법이 아니다.

운동선수를 지망하는 학생들은 많지만 대부분은 훗날 다른 길을 선택할 수밖에 없다. 프로야구만 하더라도 신인 선수지명회의(드래프트)에 뽑혀 선수 생활을 할 수 있는 경우는 지원자들의 10퍼센트 내외에 불과하다. 선수들이 긴 인생을 행복하게 살아갈 수 있도록, 탁월한 특정 재능만이 아니라 다른 재능도 두루 살릴 수 있도록 도와주어야 한다.

여가가 왜 중요한가

사람의 성품이나 실력은 여가를 어떻게 보내느냐에 크게 좌우된다. 어떤 사람의 성품이나 앞날을 점쳐보고 싶다면 여가를 어떻게 보내는지를 보면 된다. 일과 마찬가지로 여가도 성품 형성에 영향을 미치기 때문이다.

여가는 개인의 선택인데 국가가 개인의 여가에 신경을 써야 하는 이유는 무엇일까? 개인의 행복이나 훌륭함은 여가를 어떻게 보내는지에 좌우되는데, 국가의 훌륭함은 바로 시민의 행복과 일치하기 때문이다. 훌륭한 국가는 행복한 국가이며, 이런 국가는 훌륭한 시민과 행복한 시민으로 이루어진다. 그러므로 국가가 일자리를 만들기 위해 노력하는 것과 마찬가지로 건전한 여가 활동을 지원하는 것도 중요하다.

여가는 그 자체로서 목표이자 좋은 활동을 말한다. 아리스토텔레스는 "평화가 전쟁의 최종 목표인 것처럼 여가 또한 노동의 최종 목표이다"라고 했다. 여가는 '지혜(철학), 절제, 정의감'이라는 필요조건을 충족하는 활동이며 행복감이나 재미를 제공함과 아울러 정신적인 능력을 고양하는 활동이다. 아리스토텔레스는 "어떤 사람이 여가를 많이 즐길수록, 그는 지혜, 절제, 정의감을 더 많이 필요로 한다"라고 했다.

그의 설명을 미루어보면, 여가는 고상함이나 격조 있는 활동을 뜻하며, 무절제와 부정의와 함께하는 활동은 아니다. 단순히 즐거움을 얻는 활동이라도 지혜, 절제, 정의감을 벗어난다면 이는 여가라기보다도 놀이다.

반면에 놀이와 휴식은 새로운 활동을 위해 준비하는 것이기 때문에 여가와 뚜렷하게 대비된다. 아리스토텔레스는 『니코마코스 윤리학』에서 놀이는 노동이나 여가와 달리 그 자체로 목표가 될 수 없음을 분명히 하고 있다.

"행복은 놀이 속에 성립하는 것이 아니다. 사실 우리의 목적이 놀이이며, 고작 놀기 위해 우리가 삶 전체에 걸쳐 애쓰고 어려움을 감내한다는 것은 이상한 일이기 때문이다. (……) 단지 놀이를 위해서 열심히 노력하고 수고를 감내한다는 것은 한심하고 너무 어린아이 같은 짓인 것은 분명하다." — 아리스토텔레스, 『니코마코스 윤리학』, 제10권 6장 1176b29~30, 32

아리스토텔레스는 개인이든 국가든 전쟁의 탁월함, 평화의 탁월함, 노동의 탁월함, 여가의 탁월함을 균형 있게 추구해야 한다고 말한다. 다만 이들 사이에 중요도의 차이가 엄연히 존재한다. 이를테면 평화의 탁월함은 전쟁의 탁월함을 앞서며, 노동의 탁월함 역시 여가의 탁월함을 앞선다.

교육은 탁월함을 계발하는 방향으로 진행되어야 한다

입법가는 다양하게 탁월성을 계발할 수 있는 수단을 제공해야 한다. 그것을 위한 두 가지 수단이 있는데 하나는 '이성에 의한 교육'이고 다른 하나는 '습관에 의한 교육'이다. 그런데 이성도 최선의 원칙과 관련하여 잘못된 원칙을 선택할 수 있고, 습관 또한 사람들을 잘못된 방향으로 이끌 수 있기 때문에 두 가지가 조화를 이루어야 탁월함을 계발할 수 있다. 그러므로 이성의 교육은 좋은 습관에 의해, 습관에 의한 교육은 이성의 도움을 받으며 조화를 이룰 수 있어야 한다.

아리스토텔레스의 지적은 오늘날 청소년들에게 자유로운 교육을 해야 한다고 주장하는 사람들에게 교훈을 준다. 교육이 궁극적으로 이성과 지성을 계발함을 목적으로 해야 하지만, 초기 단계에서는 습관에 의한 교육이 반드시 필요하다는 사실 말이다.

특히 청소년기에는 습관을 통해서 몸으로 익히고 배우는 것, 즉 체득이 교육 방법으로 중요한 부분을 차지한다. 청소년들에게 가정이나 학교에서 정해진 규칙을 준수하도록 요구하는 것은 훌륭한 교육 방법이다. 성인이 된 이후에도 '이성에 의한 교육'이 기본이지만 보조 방법으로 '습관에 의한 교육'을 적절히 잘 활용해야 한다.

"이성에 의한 교육과 습관에 의한 교육 가운데 어느 것이 먼저여야 하는가라는 문제가 남는데, 두 가지는 서로 최고의 조화를 이루어야 한다. (……) 첫째, 이성(reason)과 지성(intellect)은 인간 본성의 궁극적인 목적이다. 따라서 시민들을 태어날 때부터, 그리고 습관을 들일 때는 처음부터 이성과 지성을 목표로 정해야 한다. 둘째, 혼과 몸이 둘이듯 혼도 '이성을 가진 부분'과 '이성을 갖지 못한 부분'으로 나뉘며 각각의 행동 방식은 지성과 욕구이다. 출생 때부터 몸은 혼보다 앞서며, 비이성적 부분이 이성적 부분보다 앞선다. 이것은 어린이들에게서 출생 때부터 분노, 의지, 욕구를 관찰할 수 있다는 사실로 증명된다. 반면에 나이를 먹어가면서 이성과 지성이 출현하게 된다. 이런 관찰들로부터 우리는 다음과 같은 결론을 이끌어낼 수 있다. 어린아이들은 혼보다 몸을 먼저 돌보아야 하고, 그다음으로 욕구를 돌봐야 한다." 제7권 14장 1334b7~9, 12~27

교육의 궁극적인 목적은 올바르게 사유하는 능력이 있는 사람, 즉 반듯하게 생각할 수 있는 능력을 갖춘 사람을 육성하는 것이다. 또한 교육은 절제하고 용기 있게 행동하는 사람을 육성하는 것이다. 앞의 것이 지적 탁월성과 관련 있다면 뒤의 것은 성격적 탁월성과 관련이 있다. 앞의 것은 지적인 훈련이 필요하고, 뒤의 것은 습관을 통한 훈련이 필요하다.

어린 시절에는 습관에 더 큰 비중을 두어야 하고 성인이 된 다음에는 이성에 더 큰 비중을 두어야 한다. 하지만 오늘날 교사나 부모, 그리고 입법가들은 머리로 배우는 것만을 지나치게 중시하는 경향이 있다. 법과 규칙, 그리고 예절을 준수하도록 하는 것이 매우 중요하다.

교육에 대한 아리스토텔레스의 이야기를 접하면서 나는 그의 생각에 동감한다. 언제부터인가 나는 스스로 생각을 할 수 있는 주체적인 인간이 된다는 것이 얼마나 중요한지를 깊이 생각해 왔다. 아쉽게도 우리 교육제도가 이를 뒷받침해 주지 못하고 있는 현실이 안타깝다.

나는 정규 교육과정을 마친 다음에서야 "남의 생각이 아니고 내 생각은 무엇인가?"라는 질문을 던지면서 살아왔다. 그리고 아이를 키우면서도 "남의 생각 말고, 너는 어떻게 생각하니?"라는 질문으로 스스로 생각하는 사람으로 키우려고 노력해 왔다.

내가 이상적인 인간상으로 생각하는 것은 자기 생각을 주도적으로 하고 자기 의견을 당당하게 밝힐 수 있는 사람이며, 이상적인 교육도 이런 사람을 길러내는 것이라 생각한다.

이제 탁월함을 계발하기 위한 교육법의 중요성을 염두에 두고 좀더 상세히 살펴보자.

탁월함 계발 방법에 대한 아리스토텔레스의 조언

탁월함을 계발하는 방법에서 중요한 것은 출발점과 목표 설정이다. 모든 것을 동시에 계발할 수는 없기 때문에 순차적인 방법이 필요하다. 먼저 생성(genesis)된 것을 출발점으로 삼아서 그것을 기준으로 다른 목표(telos)를 정하고, 다음에 그 목표를 출발점으로 또다른 목표를 정하는 방법이 좋다. 이에 대한 아리스토텔레스의 조언을 요약하면 다음의 네 가지로 정리할 수 있다.

첫째, 이성과 지성의 탁월함이 사람들이 추구해야 하는 궁극적인 목표다. 사람이 태어났을 때부터 이성과 지성의 계발이 궁극적인 목표라는 점을 염두에 두고 다양한 교육법을 사용해야 한다.

특히 이는 자녀를 키우는 부모가 깊이 새겨야 할 지적이다. 아이들 교육의 궁극적인 지향점은 올바른 이성과 지성을 갖추고 주도적으로 자신의 생각을 올바르게 할 수 있는 사람이 되도록 하는 것이다. 그렇기 때문에 자칫 부모의 편협함이 자식에게 부정적인 영향을 미치지 않도록 주의해야 한다.

교사도 마찬가지다. 아이들이 스스로 생각할 수 있는 힘을 키우도록 이끄는 것이 교사의 의무이다. 이따금 의도적으로 교사가 자신의 생각을 주입하거나 강요하는 것은 책임을 망각하는 일이다.

둘째, 생성의 순서에서 보면 몸은 혼보다 앞선다. 따라서 혼보다 몸을 먼저 돌봐야 한다. 하지만 몸을 돌보는 일은 몸 자체를 위한 것만이 아니라 결과적으로 혼을 돌보기 위한 것이어야 한다. 몸을 훈련하는 것은 '습관에 의한 교육'이며, 이를 통해 시민 개인이 좋은 습관을 갖도록 해야 한다.

오늘날의 기준으로 보면, 사회의 기본 질서를 잘 지키도록 하는 일이나 구성원들이 동의하는 예절을 잘 지키도록 하는 일이 모두 습관에 의해 몸을 훈련시키는 교육법이다.

셋째, 몸 다음으로 혼을 이루는 두 부분 가운데서 생성의 순서에서 보면 '이성을 갖지 못한 부분'이 먼저이다. '이성을 가진 부분'과 '이성을 갖지 못한 부분'의 행동 방식의 바탕은 각각 지성과 욕구이다. 먼저 생긴 욕구를 돌보는 일은 결과적으로 이성을 돌보는 일을 위한 것이어야 한다.

아이들은 분노, 의지, 욕망을 지니고 태어나는데, 아이들이 하고 싶은 것을 하도록 그냥 내버려두는 것이 부모의 역할이 아니라는 점을 알아야 한다. 부모의 판단과 상식, 지식에 따라 아이들이 마땅히 해야 할 것을 하도록 만드는 것이 부모의 역할이다. 이는 욕구를 습관에 의한 교육 대상으로 삼는 일이다.

넷째, 나이가 들면서 대개 사람들은 철이 들어 추론(logismos)을 하고 지성을 갖추게 된다. 물론 사람마다 노력이나 본성에 따라 차이는 있다.

안타까운 일은 깨달음이 너무 늦게 찾아오는 경우이다. 대개 배움의 시기를 제대로 활용하지 못한 사람들이 성인이 되어서 후회하는 경우를 자주 본다. 세월은 깨달음을 주지만 현명한 사람은 직접 경험해 보지 않더라도 깨달음을 얻는다. 우리가 교육을 받는 것은 직접 경험해 보지 않고도 더 많은 깨달음을 얻기 위함이다.

아리스토텔레스가 제시하는 교육 방법은 '몸 → 욕구 → 지성'의 순서로 '육체의 탁월성 → 욕구의 탁월성 → 지성의 탁월성'으로 가꾸어나가는 것이다. 훌륭한 국가를 위한 교육 방법에 대한 아리스토텔레스의 조언은 우리 교육제도뿐만 아니라 각자가 스스로를 교육하는 것에 대해서도 많은 생각을 하게 만든다.

학교든 가정이든 사회든 자유와 절제 중 어느 한쪽에 무게중심이 쏠리지 않도록 해야 한다. 교실과 가정, 사회는 모두 자유와 규율 사이에서 균형을 잡아야 한다. 스스로를 가르치는 교육에서도 마찬가지이다. 이성에 의한 교육이 중요하지만 이것 역시 습관에 의한 교육과 병행될 때 효과를 거둘 수 있다. 교육에 관한 이 모든 논의는 다시 한 번 중용의 덕을 생각하게 만든다.

국가가 교육을
주도해야 한다

"교육의 형태는 시민들의 살고 있는 정체에 부합해야 한다. 각 정체는 고유한 성격이 있는데, 정체의 성격(character)은 그것에 맞는 정체를 창출하고 그것을 유지시켜 준다. 이를테면 민주정체적 성격은 민주정체를 창출하고 유지하며, 과두정체적 성격은 과두정체를 창출하고 유지한다. 그리고 모든 경우에서 최선의 성격은 더 나은 정체의 원인이 되는 경향이 있다. (……) 국가 전체에는 하나의 목표가 있기 때문에 교육 시스템은 명백히 모두에게 하나여야 하고 이런 시스템의 제공은 공공의 행위여야 하며 사적인 행위는 아니다." 제8권 1장 1337a13~17, 21~22

노벨 의학상을 수상한 제임스 듀이 왓슨 교수의 자서전 『지루한 사람과 사귀지 말라』에는 훌륭한 교육이 그를 만들었다는 내용이 나온다. 그가 1943년 시카고 대학교에 입학하여 그곳에서 훌륭한 교양 교육을 받은 것이 자신의 인생에 얼마나 큰 영향을 미쳤는지를 소개한다.

　그는 "목가적인 학문 기관인 시카고 대학교는 나에게 비판적인 사고를 할 수 있는 능력을 심어주었으며, 진리에 대한 추구를 방해하는 바보들에게 시달리지 않는 윤리적 충동을 심어주었다"라고 회고한다.

　학생 시절로 다시 돌아갈 수 없는 지금, 나는 왓슨 교수가 시카고 대학교에서 받았던 그 탄탄한 교육과정이 참으로 부럽다는 생각을 했다. 돌이켜 생각해 보면 나는 너무 오랜 시간을 시험 문제의 답을 구하는 공부에 매달렸고 그 공부는 쓸모없는 지식을 외우는 게 대부분이었다.

　스스로 생각하는 힘, 그리고 자신의 생각을 조리 있게 표현하는 힘을 키우는 공부를 할 기회가 없었다. 대학 교육도 중·고교 교육의 연장이었기에 '배우는 즐거움'을 느끼지 못했던 점도 아쉽다. 부실한 교양 교육에 대한 아쉬움을 오랫동안 느껴왔고 이런 아쉬움이 50대에 모든 일을 제쳐두고 고전 공부에 뛰어들게 하는 계기가 되었다.

　한국인으로 태어나면 당연히 대한민국이라는 공동체가 만들어낸 교육제도 속에서 성장한다. 이민이나 유학과 같은 방법이 있기는 하지만 이는 소수의 사람들이 선택할 수 있는 대안이고, 아이들은 성장하면서 운명적으로 자국의 교육제도를 만날 수밖에 없다. 그래서 어떤 나라든 훌륭한 교육제도를 갖추기 위해 노력해야 한다.

『정치학』의 마지막 부분인 제8권은 공교육을 다룬다. 여기에서는 공교육인가, 사교육인가? 교육의 목표는 무엇이어야 하는가? 어떤 과목을 가르쳐야 하는가? 체력 단련 훈련과 음악 교육을 어떻게 해야 하는가 등의 주제를 다룬다.

공교육이 필요한 이유

아리스토텔레스가 이토록 교육을 강조하는 이유는 무엇일까? 우선 교육은 국가 구성원들의 성격을 형성하고 그 성격에 맞는 정체를 낳는 데 이바지하기 때문이다. 또한 교육은 시민들 개인이 기능이나 기술을 연마해 탁월함에 다가서도록 돕기 때문이다.

국가가 교육을 주도해야 하는 이유에 대해 아리스토텔레스는 두 가지 이유를 제시한다.

첫째, 어떤 국가라도 최선의 정체라는 목표를 추구하기 때문에 교육도 뚜렷한 목표가 있어야 한다. 이때 교육의 목표는 정체에 맞는 시민을 육성하는 것이다.

민주정체는 민주정체적 성격의 교육을 통해서 민주 시민을 길러내야 한다. 정체를 유지하고 발전시킬 수 있는 시민이어야 하기 때문에 읽기와 쓰기 등과 같은 실용적인 지식뿐만 아니라 정체에 맞는 세계관과 역사관도 가르쳐야 한다. 이를 위해서는 사교육보다 공교육이 바람직하다.

둘째, 각 시민은 국가에 속하기 때문에 교육은 국가 전체의 활동에 맞추어져야 한다. 시민 각자가 자기 자신이나 가족에게만 속한다면 사교육도 괜찮지만 모든 시민은 국가에 속하기 때문에 국가가 교육에 적극 개입하는 것은 당연한 일이다.

따라서 아리스토텔레스는 "교육은 법에 의해 규제되고 국가에 의해 실행되어야 한다는 사실은 명백하다"라고 말한다. 오늘날 대다수 국가들이 의무교육이라는 이름으로 공교육을 하는 이유이다.

공교육에 대한 아리스토텔레스의 이 같은 바람에도 불구하고 자기 자식에게 더 나은 교육 기회를 제공하려는 부모의 열의는 당시에도 마찬가지였다. 과외 교육이 상당히 성행했는데, 이런 현상을 두고 "지금처럼 부모가 자기 아이를 보살피면서 아이에게 최선이라고 생각하는 것을 가르치는 것과 같이 교육을 사적인 일로 남겨둘 수는 없다"라고 했다. 마치 지금의 우리 교육 현실을 비판하는 말처럼 들린다.

세상의 모든 부모는 형편이 닿는 대로 혹은 자신을 희생하는 한이 있더라도 자식에게 좋은 교육 기회를 제공하려 한다. 이는 부모의 본능적인 바람이기에 막을 수 없다. 아무리 공교육이 잘 짜여 있더라도 더 나은 사교육에 대한 바람을 완전히 충족시킬 수는 없기 때문에 사교육은 불가피하다.

많은 부모들은 돈은 이다음에라도 벌 수 있지만 자식 교육은 때가 있다고 굳게 믿는다. 그래서 무리할 정도로 사교육에 비용을 들여 가계에 부담을 주기도 하고 급기야는 출산율을 낮추고 있는 실정이다.

그런데 이런 투자를 하더라도 제대로 된 교육 투자면 괜찮을 텐데 대학 입시에 모든 것을 거는 현행 교육제도에서 사교육 투자는 투자 대비 편익 면에서 개선해야 할 점이 너무 많다.

한편 공교육이라 해서 운영까지 모두 국가가 도맡아야 하는 것은 아니다. 공교육의 취지를 살리면서 독점 구조가 가져올 수 있는 폐해를 막는 일도 필요하다.

물론 독점 구조의 문제가 한국 교육 문제의 전부는 아니다. 그럼에도 불구하고 학교마다 더 많은 실험이 이루어지고 개인의 선택권이 회복되지 않는 한 구조적인 비효율을 막기에는 역부족이다.

나는 우리 교육의 앞날을 긍정적으로 보지만, 정부 개입에 의해 교육 서비스의 질이 나아지고 시대에 맞는 교육이 이루어지리라는 기대를 하지 않는다. 유럽의 경우 정부가 심하게 교육에 개입했지만 교육의 경쟁력이 높지 않다. 학생의 선택권이 커지고 다양한 실험이 이루어질 수 있을 때만이 시대의 변화에 맞는 변화가 일어난다고 본다.

교육 서비스를 특별한 서비스로 보기도 하지만 시장에서 거래되는 다른 서비스와 크게 다를 바가 없다. 선택의 자유, 정부 개입의 축소, 경쟁과 다양한 실험이 허용되지 않는다면 발전은 더딜 수밖에 없다.

공교육의 목표는 무엇인가

다음으로 우리의 관심을 끄는 것은 국가가 교육을 주도한다면, 교육의 목표는 어떤 것이 되어야 하는가이다. 그리고 특정 교육 목표를 위해 아이들에게 무엇을 우선적으로 가르쳐야 하는지도 중요하다. 그런데 교육 목표에 관한 논쟁과 더불어 어떤 교과목을 가르쳐야 하는지를 두고 아리스토텔레스의 시대에도 의견이 분분했다.

"현재 가르쳐야 할 교과목에 대해서도 의견이 갈린다. 아이들에게 가르쳐야 할 것을 탁월함에 초점을 맞추어야 할지 아니면 최선의 삶에 맞추어야 할지 모두 의견이 같지 않다. 그리고 교육의 중점을 지능 계발에 두어야 할지 인성 계발에 두어야 할지에 대해서도 의견이 명확하지 않다. 현재의 교육 방법을 들여다보면 혼란스럽다. 인생에 쓸모 있는 것, 탁월함에 이바지하는 것, 고급 지식 가운데 어느 것이 교육의 목표가 되어야 하는지 확실하지 않다. 각각에 대해 의견이 분분하다." 제8권 2장 1337a35~1337b1

교육 목표에 대한 논쟁은 세 가지로 압축할 수 있다. 직업을 갖고 살아가는 데 필요한 실용적이고 쓸모 있는 것을 가르칠 것인가, 탁월함에 이바지하는 것을 가르칠 것인가, 혹은 고급 지식을 가르칠 것인가?

첫째 것은 실사구시(實事求是)하는 실용 지식을 말하며, 둘째 것은 인성(人性)을 키우는 지식을 말하며, 셋째는 문학이나 철학, 사학과 같은 인문 지식을 말한다. 이 세 가지 가운데 어느 것에 더 비중을 둘 것인지가 중요하다. 또다른 논쟁거리는 탁월성에 대해서도 무엇이 탁월성인지, 그리고 탁월성을 계발하는 방법이 무엇인지도 중요하다.

아리스토텔레스는 이런 문제를 제기하기는 했지만 세 가지 모두에 대해 구체적으로 자신의 의견을 들려주지는 않는다. 다만 실용 지식에 대해서는 적당하게 가르쳐야 한다고 했다. 실용 지식의 학습에 대한 생각은 아리스토텔레스와 현대인 사이에 상당한 거리가 있다.

오늘날 부모들은 영어, 수학, 과학처럼 실용 지식을 어린 시절부터 열심히 가르치는데, 아리스토텔레스가 이런 부모들을 보았다면 놀라움을 금할 수 없었을 것이다.

이런 차이는 당시의 자유민들이 어떻게 살았는지를 살펴보면 이해할 수 있다. 고대 아테네의 자유민들은 오늘날처럼 의식주 해결에 필요한 활동은 주로 노예들에게 맡기고, 노예들을 관리하거나 정치와 관련된 공적인 활동에 더 많은 시간을 들였다. 시민들이 대부분의 시간을 일하며 보내는 현대 사회와 아리스토텔레스가 살았던 시대 사이에는 커다란 차이가 있다.

실용 교육에 대한 아리스토텔레스의 오해

왜 이런 차이가 나는지 살펴보는 일은 아리스토텔레스의 교육 목적과 방법을 이해하는 일일 뿐만 아니라 현재의 교육 방법에 대해 시사점을 얻기 위해서도 필요하다. 그래서 "꼭 필요한 유용한 과목을 아이들에게 가르쳐야 하지만 모든 유용한 과목을 포함해야 할 필요는 없다"라는 그의 주장을 네 가지로 나누어서 살펴보자.

첫째, 직업이 자유민에게 적합한 것과 자유민에게 적합하지 않은 것으로 나뉘기 때문에 자유민은 모든 과목들을 상세하게 다 배울 필요가 없다는 것이 그의 주장이다.

여기서 자유민에게 적합하지 않은 직업의 특성은 반복적이고 기계적이라는 것이다. 농사짓는 일이나 상품을 제조하는 일이나 조각을 만드는 일은 모두 반복적이고 기계적이다. 아리스토텔레스는 "아이들은 유용한 활동에 참여하되 '직공'이 되지 않을 정도로만 참여해야 한다"라고 주장한다. 여기서 '직공(banausos: 고대 그리스 시대의 육체노동자나 장인 계급에 대한 별칭)'에 대해 영어 번역본에서는 '기계적(mechanical)'이라는 표현을 하고 있다.

우리가 주목해야 할 부분은 세상의 거의 모든 일은 기계적이고 반복적이기도 하다는 사실이다. 아이들이 배우는 어학이나 악기, 수학 등은 모두 반복적인 과정으로 체득되는 것이고 어른들의 직업도 마찬가지이다. 생업을 해결하기 위한 거의 모든 직업은 상당 부분 그러하다. 어린 시절부터 어른에 이르기까지 대부분의 활동이 반복적인데도 '기계적'이 되지 않도록 실용 지식을 적당히 배우라는 아리스토텔레스의 첫 번째 주장은 현대인이 보기에 설득력이 떨어진다.

둘째, 자유민은 몸과 혼, 마음의 탁월성을 추구해야 하는데, 반복적이고 기계적인 활동이나 기술, 학습은 여가를 빼앗고 마음을 비속하게 만든다는 것이 그의 주장이다.

아리스토텔레스는 '반복적'인 것에 대해서 본능적인 거부감이 있었다. 그의 의도를 정확하게 이해하기 위해 '직공(banausos)'과 비슷한 어원 두 가지를 더 살펴보자. 'banausia'는 '불이라는 수단을 사용하는 모든 제조'이고 'baunos'는 '화로'라는 뜻이 있다. 대장간에서 땀을 흘리면서 쇠로 다듬어 쟁기나 호미를 만들어내는 대장장이를 생각하면 된다. 아리스토텔레스는 대장장이의 활동과 마찬가지로 반복적인 거의 모든 활동은 몸과 혼, 그리고 마음에 부정적인 결과를 낳는다고 생각했다.

그러나 달리기 선수의 대단한 기록, 바이올리니스트의 탁월한 연주, 대장장이의 훌륭한 제조품들 가운데 고된 반복 없이 이루어지는 것이 있을까? 뿐만 아니라 인간은 반복적인 행위라 할지라도 스스로 그 속에서 의미와 재미를 만들어낼 수 있는 존재인 점을 고려하면 아리스토텔레스의 주장은 설득력이 떨어진다.

셋째, 자유민은 실용 지식을 적당한 수준까지 배우고 지나치게 세세한 부분까지 정통하지 않도록 해야 한다는 것이 아리스토텔레스의 주장이다. 자유민에게 어울리는 지식을 어느 정도까지 아는 것은 자유인다운 행동이지만, 완벽한 상태에 도달하기 위해 너무 세세한 부분까지 파고들어 가는 일은 몸과 혼, 그리고 마음에 해악을 끼치기 쉽다는 것이다. 천병희 교수는 『정치학』의 이 부분 각주에서 "어떤 분야든 전문가보다는 아마추어 신사가 되어야 한다는 뜻인 듯하다"라고 부연 설명을 했다.

아리스토텔레스가 자유민에게 맞지 않는 일에서는 적당한 수준에 머무르는 것이 상책이라고 한 것은 결정적인 실수라고 생각한다. 사람들이 지식이나 기량을 연마해 가는 과정에서 두뇌와 마음에 어떤 변화가 일어나는지에 대해 그가 의외로 무심했다고 여겨진다. 무슨 일이든 깊이 파고들어 가지 않으면 아무리 오랜 시간 그 일을 해왔다고 하더라도 기대하는 성과를 거둘 수 없다.

넷째, 실용 지식을 배우거나 활용하는 자유민의 목적이 중요한데, 만일 돈이 목적이라면 비난받아야 한다는 것이 그의 주장이다. 아테네만 하더라도 일반인들 사이에서 거래가 활발하게 이루어지던 사회였다.

하지만 아리스토텔레스는 사적 이익을 위한 활동이 의도하지 않게 타인의 이익에 도움을 준다는 거래의 이익에 대해 정확하게 이해하지 못했다. 그에게 돈을 받고 하는 일이란 '직공다운' 것으로 비난받아야 하는 것이었다.

> "자유민이 무엇을 위해 행하는가 혹은 배우는가는 큰 차이가 있다. 자신의 필요를 위해서, 친구를 돕기 위해서 혹은 탁월함을 얻기 위해 행하는 것은 자유인에게 어울리지 않는 일은 아니다. 그러나 똑같은 행위가 다른 사람을 위해서 반복적으로 행해질 때는 품팔이꾼이나 노예다운 일로 간주될 것이다." 제8권 2장 1337b17~20

아리스토텔레스는 무엇을 위해 교육하는가에 대해서도 현대인과는 동떨어진 견해를 제시한다. 현대인들은 타인에게 도움을 제공함으로써 그것에 상응하는 대가를 받는다. 하지만 아리스토텔레스는 자신과 가족을 위한 일이 아니라 이익을 위해 무엇인가를 배우고 행하는 행위 자체를 비판적으로 본다.

그는 시장의 순기능에 대해 제대로 이해하지 못했을 뿐만 아니라 타인의 욕구와 필요를 만족시키기 위한 이기적인 활동이 궁극적으로 모두를 돕는다는 사실을 인식하지 못했다. 지성과 이성을 중시하는 그이지만 시장과 거래에는 무지했고, 그런 무지는 이익에 기초한 활동에 대한 비판으로 이어지게 된다. 이성과 지성을 바탕으로 시장과 거래에 대한 이해가 가능하기까지는 18세기의 애덤 스미스를 기다려야 했다.

그렇다면 현대 교육이 학생들에게 무엇을 제공해야 할까? 아리스토텔레스의 교육 목적과 방법을 읽고 난 다음 내 의견을 정리해 보았다.

첫째, 교육은 실용적인 지식을 제공해야 한다. 자신의 분야에서 문제해결 능력을 갖춘 사람이 되도록 도와주어야 한다. 교육은 전문지식 혹은 전문지식을 위한 기초를 갖춘 사람의 육성을 목표로 해야 한다.

둘째, 영어와 중국어 등을 어느 수준 이상으로 구사하여 한국뿐만 아니라 외국에서도 직업을 구할 수 있도록 해주어야 한다. 언어 교육이 부실해서 젊은이들이 지나치게 오랜 시간을 외국어를 배우는 데 시간과 돈을 낭비하지 않도록 도와주어야 한다.

셋째, 스스로 생각할 수 있는 힘을 키워주어야 한다. 자기 생각을 만들어낼 수 있는 능력을 키워주어야 하는데, 이는 세상의 분위기에 휩쓸리지 않고 주관을 세워 자신의 길을 걸어가도록 해줄 것이다.

넷째, 건강한 국가관과 역사관을 갖춤으로써 국가 공동체 속에서 시민의 역할을 수행하는 데 손색이 없도록 도와주어야 한다. 반듯한 국가관과 역사관은 시민의 한 사람으로서 무엇을 해야 할지를 가르쳐줄 것이며, 나라 일을 두고 선동하는 사람으로부터 국가를 보호하는 주역이 되도록 해줄 것이다.

다섯째, 법률과 규칙을 준수하고, 타인의 인격과 재산권을 존중하도록 가르쳐야 한다. 모든 사람을 공정하게 대하고 폭력, 비속어로 타인을 괴롭히는 것은 범죄 행위임을 깨닫게 해야 한다.

여섯째, 제대로 된 행복관과 직업관, 자조(自助) 정신을 바탕으로 자신의 인생을 적극적으로 개척할 수 있는 정신적인 토대를 마련하도록 도와야 한다. 세상살이는 자기하기 나름임을 가르쳐주어야 한다.

일곱째, 자기 자신과 삶을 소중히 여기고 어떤 분야에서 어떻게 살아갈 것인지 꿈을 품고 계획을 세울 수 있게 해야 한다. 성장한다는 것은 부모로부터 벗어나 인생에 스스로 책임을 지는 것임을 가르쳐야 한다.

이 땅의 밝은 내일을 꿈꾸는
리더들의 필독서

얼마 전에 꽤 많은 돈을 들인, 바람직한 경제체제의 미래를 다뤘다고 하는 다큐멘터리를 보면서 안타까움을 느꼈다. 초반부는 정성이 느껴져 괜찮았지만 후반부로 가면서는 방송 관계자들이 자신들이 믿는 이상적인 정치 및 경제체제에 대해 선전을 담았다는 의구심이 들었다.

객관성과 공정성을 잃은 채 자신들이 믿고 싶고, 보고 싶고, 이루고 싶은 세상을 향한 결론으로 달려가는 내용이었다. 방송 관계자는 교양이란 이름으로 정치를 하고 있었던 셈이다. 다큐멘터리가 '사실'이 아니라 '프로파간다' 성격을 진하게 담고 있을 때는 나도 모르게 기분이 언짢다.

정치는 정말 중요하다. 어항을 생각해 보면 된다. 어항 속의 갖가지 물고기들은 어항을 벗어날 수 없다. 마치 물과 공기 같아서 벗어날 수 없는 것이 정치체제이다.

우리가 살아가는 이 사회는 크게는 정치체제, 작게는 경제·교육·국방·의료·복지·노동 체제 등 하위 체제(시스템)로 구성되어 있다. 정치는 이들의 성격, 특징, 내용을 결정하는 데 막대한 영향을 발휘한다. 정치체제가 바뀌면 그 하위 시스템도 크게 변한다. 그런 하위 시스템의 구성 요소의 마지막 단위는 가족과 개인이다. 정체는 결국 개인의 삶과 생각, 그리고 태도의 구석구석까지 영향력을 미친다.

그러나 안타깝게도 학창 시절뿐만 아니라 그 이후의 삶에서도 이상적인 정치를 위해 개인이 무엇을 해야 하는지, 그리고 무엇을 알아야 하는지를 배울 기회가 없다. 그저 사회 과목 시간에 국민의 의무나 권리 정도를 배우는 데 그친다.

그런 탓인지 아직도 어떤 정당은 공식 행사에서 애국가를 부를 필요가 없다고 주장하고 이를 실천하기도 한다. 나는 그런 결정이 악의(惡意)에서 나온 것이라기보다는 무지(無知)에서 나온 것이라 생각한다.

아리스토텔레스는 한 국가의 고위 공직자는 "정체에 충성을 바치는 자"라고 말한다. 애국가는 국가 공동체의 구성원이 자신이 선택한 정체에 대해 충성심을 드러내기 위해 행하는 일종의 의식이다. 그것은 선택 사항이 아니라 필수 조건이며, 고위 공직자에게는 더더욱 요구되는 필수 조건이다.

자유분방함을 찬양하는 시대이기는 하지만 세상에는 지켜야 할 의례나 의식이 있게 마련이다. 이처럼 『정치학』은 원칙뿐만 아니라 잊기 쉬운 기본의 중요성을 가르쳐주기도 한다.

30대를 맞이할 즈음부터 나는 내가 살고 있는 세상을 더 자세히 이해하고 싶은 지적 욕구를 느꼈다. 이 세상이 어떻게 이루어져 있으며, 어떻게 작동하는가, 그리고 한 나라가 어떻게 잘살 수 있는가에 대해 알고 싶었다.

이런 욕구 때문에 사회과학서뿐만 아니라 관련 인문서를 집중적으로 읽었다. 독서를 통해서 경제체제의 중요성에 대해 고민하기 시작했는데, 점점 공부의 범위가 넓어지면서 경제체제라는 것도 결국 정치체제의 부산물임을 알게 되었다. 『정치학』에 대한 강독은 30대부터 계속되어 온, 이상적인 정체를 유지하고 발전시키기 위한 활동의 일환이라고 볼 수 있다.

사람은 누구나 정치적인 욕구가 있는데 그런 욕구를 제대로 발휘하려면 정치, 정체, 국가, 시민 등에 대해 제대로 알아야 한다. 고전은 시대의 유행을 넘어서 세월의 풍파 속에서 살아남은 저작물이다.

그중에서도 『정치학』은 모든 시민과 공직자가 자신들의 정치적 욕구를 제대로 발휘하면서 훌륭한 국가와 정치체제를 만들어가는 지침서가 될 수 있을 것으로 믿는다.

세월이 흐르면서 더더욱 체감하는 것은 정체는 우리 삶에서 다른 것에 비할 수 없이 중요하다는 점이다. 그래서 나는 받아들일 수 없는 정체 개혁을 위한 선동적인 언행이나 활동, 그리고 방송 프로그램을 볼 때 화가 나기도 한다.

이상적인 정체에 대해서는 사람들의 생각이 갈릴 수밖에 없다. 이를 두고 토머스 소웰은 '비전의 충돌'이라는 표현을 하기도 했다. 그러나 그것을 선동적인 행위로 관철시키려 해서는 안 된다.

『정치학』은 정치와 정체의 본질과 구조, 그리고 그 차이로 말미암은 변화를 체계적으로 다룬 최초이자 최고의 고전이다. 이 책이 제시하는 메시지 속에는 오늘 우리가 되새겨야 할 것들이 참으로 많다.

나는 아리스토텔레스의 난해한 서술 속에서 기초는 기초대로, 기둥은 기둥대로 하나하나 조합해 나가면서 나 스스로 세상을 바라보는 생각의 틀을 다시 한 번 정리할 수 있었다.

대한민국은 앞으로 정체의 변화를 둘러싸고 치열한 다툼이 전개될 것으로 보인다. 그런 충돌 과정에서 감정보다는 이성을 앞세우고, 토막 지식보다는 세월 속에 살아남은 지혜를 중요하게 여기고, 아집과 독선보다는 시공간을 초월한 사례에서 지혜로운 방안을 찾아 배워야 한다.

훌륭한 시민과 정치가가 훌륭한 정체를 만들고, 이런 정체가 한 국가를 훌륭한 국가로, 그리고 시민을 훌륭한 시민이자 행복한 시민으로 만든다는 사실을 잊지 말아야 한다. 이 책에 실린 훌륭한 국가와 정체에 대한 지혜가 멋진 인도자 구실을 할 것이다.

우리 모두는 이 땅에 잠시 머물다 떠난다. 인연이 있어 이 땅에서 한국인이라는 이름으로 동시대를 살았던 사람들은 정치체제를 집단적인 유산으로 후손들에게 물려주고 떠난다. 그런 만큼 개인과 현 세대만의 이익을 생각하지 말고, 내일을 생각해야 하며 항상 깨어 있도록 하자.

이를 위해선 미사여구에 속지 말고, 훌륭한 정치체제를 만들 수 있는 정치 지도자를 뽑아야 하며, 훌륭한 정치체제와 정책을 만드는 일에 정성을 기울여야 한다. 이는 후손들을 위해서도 필요하지만 무엇보다 동시대를 함께 살아가는 사람들을 위해서도 꼭 필요하다.

"하느님이 보우하사 우리나라 만세"를 담은 애국가에서처럼 하느님의 가호를 비는 동시에 이 땅에 더 훌륭한 국가, 더 좋은 정치체제를 만들기 위해 노력하는 깨어 있는 시민들이 많이 나오기를 소망한다. 아리스토텔레스의 지혜가 더 많은 시민들을 훌륭한 시민으로 인도할 수 있으리라 확신한다.

참고문헌

『고대 그리스정치사 사료』, 아리스토텔레스 저, 최자영 역, 신서원, 2002

『국가는 왜 실패하는가』, 대런 애쓰모글루·제임스 A. 로빈슨 저, 최완규 역, 시공사, 2012

『군주론·정략론』, 니콜로 마키아벨리 저, 황문수 역, 동서문화사, 2007

『군중행동』, 에버릿 마틴 저, 김성균 역, 까만양, 2012년

『근본 자원 2』, 줄리언 L. 사이몬 저, 조영일 역, 자유기업센터(CFE), 2001

『니코마코스 윤리학』, 아리스토텔레스 저, 이창우 외 역, 이제이북스, 2006

『니코마코스 윤리학』, 아리스토텔레스 저, 조대웅 역, 돋을새김, 2008

『니코마코스 윤리학』, 아리스토텔레스 저, 최명관 역, 창, 2008

『도덕감정론』, 아담 스미스 저, 박세일 역, 비봉출판사, 2009

『러시아는 어디로』, 하정수, 러시아연구소, 1993

『마하티르』, 마하티르 빈 모하마드 저, 정호재·김은정 역, 동아시아, 2012

『만델라 자서전』, 넬슨 만델라 저, 김대중 역, 두레, 2006

『부메랑』, 마이클 루이스 저, 김정수 역, 비즈니스북스, 2012

『부의 도시, 베네치아』, 로저 크롤리 저, 우태영 역, 다른세상, 2012

『북한의 군사력과 군사전략』, 이춘근 저, 한국경제연구원, 2012

『비전의 충돌』, 토머스 소웰 저, 채계병 역, 이카루스 미디어, 2006

『선택할 자유』, 밀턴 프리드먼 저, 민병균 역, 자유기업센터(CFE), 2011

『소련경제사』, 모리스 돕 저, 임휘철 역, 형성사, 1989

『소크라테스의 변명·국가·향연』, 플라톤 저, 왕학수 역, 동서문화사, 2007

『시장 중심의 경영』, 찰스 G. 코크 저, 문진호 역, 시아출판사, 2008

『아리스토텔레스의 정치학, 행복의 조건을 묻다』, 유원기 저, 사계절출판사, 2009

『왜 정부는 하는 일마다 실패하는가』, 존 스토셀 저, 조정진·김태훈 역, 글로세움, 2012

『인격론』, 새뮤얼 스마일스 저, 정준희 역, 21세기북스, 2005

『전환기 그리스의 지식인 이소크라테스』, 김봉철 저, 신서원, 2004

『정치학』, 아리스토텔레스 저, 천병희 역, 도서출판 숲, 2009

『진보의 역설』, 그레그 이스터브룩 저, 박정숙 역, 에코 리브르, 2007

『커런시 워』, 제임스 리카즈 저, 신승미 역, 더난출판사, 2012

『크세노폰의 향연·경영론』, 크세노폰 저, 오유석 역, 작은이야기, 2005

『타이거 마더』, 에이미 추아 저, 황소연 역, 민음사, 2011

『한국과 그 이웃 나라들』, 이사벨라 버드 비숍 저, 이인화 역, 살림, 1994

『홍위병』, 션판 저, 이상원 역, 황소자리, 2004

『지도로 보는 타임스 세계 역사 1』, 리처드 오버리 편, 이종경 역, 생각의나무, 2009

『완전한 승리, 바다의 지배자』, 존 R. 헤일 저, 이순호 역, 다른세상, 2011

『고대 그리스』, 푸리오 두란도 저, 노혜숙 역, 생각의나무, 2003

『그리스 성 풍속사 2』, 한스 리히트 저, 정성호 역, 산수야, 2003

『고전강독 3: 아리스토텔레스에게 진정한 행복을 묻다』, 공병호 저, 해냄, 2012

『고대 그리스인의 생각과 힘』, 이디스 해밀턴 저, 이지은 역, 까치, 2009

『일본 국가부채의 최근 현황과 평가』, 박형수 저, 조세연구원, 2012

『크세노폰의 향연-경영론』, 크세노폰 저, 오유석 역, 작은이야기, 2005

『고전강독 2: 소크라테스와 플라톤에게 다시 정의를 묻다』, 공병호 저, 해냄, 2012

『서양고대사 강의』, 김진경 외 저, 한울아카데미, 1996

『독재의 유혹』, 쉬즈위안 저, 김영문 역, 글항아리, 2012

『괴물제국 중국』, 여영무 저, 팔복원, 2012

『중국식 모델은 없다』, 천즈우 저, 박혜린·남영택 공역, 메디치미디어, 2011

『자유의 미학』, 서병훈 저, 나남, 2000

『포퓰리즘』, 서병훈 저, 책세상, 2008

『마키아벨리 어록』, 시오노 나나미 저, 오정환 역, 한길사, 2002

『한국, 번영의 길』, 공병호 저, 해냄, 2005

『한국경제의 권력이동』, 공병호 저, 창해, 1995

『대통령의 길 룰라』, 리차드 본 저, 박원복 역, 글로연, 2012

『Death by Government』, R. J. Rummel, Transaction Publishers, 1994

『Politics』, Ernest Barker, Oxford University, 1995

『Politics』, Lord, Carnes, University of Chicago Press, 1984

『The Causes of War』, Geoffrey Blainey, Macmillan, 1973

『The Complete Works of Aristotle II』, Princeton University Press, 1984

『The Lessons of History』, Will Durant & Ariel Durant, Simon and Schuster, 1968

그림출처

공병호의 고전강독 4
아리스토텔레스에게 희망의 정치를 묻다

초판 1쇄 2012년 11월 27일

지은이 | 공병호
펴낸이 | 송영석

편집장 | 이진숙 · 이혜진
기획편집 | 박신애 · 한지혜 · 박은영 · 신랑 · 오규원
디자인 | 박윤정 · 김현철
마케팅 | 이종우 · 허성권 · 김유종
관리 | 송우석 · 황규성 · 전지연 · 황지현

펴낸곳 | (株) 해냄출판사
등록번호 | 제10-229호
등록일자 | 1988년 5월 11일(설립연도 | 1983년 6월 24일)

120-210 서울시 마포구 서교동 368-4 해냄빌딩 5 · 6층
대표전화 | 326-1600 **팩스** | 326-1624
홈페이지 | www.hainaim.com

ISBN 978-89-6574-348-4